中国传统诗词中的幼儿诗词及教学

张文莉 孙 彤 著

吉林大学出版社
·长春·

图书在版编目（CIP）数据

中国传统诗词中的幼儿诗词及教学 / 张文莉, 孙彤著 .— 长春：吉林大学出版社，2023.7

ISBN 978-7-5768-1880-2

Ⅰ.①中… Ⅱ.①张…②孙… Ⅲ.①古典诗歌 – 中国 – 学前教育 – 教学参考资料 Ⅳ.① G613.2

中国国家版本馆 CIP 数据核字 (2023) 第 133281 号

中国传统诗词中的幼儿诗词及教学
ZHONGGUO CHUANTONG SHICI ZHONG DE YOU'ER SHICI JI JIAOXUE

作　　者	张文莉 孙　彤
策划编辑	邵宇彤
责任编辑	王默涵
责任校对	郭湘怡
装帧设计	阅平方
出版发行	吉林大学出版社
社　　址	长春市人民大街 4059 号
邮政编码	130021
发行电话	0431-89580028/29/21
网　　址	http://www.jlup.com.cn
电子邮箱	jldxcbs@sina.com
印　　刷	武汉鑫佳捷印务有限公司
开　　本	787mm×1092mm　1/16
印　　张	15
字　　数	430 千字
版　　次	2023 年 7 月第 1 版
印　　次	2023 年 7 月第 1 次
书　　号	ISBN 978-7-5768-1880-2
定　　价	96.00 元

版权所有　翻印必究

前　言

　　弘扬中华优秀传统文化要坚持全民行动，从娃娃抓起。这就要求我们要高度重视对中华优秀传统文化的传承，因为古诗文经典已融入中华民族的血脉，成为我们的基因。我们学好经典古诗文，把中华民族优秀传统文化不断传承下去。幼儿阶段是人的一生中身心发展最快、可塑性最强的阶段，对人的身心健康、习惯养成等具有不可替代的重要影响。遵循幼儿身心发展规律和发挥主题教育活动的优势，深入挖掘古诗文的德育价值，激发经典古诗文的生机与活力，让幼儿在发扬和传承古诗文经典中习得良好的行为习惯是幼儿教学的重要内容。

　　幼儿诗词作为儿童文学的体裁之一，是幼儿接受文学教育不可或缺的精神食粮。幼儿诗词讲究韵味和意境，相比于其他文学样式更易给予幼儿以心灵与情感的陶冶。在幼儿园开展儿童诗欣赏活动，能够有效发挥儿童诗对幼儿成长的多元价值，引领幼儿树立健康的审美趣味，塑造幼儿健全的人格。然而，当前幼儿园并未对幼儿诗词教学活动给予足够的重视，并且在实施中存在着诸多问题。本书首先分析了幼儿诗词在幼儿园教育中的价值，阐述了幼儿诗词的作用、特点及分类；其次，通过问卷调查法、访谈法以及案例分析法对幼儿诗词教学现状进行了全面考察；最后，提出了以传统古诗词为主题的幼儿教学模式构建路径。

　　古诗词主题教学活动对幼儿良好行为习惯的养成产生了积极的影响，教育主管部门、幼儿园、教师和家长需增强认识，各司其职，积极致力于古诗词主题活动的开展，促使幼儿养成良好的行为习惯。

　　本书共九章，由张文莉、孙彤共同撰写完成，第一、二、三、四、五章由张文莉撰写，第六、七、八、九章由孙彤撰写。

　　本书在写作过程中，从相关文献和网站上引用或借鉴了部分研究成果，虽然在参考文献中列出了一部分资料的名称和作者的名字，但难免挂一漏万。在此，对本专著引用过的文献资料的原作者表示诚挚的谢意！

　　由于编者学识水平和能力所限，本书难免有不妥之处，恳请读者批评指正。

2022 年 10 月

目 录

第一章 中国传统诗词中的幼儿诗词 1
 第一节 幼儿诗词的发展及与儿歌的区别 1
 第二节 幼儿诗词的作用 6
 第三节 幼儿诗词的特点 8
 第四节 幼儿诗词的分类 10

第二章 幼儿诗词在幼儿园教育中的价值 15
 第一节 幼儿诗词促进幼儿语言的发展 15
 第二节 幼儿诗词满足幼儿的审美需求 19
 第三节 幼儿诗词对幼儿的教育价值 26

第三章 现代幼儿观与幼儿教学 31
 第一节 幼儿观与幼儿教育的职能 31
 第二节 幼儿观与人性假设 36
 第三节 幼儿观与教学过程中的幼儿地位 42

第四章 幼儿园优秀传统文化教育教学的现状 47
 第一节 幼儿园优秀传统文化教育教学的实施现状 47
 第二节 幼儿园优秀传统文化教育教学中存在的问题 65
 第三节 幼儿园优秀传统文化教育教学的建议 67

第五章 古诗词主题教学活动中幼儿诗词欣赏活动研究 73
 第一节 幼儿诗词欣赏活动的价值 73

第二节　幼儿诗词欣赏活动的现状调查 ·· 77
第三节　幼儿诗词欣赏活动存在的问题及原因分析 ·································· 87
第四节　幼儿园组织与开展幼儿诗词欣赏活动的策略 ······························ 99

第六章　古诗词融入幼儿园音乐教育活动实践探索 ································ 115
第一节　古诗词融入幼儿园音乐教育活动 ·· 115
第二节　古诗词融入幼儿园音乐教育活动的实践探索 ······························ 121
第三节　古诗词融入幼儿园音乐教育活动的建议 ···································· 133

第七章　古诗词教学中幼儿审美能力培养的策略研究 ····························· 141
第一节　古诗词教学与幼儿审美能力培养 ·· 141
第二节　古诗词教学中幼儿审美能力培养的现状及问题 ··························· 151
第三节　古诗词教学中幼儿审美能力培养现状的成因分析 ······················· 162
第四节　古诗词教学中幼儿审美能力培养的实施策略 ···························· 165

第八章　古诗词主题教学活动中幼儿良好行为习惯的培养 ······················ 175
第一节　以古诗词为主题活动，培养幼儿良好行为习惯的行动方案 ·········· 175
第二节　古诗词主题教育活动中幼儿行为习惯培养存在的问题及原因分析 ······ 186
第三节　古诗词主题活动培养幼儿良好行为习惯的对策及建议 ················ 191

第九章　以传统古诗词为主题的幼儿教学模式构建 ································ 199
第一节　幼儿园古诗词教学的优势及相关理论 ······································· 199
第二节　幼儿园古诗词教学现状调查 ·· 202
第三节　"情境—游戏"式古诗词教学模式构建 ····································· 207
第四节　"情境—游戏"式古诗词教学模式效果分析 ······························· 215

参考文献 ·· 223

附　录 ·· 225
附录1：幼儿诗词欣赏活动现状调查 ··· 225

附录2：幼儿诗词欣赏活动访谈提纲 …………………………………… 229
附录3：古诗词教学中幼儿审美能力培养问卷调查（学生）…………… 230
附录4：古诗词教学中幼儿审美能力培养的访谈（教师）……………… 231

第一章　中国传统诗词中的幼儿诗词

幼儿诗词是指以幼儿为主体接受对象，符合幼儿的心理和审美特点，适合于幼儿欣赏、阅读、吟诵的自由体短诗。幼儿诗词是中国传统诗词的一个分支，由于它受到特定读者对象幼儿心理特征的制约，因此所反映的生活内容、所进行的艺术构思、所展开的联想和想象、所运用的文学语言等，都必须符合幼儿的年龄特征，必须是幼儿所喜闻乐见的。这样才能在培养幼儿良好的道德品质、思想情操，激发丰富他们的想象力、思维能力等方面，尤其在培养幼儿健康的审美意识和艺术鉴赏力上发挥自己独特的作用。

第一节　幼儿诗词的发展及与儿歌的区别

一、幼儿诗词的概念

幼儿诗词是儿童诗这个百花园中的一朵奇葩，它与童年诗、少年诗一起构成儿童诗这个绚丽多彩的花园。所谓儿童诗，就是以儿童为接受对象，以优美的韵律和凝练的语言抒写儿童的情趣和心声，创造出儿童能理解、能接受，并符合其审美心理的诗歌。所谓幼儿诗词，指的是以3～6岁的幼儿为接受对象，抒发幼儿的思想感情，表现幼儿的情趣，适合幼儿欣赏、诵读的自由体短诗词。

二、幼儿诗词的发展概况

我国历来就有重视"诗教"的优良传统。从"诗三百"到屈原的《离骚》，再到唐诗、宋词，一代代的中华儿女在诗的海洋中受到熏陶，精神得到濡养。然而，当我们打开浩如烟海的诗歌长卷，却发现只有屈指可数的诗歌作品真正适合幼儿阅读。如骆宾王的《咏鹅》、贺知章的《咏柳》、杜甫的《春夜喜雨》、李白的《望庐山瀑布》、白居易的《赋得古原草送别》、李绅的《悯农》等。在历代文人墨客中，能真正自觉地为幼儿创作诗歌的人更是凤毛麟角。

从晚清开始，中国文坛上便出现了梁启超、谭嗣同、黄遵宪等人提倡的"诗界革命"，梁启超还特别重视儿童诗歌的创作，他在《饮冰室诗话》中多处论述了儿童诗歌，把它看作"改造国民之品质"的"精神教育之一要件"，他和黄遵宪还亲自创作了不少有教育意义的儿童诗歌。其中，黄遵宪写的《幼稚园上学歌》则开创了幼儿诗词的先河："春风来，花满枝，儿手牵娘衣。儿今断乳儿不啼。她去买枣梨，待儿读书归。上学去，莫迟迟！……"全诗共十节，在优美的旋律中，描绘了一幅幅情真意切、求善求真、进取向上的幼儿生活图景。但是，由于数千年封建思想的禁锢，儿童对诗歌的精神需求得不到社会应有的重视和关注，因此，具有现代意义的幼儿诗词是伴随着五四运动而出现的时代产物。

这场具有伟大历史意义的新文化运动是从诗歌的改革开始的。为了适应中国的社会变革而出现的新诗在形式上打破了旧体诗词的格律限制，废弃了僵化的文言语词，采用了比较自由的形式，运用切合口语的白话进行创作。这一变革，使诗歌这一文学体裁便于反映社会现实生活和表达现代人的思想感情，与整个社会发展的潮流相适应，实现了一次历史性的诗体大解放。

打破旧体诗歌桎梏的新诗采用人们日常的口语，也不受格律、字数、行数的限制，形式自由。当时，一批文化名人，如胡适、郭沫若、叶圣陶、郑振铎、俞平伯、刘半农、汪静之等，采用新诗的形式，积极为儿童写诗，在他们的大力提倡和不懈努力下，我国才开始有了现代意义上的幼儿诗词。其中，胡适创作的诗歌《湖上》可谓早期幼儿诗词的精品："水上一个萤火，水里一个萤火。平排着，轻轻地，打我们的船边飞过，他们俩儿越飞越近，渐渐地并作了一个。"这首以幼儿为主要对象的白话诗，结尾的"火""过""个"都押着相近的韵，却已经摆脱传统儿歌那种以三、五、七言为基本格律的遣词造句模式，逐步走向自由体，逐步靠近散文化。这首诗歌还给我们打开了一个清新幽美的意境，诗歌所创造的那种自由甜美的境界，显然不是一般传统儿歌所能达到的。

中国现代幼儿诗词从五四运动时期到中华人民共和国成立之前的30年，处于从不成熟走向成熟的萌芽期。在这个阶段，幼儿诗词发展的速度缓慢，因为它还存在以下缺陷和不足：第一，尚未形成一支有一定数量的幼儿诗词创作队伍，绝大多数诗人都是以写成人诗为主，幼儿诗词只是他们偶尔之作，因此就缺少独具风格的幼儿诗诗人；第二，多数幼儿诗词作品尚残留着白话诗浅白裸露的痕迹，过分浅露的诗，往往意境平淡，缺少隽永的诗味；第三，幼儿诗词的理论建设几乎是一片空白，在这30年中，竟没有一篇系统研究幼儿诗词的论文发表，更不用说关于幼儿诗词的学术专著了。

1949年中华人民共和国成立，我国幼儿诗词的发展进入了一个新的阶段。具体表现如下：首先，开始出现一批风格各异的幼儿诗诗人，其中颇有影响力的诗人有金近、柯岩、袁鹰、圣野、鲁兵等；其次，幼儿诗词的题材扩大，诗人们受到蓬勃的新气象的激发，幼儿诗词的题材内容开始跳出学校和家庭的小圈子，也突破了讴歌小英雄的单一框框，题材范围比过去扩大了，内容也比过去更丰富多彩了；再次，幼儿诗词的样式更加多样化，由原来叙事和抒情两大类衍化出许多为孩子所喜闻乐见的新形式，如寓言诗、童话诗、儿童诗、科学诗、幽默诗、讽刺诗等；此外，开始重视儿童诗歌的理论建设，随着儿童诗歌创作实践的发展，诗人金近、邵燕祥、陈伯吹、贺宜等开始关心儿童诗歌的理论探索。如邵燕祥严厉批评儿童诗歌创作中不严肃的作风，指出"儿童诗首先应该是诗，并且是儿童的诗"。又如金近对儿童诗的特点、语言、感情等做了深入的探讨和论述。

进入新时期以来，幼儿诗词的创作不仅在数量上成倍增加，而且在质量上也有了明显的提高，老一辈诗人的幼儿诗词作品在艺术上日臻成熟，如鲁兵的《下巴上的洞洞》《小猪奴尼》、张继楼的《东家西家蒸馍馍》等。值得一提的是海峡彼岸的台湾，那里也有一支阵容齐整的儿童诗创作队伍，著名诗人林焕彰、谢武彰、林武宪等人也为幼儿写了不少幼儿诗词。1993年台湾还出版了《小白屋幼儿诗词苑》季刊。与此同时，幼儿诗词的批评和理论研究也空前繁荣，加强诗歌的理论建设已成为整个儿童文学界的共识，许多诗人结合自己的创作实践做了理论的探讨，对我国儿童诗歌理论建立科学体系做出了有价值的贡献。

三、幼儿诗词与儿歌的区别

幼儿诗词与儿歌都属于诗歌艺术，两者既有联系又有区别。

儿歌起源于民间，古已有之。到了五四运动时期，在新文化革命的浪潮中，开始出现了形式自由的幼儿诗词。从某种意义上讲，幼儿诗词是儿歌的发展和解放，它是随着社会生活的发展而诞生的新诗体。

它们之间的区别主要体现在以下几方面。

1. 从历史的长短来看，幼儿诗词的历史比儿歌的短。幼儿诗词是儿童诗的一个分支，儿童诗是在"五四"时期产生并发展起来的新诗体。迄今为止，幼儿诗词还不到百年的历史；而儿歌据文献记载已有三千多年的历史了。

2. 从形式上看，幼儿诗词的形式比儿歌更自由。幼儿诗词属于自由体诗，不受句式、押韵和长短的限制，但是，必须注重诗歌内在的节奏，因为其韵律和节奏是由诗人的情感决定的。而儿歌讲究音韵和谐，每首儿歌必须押韵；同时，它还注重外在的节奏，因为句式不同，节奏也会发生变化。可见，押韵是儿歌的生命，节奏是儿歌的灵魂。

请看同样以"蜗牛"为题材的两篇作品：

《蜗牛》

小蜗牛，爬着走，
爬呀爬，走呀走，
眼看就要爬到头，
一下跌个大跟头。

小蜗牛，爬着走，
爬呀爬，走呀走，

不怕再跌大跟头，
爬呀爬啊爬到头。

《蜗牛》
不要再说我慢，
这种话，
我已经听过几万遍。
我最后再说一次：
这是为了交通安全。

  第一首是儿歌，由三言句式和七言句式组成，三言句式读两拍，七言句式读四拍，押 ou 韵，读起来朗朗上口、趣味横生。

  第二首是幼儿诗词，没有押韵，诗歌以蜗牛为视角，整首诗歌弥漫着生气的情绪，诗歌的节奏随情绪的流动而产生。

  3. 从语言色彩来看，幼儿诗词的语言具有一定的书面色彩，比儿歌含蓄、细腻；而儿歌的语言更通俗、更浅显，口语化更强一些。

  4. 从"情"与"趣"的取向来看，幼儿诗词偏重于"情"，主要是抒发幼儿自然率真的情感，表现幼儿的情趣，让幼儿在欣赏中得到审美愉悦和情感的陶冶。正如著名儿童诗人金波所说："诗是儿童感情上的营养品。"而儿歌追求朗朗上口的节奏、韵律，让幼儿在诵读中感受乐趣。例如儿歌《蘑菇》和幼儿诗词《雨中的小蘑菇》都是以蘑菇为题材，但在情与趣的取向方面截然不同。

《蘑菇》
蘑菇蘑菇乖乖，
个儿长得矮矮。
头上扛把伞伞，
去接妈妈回来。

  这首儿歌押 ai 韵，每句四拍，在整齐的韵律中给人以趣味盎然的感觉。

《雨中的小蘑菇》
蘑菇小娃娃，
春雨下了，沙、沙、沙！
她打着小伞，
站在雨中央，
沙、沙、沙，
一点儿也不害怕。
沙、沙、沙！春雨下了，
有好长的几个夜晚啊！
沙、沙、沙！沙、沙、沙！

　　　　小蘑菇还是打着小白伞，
　　　　　站在雨中央，
　　　　　等着妈妈……

　　读完这首幼儿诗词，眼前仿佛呈现出一个乖巧的小女孩的形象，在她打着伞等妈妈的举动中洋溢着一份浓浓的爱——女儿对母亲的爱。

　　5.从主题思想的表现看，幼儿诗词的主题思想常常以间接方式表现出来，比较深刻、含蓄；儿歌则往往是比较单纯浅易地表现它的主题思想。如幼儿诗词《小弟和小猫》与儿歌《洗手》都是以要讲究卫生为主题的作品，但表现方式明显不同。

　　　　《小弟和小猫》
　　　　　我家有个小弟弟，
　　　　　聪明又淘气，
　　　　　每天爬高又爬低，
　　　　　满头满脸都是泥。
　　　　　妈妈叫他来洗脸，
　　　　　装没听见他就跑；
　　　　　爸爸拿镜子把他照，
　　　　　他闭上眼睛咯咯地笑。
　　　　　姐姐抱来个小花猫，
　　　　　拍拍爪子舔舔毛，
　　　　　两眼一眯"妙，妙，妙"
　　　　"谁跟我玩，谁把我抱？"
　　　　　弟弟伸出小黑手，
　　　　　小猫连忙往后跳，
　　　　　胡子一撅头一摇，
　　　　"不妙不妙！太脏太脏我不要！"
　　　　　姐姐听见哈哈笑，
　　　　　爸爸妈妈皱眉毛，
　　　　　小弟听了真害臊：
　　　　"妈！妈！快给我洗个澡！"

　　这首诗通过对小弟弟不讲卫生，不仅大人不喜欢，甚至连小猫都不和他玩的情节的描述，形象生动地把主题表现出来了。

　　　　《洗手》
　　　　　哗哗流水清又清，
　　　　　洗洗小手讲卫生，
　　　　　伸手比一比，
　　　　　看看谁的最干净。

在这首儿歌中，以"洗洗小手讲卫生""最干净"等词句，把所要表现的主题说得清清楚楚，儿童一听就会明白，不需做更多的思考。

幼儿诗词与儿歌因在读者对象、篇幅长短、表现主题思想方式等方面不同，在总体上区别是明显的。当然，幼儿诗词与儿歌的区别是相对的，在划分时不能过于刻板。比如刘饶民的《春雨》，可视之为儿歌，也可以视之为幼儿诗词。

第二节 幼儿诗词的作用

一、滋养幼儿的心灵

中国自古以来就有诗教的传统。我们的祖先十分注重诗教，把诗教放到重要的教育位置。在《礼记》中曾经记载了孔子的几段很值得玩味的话："入其国，其教可知也，其为人也，温柔敦厚，《诗》教也。""温柔敦厚而不愚，则深于《诗》者也。"意思是凡亲身到一个地方，那里的教育情况就可以看出来，凡是老百姓温柔敦厚的，那便是《诗》教的结果。老百姓不仅温柔敦厚而且还很聪明，那便是学《诗经》学得深入的结果。这说明学诗的作用在于移情，诗能改变人的性情，使人走向正路。

林语堂先生也说过，中国的诗歌特别注重"意"和"神"，这相当于一种宗教情绪，对于移情陶性有重要意义。

幼儿诗词是专为幼儿量身定做的文学样式，幼儿多读幼儿诗词，其性情、思想也会在潜移默化中受影响。如圣野先生的《雷公公和啄木鸟》：

> 我装雷公公，
> 轰轰轰！
> 去敲奶奶的门。
> 敲了老半天，
> 敲得越是响呀，
> 里面越是没声音。
>
> 我装啄木鸟，
> 笃笃笃！
> 请奶奶给我开开门。
> 奶奶奔出来，
> 像闪电一样，
> 欢欢喜喜接小孙。
>
> 奶奶，奶奶，

> 雷公公声音大,
> 为什么听不见?
> 啄木鸟声音小,
> 为啥倒听得见?
>
> 奶奶告诉我,
> 当我像小强盗的时候,
> 她的耳朵就聋了;
> 当我像小客人的时候,
> 她的耳朵就不聋。

幼儿在读的过程中,可以获得一些启发:在生活中,礼貌是非常重要的,要像啄木鸟一样敲门,而不能像雷公公那样,否则,就会成为一个不受欢迎的人。

二、开启幼儿想象之门

有人说:想象是人类的第三只眼睛,藏在心里,它能看见许多奇妙的事物和意想不到的东西。诗人可以借助想象,看到一个神奇的世界。幼儿阅读想象力丰富的诗篇,就能领略到诗的特殊魅力。幼儿诗词对开启幼儿的想象力、培养幼儿的形象思维大有裨益。如徐鲁的《年夜》:

> 年夜的钟声刚刚敲过
> 美丽的小雪花
> 驾着谁也看不见的雪橇
> 纷纷离开了遥远的天国……
>
> 它们降落在金色的草垛上
> 降落在新年的村庄和麦地里
> 仿佛正与大地妈妈悄声细语——
> 天国是辽阔的
> 但只有在人间
> 才有这温暖的灯火……

诗中"小雪花"这个拟人形象是那么引人遐想,它把幼儿带到"遥远的天国"。小雪花时而落在金色的草垛上,时而落在村庄和麦地上,仿佛与大地母亲在说悄悄话。

三、给予幼儿美的熏陶

从审美的角度来看,优秀的幼儿诗词一般都具有许多美的因素,如语言美、意境美、音乐美等,有时是某一种美的因素产生作用,有时是美的综合因素产生效应。美能使人愉悦，使人受感染，使人受教育。幼儿阅读形式和内容兼美的幼儿诗作，会在潜移默化中得到熏陶，其审美能力也能逐步增强。如金波的《雨铃铛》：

> 沙沙响，沙沙响，
> 春雨洒在房檐上。
> 房檐上，挂水珠，
> 好像串串小铃铛。
> 丁零当啷……
> 丁零当啷……
> 它在招呼小燕子，
> 快快回来盖新房。

诗歌给我们描绘了一幅充满诗意的画面，房檐上挂着的雨滴，就像一串串的小铃铛，小铃铛在不停地呼唤小燕子：春天来了，春天来了，快回来吧！整首诗读起来顺口，听起来悦耳，给人美的享受。

第三节 幼儿诗词的特点

幼儿的诗从内容到形式都要考虑到幼儿的心理接受能力和教育上的要求，因此幼儿诗词有它独有的特点。我们可以从共同性、独特性两个层面来理解它的特点。

首先，幼儿诗词是诗歌，它具有诗歌的共同特征。诗歌与其他文体相比，一般具有以下三个特点。

1.抒情性。我国古代有"诗缘情""诗言志"之说，外国也有"诗是强烈的感情的自然流露"和"愤怒出诗人"等观点，这表明诗歌的抒情性是其最本质的特征。优秀的诗篇无不鲜明地表现诗人的个性特征、喜怒哀乐。一般来说，越是能够彰显诗人独特个性和感情色彩的诗篇，就越容易吸引和打动读者。

2.音乐性。诗歌的语言具有音乐性。诗歌是情感流动的产物，但诗人的情感流动恰如河流，有缓有急，有起有伏，外显在语言上，就体现在诗行的排列和音韵的选择上，前者形成了诗歌的节奏，后者则属于诗歌的押韵问题。

3.语言的高度凝练和形象性。由于有一定的节奏、音调和格律的限制，所以与其他文体相比，诗歌的语言要求更集中、更概括地反映生活，容不得冗长的叙述和空洞的说教，因此诗歌的语言比其他文体的语言更凝练、更含蓄。

其次，幼儿诗词是为幼儿创作的诗歌，它具有自己独特的艺术个性。具体来说，有以下几个特征：

1.抒发幼儿浓烈的情感。幼儿诗词的听众和读者主要是3～6岁的学龄前儿童，读者对象决定了幼儿诗词的内容。幼儿诗词的作者要以幼儿的眼光和心理去感受和体验生活，幼儿诗词要抒发幼儿自然率真的情感、表达幼儿的情趣。只有这样的诗作，才会深受幼儿的喜爱。如台湾诗人杜荣琛的《神气的弟弟》：

我弟念幼稚园大班，
神气得像个大学生。
毕业典礼那天，
我问他最喜欢什么课，
他理直气壮地说：
"喝牛奶课，和吃饼干的课最好啦！"

　　诗中最后一句让人忍俊不禁的回答显然是出自孩子之口，这句话既增加了诗的生活情趣，也使诗成了真正表达幼儿快乐和引起读者兴趣的东西。

　　2.适合幼儿思维的精巧构思。幼儿的思维方式以具体形象思维为主，幼儿诗词若能给幼儿较强的可视性，就能给幼儿亲临其境之感，这样对幼儿理解作品大有神益。一般来说，幼儿诗词的构思最关键的是要捕捉幼儿熟悉的意象，以便唤起幼儿的生活经验和情感共鸣。如黎焕颐的《春妈妈》："春，是花的妈妈。/红的花，蓝的花，/张开小小的嘴巴，/春妈妈/用雨点喂她……"诗中那红的花、蓝的花就像孩子一样，吸吮母亲的乳汁一天天长大，诗人正是捕捉了这个意象，才给作品带来了童话般的色彩。

　　3.幼儿式的丰富想象。"没有翅膀，没有鸟；没有想象，没有诗。没有美丽的想象，诗就飞翔不出来。"诗人圣野用诗的语言，一语破的，点破了想象在诗歌中的重要意义。幼儿诗词更离不开天真而奇妙的想象，而幼儿的想象应是幼儿特有的想象，它主要以再造想象为主，带有鲜明的夸张性、幼稚性和虚幻性。如台湾诗人林焕彰的《妹妹的围巾》：

雨停了，妹妹拉着我
一直往外跑——
手指着远远的一棵树，
树上挂着的彩虹；
她说：那是我的围巾，
从我窗口飘出去。

　　诗中把天上的彩虹看作从窗口飘出去的围巾，显然，这带有夸张的色彩，也只有在孩子的眼中，一条普普通通的围巾才有这诗意般的美丽。

　　4.充满幼儿情趣的优美意境。意境是诗歌的精灵，没有意境，就没有好诗。所谓意境，是作者把自己对社会生活、自然景物的描写与主观感情融为一体而构成的艺术境界。成人诗歌的意境讲究含蓄蕴藉、深远高妙；而幼儿诗词的意境往往寓浓郁的诗情于浅显流畅的语句、藏纯真的诗意于幼儿习以为常的事物之中，给人清新、优美之感。

　　幼儿诗词意境的营造往往离不开幼儿情趣，幼儿的奇特想象、孩子气的疑问、真诚而稚气的语言、笨拙或过于成熟的举止行为、所思与所作的矛盾等因素都会使描绘的画面灵光四溢、生机勃勃。如詹冰的《游戏》：

"小弟弟，我们来游戏。

姐姐当老师，
你当学生。"
"姐姐，那么，小妹妹呢？"
"小妹妹太小了，
她什么也不会做，
我看——让她当校长算了。"

这首诗中姐姐的形象真实鲜明，她的语言充满稚气，她的"决定"让人忍俊不禁。

5.浅近、形象、凝练的语言。幼儿诗词是诗歌的一种，诗歌的语言讲究形象、凝练，幼儿诗词的读者对象是3～6岁的幼儿，读者对象的特殊性决定幼儿诗词的语言还有一个独特的特点——浅近。只有平易浅近、简洁明了的语言，才能使幼儿易懂、易诵、易记。如胡顺猷的《妈妈》：

妈妈是家里的太阳，每天都是她最先起床！
妈妈是家里的月亮，每天晚上她都很忙！
妈妈是家里的星星，她的眼睛总是那么明亮！
妈妈是家里的春天，有了她，家中总是暖洋洋！

这首小诗的语言凝练又浅近，诗中运用比喻手法，分别把妈妈比作"太阳、月亮、星星、春天"，形象生动地塑造了一位勤劳、善良、慈爱而又贤惠的妈妈形象，抒发了孩子对妈妈的眷恋和爱。

第四节　幼儿诗词的分类

幼儿诗词以不同的标准进行分类，就会有不同的类别。以文学创作手法为标准，可分为幼儿叙事诗和幼儿抒情诗；以内容为标准，可分为幼儿童话诗、幼儿寓言诗、幼儿科学诗、幼儿讽刺诗、幼儿故事诗、幼儿谜语诗；以语言特点和是否按诗行形式排列的情况，可分为幼儿诗词和幼儿散文诗。

一、幼儿抒情诗

幼儿抒情诗是以抒情为主要表达方式，侧重直接抒发幼儿内心情感的诗。冰心老人曾经说过："小孩子！他细小的身躯里，含着伟大的灵魂。"幼儿虽小，但是他们的内心世界很丰富，抒情视角也是多方面的，幼儿抒情诗有的是抒发幼儿纯真独特的心灵，有的是抒发他们对生活、对大自然的热爱，有的是倾诉他们心中的烦恼……幼儿抒情诗或直接抒情，或间接抒情（借景抒情、状物抒情和托物言志）。与幼儿叙事诗相比，幼儿诗词没有完整的故事情节，也没有突出的人物形象。如金波的《大树和叶子》，通过对秋景和春景的描绘，抒发了叶子对大树的依恋，在诵读中，使人情不自禁地想起孩子对母亲的依恋。又如圣野的《到母亲那里去》：

水啊　汩汩地向前流
水说　到母亲那里去
叶子啊　呼呼地往下飘
叶子说　到母亲那里去
孩子啊　笃笃地往前跑
孩子说　到母亲那里去
　　所有的孩子
　都是快乐的，幸福的
　　只要有母亲
　　在那儿等待

这首诗歌采用直抒胸臆的方式，道出了一个永恒的真理：只要有母亲，所有的孩子都是快乐的、幸福的。确实如此，有了母亲，世界才会变得可爱，生活才会变得快乐，人生才会变得幸福。

二、幼儿叙事诗

幼儿叙事诗是以叙事为主要表达方式，侧重于通过叙述事件或讲述故事来塑造形象从而表达幼儿思想感情的诗。幼儿叙事诗有比较完整的故事情节、有比较鲜明的人物形象，篇幅一般比较长，但它不同于小说和故事，把事情的来龙去脉介绍得很清楚，它只是把若干故事片段连缀成篇。如柯岩的《帽子的秘密》，把一个"小海军"的天真无邪刻画得淋漓尽致。又如傅天琳的《我是男子汉》：

　　如果今天夜里突然起风
　　不要害怕，妈妈
　　我是家里的男子汉
　　我已经六岁了，我是男子汉
　　我会举起长长的陀螺鞭子
　　把不听话的风
　　　　赶到
　　没有灯光的角落
　　　让它罚站
爸爸不会回来，今天不是星期天
　　妈妈，你不要发愁
　　　我是男子汉
我会用爸爸用过的锯子和斧子
　　给你劈开生炉子的柴
　　叔叔说男子汉就是有出息
　妈妈，你也有一个有出息的

男子汉儿子
如果你收到一封
从天上拍来的电报
那是你的男子汉儿子
要摘来一颗星星
照你写字到很晚很晚

诗中六岁的小男孩庄严地宣告他是男子汉，他有能力保护妈妈，表达了小男孩对妈妈纯真的爱。诗中的"我"，是一个勇敢无畏、纯真可爱的男子汉，他对妈妈质朴真挚的爱，是和孩子们的心灵相通的，能够引起小读者的共鸣。

三、幼儿童话诗

幼儿童话诗，又称诗体童话，是童话和诗歌的巧妙结合，它以诗的形式表现童话故事，它既能让幼儿感受诗歌语言的凝练与音乐美，也能让幼儿感悟到童话的无限魅力。它有完整的童话故事情节，其中的人物多是动物拟人化的形象。如俄罗斯诗人普希金的《渔夫和金鱼的故事》、苏联的马尔夏克的《笨耗子的故事》、鲁兵的《小猪奴尼》都是脍炙人口的幼儿童话诗。

目前，一些新兴的幼儿童话诗出现了淡化故事情节的趋势，它只是描写了一个场景，营造了清新优美的诗的意境。如郭风的《童话》：

小野菊坐在篱笆的后面，
侧着头，想道：
"我长大了，
要有一把蓝色的遮阳伞，
那时候，我会很好看，
我要和蜜蜂谈话！"

站在她旁边的蒲公英，插嘴道：
"可是，那有什么好呢？"
小野菊马上问道：
"可是，你会比我好吗？"

"我长大了，会有一顶
旅行用的黄色的小便帽；
我要带一只白羽毛的毽子，
旅行到很多的地方！"
小野菊沉思地说："那真的很好，
可是，我不要像你！"

这首诗只是描绘了小野菊和蒲公英对话的情景，他们在优美的意境中谈愿望、谈理想。

四、幼儿寓言诗

幼儿寓言诗又称诗体寓言，它是用诗的语言向幼儿讲述一个简短而生动的故事，并且寄托一定的讽喻和教训之意的幼儿诗词。寓言诗的特点有四：其一，曲折地反映生活；其二，漫画式的形象；其三，耐人寻味的寓意；其四，符合儿童心态的情趣。幼儿寓言诗的这些特点决定了大多数幼儿寓言诗作者笔下，都有着一个鲜活的动物世界或植物世界。在这些动植物身上，诗人们都要表达一定的思想，或讽刺，或劝诫，或歌颂。不过大多数作者都是通过寓言诗达到讽刺的目的。17世纪法国的拉封丹（LaFontaine）、19世纪俄国的克雷洛夫（Крылов）都写过大量深受少年儿童欢迎的寓言诗。在我国，古代幼儿寓言诗基本是一个空白；中华人民共和国成立后，真正意义上的幼儿寓言诗开始出现。刘征、于之在20世纪五六十年代创作了一定数量的儿童寓言诗，但是由于时代的原因，他们的作品并没有引起应有的注意。20世纪80年代以来，儿童寓言诗创作取得了很大的发展，有不少诗人在这方面下功夫，出现了一些值得玩味的名篇佳作，可以说是异军突起。在这个诗人群体里，以刘征和杨啸两人的成就最大。高洪波的《列车上的苍蝇》、张秋生的《会拉关系的蜗牛》等都是有代表性的佳作。台湾诗人也创作了不少佳作，如林焕彰的《螃蟹和鱼》：

> 螃蟹喜欢横着走路
> 螃蟹对鱼说：
> 我这样走，大家都会怕我。
> 鱼喜欢游来游去
> 鱼对螃蟹说：
> 这样不好，你会没有朋友。

诗歌深入浅出地向幼儿讲述了这样一个道理：如果一个人横行霸道，就不会有朋友。

五、幼儿讽刺诗

幼儿讽刺诗以夸张讽刺的手法，表现幼儿生活中某些不良现象或幼儿身上的不良习惯，具有幽默诙谐的色彩。幼儿讽刺诗的教育功能显著，它能让幼儿在欢笑中反思自己的行为，起到"有则改之，无则加勉"的自律作用。幼儿讽刺诗和一般讽刺诗有明显的区别。幼儿讽刺诗中讽刺对象是幼儿，所以大都是善意的、委婉温和的讽刺。如滕毓旭的《大喇叭》：

> 有个娃娃嗓门大，说话像只大喇叭；
> 十里以外听得见，震得树叶哗啦啦；

小狗以为放鞭炮，吓得躲进门后趴；

小鸡以为打了雷，扑棱翅膀跑回家；

小朋友赶紧捂耳朵，害怕脑袋被吵炸。

这首诗运用夸张的手法，对孩子过分大声说话的不良习惯进行善意的批评和讽刺，使小读者在笑声中受到启发和教育。

六、幼儿散文诗

幼儿散文诗是以散文的形式写幼儿诗词，它既有诗歌的抒情性与内在的韵律和优美的意境，又有散文分段不分行的灵活自由的表达方式，幼儿散文诗虽然数量不多，但它对培养幼儿的语言，提升幼儿的审美能力具有不可忽视的作用。

有的幼儿散文诗音乐性很强，如屠再华的《娃娃闹海》：

一群娃娃，嘻嘻哈哈！穿一身褂儿，披了一身晚霞。

他们一窝蜂冲下海滩，甩掉凉鞋，脱掉袜子，上上下下，赤裸裸的，一丝不挂！

娃娃闹海，嘻嘻哈哈！让呼呼的大风，梳理着疯疯癫癫的头发！让白白的浪花儿，锤炼着黑黑的脚丫。

渔家的孩子不怕风，渔家的孩子不怕浪。玩够了！该回家了！捡一捧小海螺，穿一串项链；再捡一捧小贝壳，带回去"办家家"。

整首诗歌押韵，整句和短句的运用也使得诗歌的节奏感增强了。

有的幼儿散文诗注重意境的营造，如姜华的《抚摸》：

像风儿轻轻地抚摸着洁白的云朵，像朝露轻轻地抚摸鲜花粉嘟嘟的脸庞，像阳光轻轻地滑落草尖，像小溪轻轻地从山洞流过。

老师抚摸着我的双手，是轻风，是朝露，是阳光，是一条小溪从我的心田里流过。

这首幼儿散文诗连用两串比喻、排比，表达了孩子在接受老师爱抚时的心灵感受。篇幅短小，情真意切，意境优美。

第二章　幼儿诗词在幼儿园教育中的价值

幼儿诗词主要是以3～6岁的幼儿为主要接受对象，适合于幼儿欣赏、吟诵和阅读的诗歌。幼儿诗词作为一种文学艺术，既是一种充满诗意的浪漫文学，又是趣味盎然的快乐文学。幼儿诗词作为幼儿最早接触的文学样式，对促进幼儿的发展具有重要的价值。本章着重论述了幼儿诗词在幼儿发展过程中的语言价值、审美价值与教育价值。

第一节　幼儿诗词促进幼儿语言的发展

幼儿诗词在语音上表现出音韵和谐、抑扬顿挫和朗朗上口，在内容上强调生动、形象、可感，是一种很好的语言范例，一直以来都深受儿童的喜爱。幼儿诗词集知识性、趣味性和实践性于一体，是幼儿语言教育中不可缺少的一部分，是一种重要的幼儿语言教育的资源和手段。

一、培养良好的倾听能力

注意倾听是幼儿语言学习与发展的前提条件，因而培养幼儿倾听的能力是幼儿语言教育中的重要内容。《幼儿园教育指导纲要（试行）》中明确指出要"养成幼儿注意倾听的习惯、发展语言理解能力"。培养幼儿的倾听能力不仅要引导幼儿有意倾听，更要培养幼儿善于倾听的技能。

培养幼儿善于倾听的能力应该是包括三个方面的内容：一是培养幼儿有意识倾听的能力，即全神贯注的听和有目的的听；二是培养幼儿评析性倾听的能力，即幼儿对所听到的内容要进行归纳、推断和评价，这是善于倾听的一方面；三是培养幼儿欣赏性的倾听能力，即幼儿对所听到的内容具有浓烈的兴趣，体验到其实实在在的美的感受。学前阶段幼儿身心发展特征决定了他们注意倾听的时间很短，因而在培养幼儿善于倾听的能力时，如何引起幼儿的注意，激发幼儿的倾听兴趣则显得尤为重要。幼儿诗词特别是"儿歌"，作为一种欣赏文学，因其简短、有趣，富于美感且符合幼儿的心理特点和审美需求，易于引起幼儿的注意，成为幼儿"爱听"的文学。幼儿在欣赏吟诵的过程中，感受语言所带来的快乐，同时慢慢了解了语言所表达的意义。学习幼儿诗词不仅帮助幼儿养成良好的倾听习惯、提高幼儿的倾听能力，而且增强了幼儿的文学感受力和理解力。主要表现有以下三点。

第一，以鲜明的节奏、流畅的韵律，吸引幼儿注意听。韵律和节奏是幼儿诗词不同于其他文学作品鲜明的艺术特征。幼儿诗词具有形式上的外在节奏，也有语言的内在韵律，这使得幼儿诗词读起来朗朗上口，这种音韵美和节奏美能够轻而易举地引起幼儿的注意力，使他们能够全神贯注地倾听。

第二，以浅白的语言、简短的篇幅，帮助幼儿理解的听。幼儿诗词是给幼儿欣赏的，所以较一般诗歌的语言更加的浅白、篇幅也较为短小。幼儿诗词作品常常运用的是幼儿熟悉和易于理解的规范性的口语，句式更加的简单，自然流畅。这使幼儿不仅能够听懂幼儿诗词，而且能够理解诗歌所要表达的内容、情感、意境。

第三，以生动的形象、诗化的意境，给予幼儿欣赏的听。幼儿诗词总能以生动形象的语言把人或物的声音、色彩、形状、动作、神态等表现得淋漓尽致，幼儿在听的过程中如闻其声、如见其人、如临其境，让幼儿实实在在感受诗歌的美。

二、提高幼儿的表达能力

幼儿的语言能力不是天生的，而是通过后天模仿习得的。幼儿在接受优秀的文学作品的过程中，可以从中学到大量词汇、语法规则和多样化的表达方式，从而组织自己的语言，提高自己的表达能力。幼儿诗词在这方面的作用尤为突出。

（一）训练语音

幼儿语言的发展主要是掌握口语的发展，口语发展的第一个问题是掌握语音。学前阶段的幼儿已经有了明显的语音意识，他们对自己和别人的发音感兴趣，能意识到自己发音的弱点，努力练习自己新学到的语音或自己不能准确发出的声音等。学前阶段是幼儿有效掌握正确的语音的重要时期。

幼儿诗词凭借其富有节奏和韵律的语言，在幼儿的吟唱念诵中训练语音。幼儿诗词在语音特点上表现为合辙押韵（特别是儿歌），常用叠词叠韵，韵律优美，极富音乐性。这些特点起到的作用就是使幼儿诗词念起来朗朗上口，回环反复，既能激起幼儿学习语言的兴趣，又使幼儿在反复念唱中训练语音。幼儿在念唱诗歌的过程中，唇、舌、齿、腭等发音部位和口型变化得到锻炼，掌握了发音部位和发音方法。幼儿诗词不仅能训练孩子的正确发音，还可以有效地矫正孩子的错误读音。例如儿歌中的绕口令，将声母、韵母和声调极易混同的字，组成反复、重叠、绕口的句子，来帮助幼儿掌握语音难点。

同时，幼儿诗词具有抑扬顿挫的音韵美，幼儿在听幼儿诗词时能够感受到语调、语气的变化，对语言的重音节奏有初步的认识，使幼儿在日常生活中能够更加准确地表达自己的思想。

（二）积累词汇

词汇是一个人掌握一门语言的重要基础，只有有足够的词汇量才能自如地表达自己的想法，和别人交谈。因此，词汇量是儿童语言发展的重要标志。

国内外的研究成果表明，学龄前各阶段的幼儿其词汇的发展大体上为：1岁时，词汇量在10个以内；1～1.5岁时，约为50～100个词；1.5～2岁时，约为300个词；2～2.5岁时，约为600个词；2.5～3岁时，约为1100个词；3～4岁时，约为1600个词；4～5岁时，约为2300个词；5～6岁时，约为3500个词。我们可以看出学前阶段是幼儿掌握词汇的关键时期。词汇量的多少直接影响到幼儿的语言表达能力的发展。

除了在日常生活中通过与人交往来获得新的词汇，还可以通过成人有目的地"教"来获得。《幼儿园教育指导纲要（试行）》中明确强调"引导幼儿接触优秀的文学作品，使之感受语言的丰富和优美"，这里的"使之感受语言的丰富"当然也包括词汇的丰富。幼儿诗词中的词汇形象鲜明、生动有趣，使幼儿在自然的语境中不知不觉地习得各种词汇。

幼儿诗词中涉及的内容十分的广泛，出现最多的是名词，然后是动词以及一些简单的形容词。其中名词囊括了人物、动物、植物、自然事物、日常生活等各类词汇。幼儿诗词中的词汇很少出现代词、副词以及那些抽象的、艰涩的词汇，而是生活中可感可知的词汇。

幼儿诗词中使用词类的特点切合学前儿童对词汇的掌握规律。有关研究表明，幼儿掌握词汇的规律是先实词后虚词，而对实词的掌握是名词、动词、形容词较早，而副词、代词等较晚；而不同类型的词汇在儿童词汇总量中的比例为名词占50%，动词占25%，形容词占10%，其他词类所占比例都相当小。

幼儿诗词选材广泛，内容丰富，为幼儿掌握成熟的语言、扩展词汇量、积累艺术语言、发展想象力等具有重要的作用。它为幼儿提供了一个相对完整的语境来掌握词汇，使幼儿在自然的学习中获得良好的效果。

（三）培养良好的语感

什么是语感？ 王尚文在其《语感论》中提道：语感就是个体的人与言语世界的直接联系，它表示为对作用于他的语言作品的内在反应能力，即听和看（读）的能力，也表现为表达个人情意需要或适应社会交际的需要而在感觉层面直接生成言语作品的能力，即听与说的能力。语感包括语义感、语音感、语法感三个部分。"语义感即对语言词汇的意义与色彩的感知"；语音感是指对语音、语调等的敏感度；任何一种语言都是音与义的结合。一个具备较高语感能力的人，在感知语言的过程中会产生多方位的直感：不但能够快速、敏锐地抓住语言文字所表达的真实、有效之信息，感知语义、体味感情、领会意境，而且能捕捉到言外之意、弦外之音。有研究表明，儿童在2～3岁的时候，其语感就已经萌芽了，到了6岁，儿童的语感已经发展到可以根据语言环境预测语言效果，即根据不同的语境来调整自己说话的内容。

语感的获得与发展是幼儿语言水平发展的另一个重要的组成部分，它体现幼儿对于语言的分析、理解、体会、吸收的能力与水平。幼儿的语感是可以通过学习与欣赏幼儿诗词来获得的。幼儿诗词的语言是经过锤炼的、间接的、生动的文学语言。幼儿通过反复的吟诵来消化和吸收这些生动形象的语言，当需要表达时，就能够脱口而出。

在这个过程中，幼儿的语音、语义与语法感知水平不断提高，日积月累，逐渐获得良好的语言感知与表达能力。

幼儿获得良好的语感的一个重要方法即多读、多诵。诵读能帮助幼儿最大限度地维持他们的注意力，不断体会诗歌的内容和意境。幼儿在诵读的过程中能够感知语音、语调，把握诗歌的停顿、节奏等，体会与辨别词语的色彩、句子的意义，读多了还可以感知语言运用规则。幼儿在诵读诗歌的过程中，还能深刻地感受到语言的丰富内涵，想象诗歌美妙的境界，并从中受到熏陶。诵读诗歌是一种有效的培养语感的方法。

对于纯真浪漫的幼儿来说，幼儿诗词的独特之处在于抓住了孩子身心发展的规律与特点，以丰富的内容、生动的语言、明快的节奏、和谐的声调、优美的音韵，使孩子们在赏中学、玩中学、悟中学，这个过程是潜移默化的。幼儿诗词还以美好、真挚的情感给予儿童以美的享受和情感熏陶。幼儿在欣赏念唱的欢乐中接受语言知识，在愉悦中获得语感。

三、促进幼儿艺术化语言的发展

《3～6岁儿童学习与发展指南》明确提出要"引导幼儿感受文学作品的美""有意识地引导幼儿欣赏或模仿文学作品的语言节奏和韵律"。让幼儿在文学作品中充分感受语言的丰富和优美，一方面是幼儿语言教育的重要内容和目标，如周兢认为幼儿园语言教育的基本目标之一，就是帮助幼儿学习创造性地、符合审美要求地运用语言。另一方面也是幼儿对运用艺术性语言表达的需要。著名幼儿教育家蒙台梭利（Montessori）提出"要优美地表达自己"，涵盖了幼儿对艺术语言的需求。幼儿诗词是一种精致、优美的艺术化的语言，其艺术性表现在它的修辞性、形象性、情感性。幼儿诗词的修辞性表现在作品中大量地使用修辞手法。常见的修辞手法有拟人、比喻、夸张、摹状、反复、设问，等等。这些修辞手法使幼儿诗词的语言所创造的意境与形象更加贴近幼儿的世界。如杨唤的《小蚂蚁》：

> 我们是一群不会偷懒的小工人，
> 搬不动哥哥的故事书，
> 拉不动姐姐的花毛线，
> 我们来抬小妹妹吃剩下的碎饼干。
> 下雨了，
> 小菌子给我们撑起了最漂亮的伞；
> 过河了，
> 有花瓣儿给我们摇来了最安稳的船。

幼儿诗词语言的形象性是指它的每一个字、词、句，都尽可能运用生动的、具体的方法，把人物和事物的声音、色彩、形状、动作、神态、心理等鲜明、具体地直接凸显出来。而这种形象性是与幼儿诗词语言的修辞性相一致的，为了达到这种形象性的目的，幼儿诗词常常是用比喻、拟人等修辞手法。

幼儿诗词语言的情感性表现为其语言渗透着幼儿对外界事物的美好的内心体验，表现出了幼儿特有的童趣和童真。

文学语言相比较于日常语言，其本身就是审美符号，传递着特定的审美情感，是一种"艺术的最高形式"。幼儿诗词在促进幼儿艺术化语言的发展上表现为：第一，学前儿童具有羡美心理，接触富有诗意的幼儿诗词作品，能够促使儿童感受艺术语言的魅力，从而激发对语言艺术的兴趣，培养幼儿对文学语言的意识。正如方卫平所提出的，优美、精致的节奏、韵律和语调会使幼儿感受到难以言尽的魅力，成为将幼儿引向文学、接受世界的第一份漂亮的"请柬"。第二，幼儿诗词为幼儿艺术化语言表达提供了示范。在生活中，我们常常听到幼儿将优美的、富有诗意的语言自然地运用于恰当的情境中。第三，幼儿诗词能够巩固和强化幼儿原有的艺术化语言表达能力。儿童语言教育研究者认为"文学语言的早期输入对语言艺术的兴趣和敏感性、文学语言模式的储存、早期'创作欲'的激发、艺术思维的萌发都具有积极的作用"。

第二节　幼儿诗词满足幼儿的审美需求

所谓审美即感受美、欣赏美和创造美的过程，包括生命之美、自然之美与艺术之美。审美是人类理解世界的一种特殊形式，是人与自然、社会所形成的一种无功利的、形象的和情感的关系状态。

根据马斯洛（Maslow）1954年提出的需求层次理论，将人的需求分为了生理、安全、归属感、爱、认知、审美、尊重和自我实现的七个层次，当低层次的需求获得满足后，人就会追求更高层次的需求。因而，审美需求是人本能的需求，当我们满足了生理、安全等较低级的需求后，就要获得更高层次的需求。研究表明，幼儿期及学龄前期的儿童处于审美心理的萌发阶段，审美能力在迅速发展，有了初步的审美偏爱与模糊的审美标准。他们对鲜艳明亮、活泼生动、富有儿童情趣的审美对象易产生兴趣，并且在这个过程中表现出强烈且外露的情感。

幼儿诗词充满着浓郁的儿童情趣、新奇的幻想品质、快乐的生命张力、真挚的情感关爱，满足了幼儿对审美对象的要求。它以快乐的音韵节奏渗透幼儿的生命、真挚的情感关爱润泽幼儿的心灵、诗意的幻想品质满足幼儿的想象、自由的游戏精神激发幼儿的创造，让幼儿获得愉悦的审美体验。幼儿诗词的审美功能在于"通过审美去呵护幼儿纯洁的心灵，净化幼儿的灵魂和情感世界，帮助幼儿体验童年的幸福"，使幼儿的生活弥漫着一种娓娓道来的温馨，这也是幼儿审美教育的核心所在。

一、以快乐的音韵节奏渗透幼儿的生命

追求快乐是幼儿的本能。弗洛伊德的人格理论非常强调"本我"在人的心理发展中的作用。他认为"本我"是人格中最原始的部分，是本能欲望的体现，为人的心理过程

提供动力。"本我"体现的是潜意识活动的过程，它仅受自然规律和生理规律的支配，体现人的本能和欲望。它遵循着"快乐原则"，即不受外界逻辑、理性、社会习俗的约束，一味地遵循唯乐的原则去追求本能的满足，追求快乐、逃避痛苦。幼儿的心理发展阶段还处于本我控制较明显的层次，追求快乐是他们行事的第一准则。

天生追求快乐的儿童，在她们选择幼儿文学作品时也表现出强烈的追求快乐和新奇的审美意识。就如女作家柯岩所说，成人也许会出于一种需要和目的去读一本书，而幼儿则是出于内在兴趣与吸引。如果不能吸引他们，这本书之于他们不过一沓可以折飞机的纸，甚至认为毫无用处把它撕成碎片。那些能给他们快乐、愉悦的体验的文学作品，就被他们认为是美好的，最能引起他们的兴趣。幼儿诗词蕴含着强烈的快乐意蕴，洋溢着快乐精神，成为幼儿的精神食粮。

幼儿诗词作为一种"快乐文学"，主要体现在它的外在形式与内在意蕴上。一方面，幼儿诗词讲究韵律节奏，注重语音外在表现形式上的音乐性。这种音乐性所表现出音韵流畅、节奏分明、语言简洁、自由合节深深地吸引着幼儿。这样明快自然的音乐感，合乎人的心律跳动，就像音乐一样满足了幼儿听觉上的需求，轻而易举地就带给了幼儿身心上的快乐感。就如一首简单的儿歌《菊花开》：

板凳，板凳，歪歪

菊花，菊花，开开

开几朵？开三朵。

爹一朵，娘一朵，

剩下那朵给白鸽。

明快、流畅却又不失单调；简洁、工整但又错落有致。我们能感受到幼儿在吟诵的过程中其由内而发的快乐和动感，以至整个身体也随着这种快乐的节奏动起来。另一方面是幼儿诗词童趣盎然的内在意蕴。幼儿文学本身就是充满童趣的艺术，而在幼儿诗词中童趣表现得尤为集中、突出。以"童趣"为"诗眼"的幼儿诗词，对童趣的撷取，对童心的格外赞扬，使得幼儿诗词有着有别于其他诗歌的稚拙情趣和纯真透明的美学特征。苏联诗人马尔夏克（Маршак）的《小象》：

送两只鞋给小象，

象叼起来望了望，

说是太小，它穿不上，

一对不够，得给两双。

这首幼儿诗中"给小象穿鞋"，只能是幼儿才会有的纯真稚拙的想法和举动，并且"一双不够，得给两双"捕捉到了儿童的天真无邪和妙趣横生的儿童稚趣。当儿童接触到这些违拗常理、荒唐可笑、没有铺垫、没有因果关系的作品时，它们提供给儿童的只能是一种轻松、惬意，一种抛弃了束缚、秩序、规范和逻辑的快乐。

幼儿最早开始接触的便是幼儿诗词。它在幼儿的生命之初便把快乐带给幼儿，并渗透到幼儿的整个生命。幼儿诗词这种外在的、欢快的音韵节奏与内在的、幽默的快乐意蕴契合幼儿追求快乐的天性和本能。幼儿诗词的重要价值在于使幼儿能在其中获得愉悦的内心体验，这是一种快乐的审美体验。充满童趣的幼儿诗词为儿童营造了一片快乐的天地，把快乐给予幼儿，把童年还给幼儿是幼儿文学的基本内涵，也是幼儿文学教育的价值追求。

二、以真挚的情感关爱润泽幼儿的心灵

"诗缘情而绮靡"，幼儿诗词以抒情为旨趣。情感是幼儿诗词的"灵魂"。一首动人的诗歌，往往是将情感融入字里行间的，或赞美自然，或讴歌母爱，或爱慕善良，或探索真理，它释放着喜怒哀乐，诠释着真善美，憎恨着假恶丑，使幼儿在接受的过程中产生情感交流。

幼儿的思维和认知是以"肉体感觉"和"情感体验"为认知基础的，具有强烈的情感性特征。根据皮亚杰（Piaget）的研究，儿童的思维发展具有自我中心主义与泛灵化倾向的特点，于是在幼儿的眼中，花草树木等一切万物都是有生命的、有情感体验的、有主体意识的。例如，在幼儿那里"花儿是能呼吸的，它的叶子就是它的手，它的枝条就是它的身体""窗户就是房子的眼睛""风会自己跑""汽车喝了油，有了劲儿"，一切都有了感性的色彩。与成年人理性的、概念化的世界不同，正是儿童的这种情感融入，使他们能够更容易把握幼儿诗词的情感美。

（一）丰富真挚

幼儿诗词渗透着各种各样美好的情感，这些情感给幼儿带来了温暖、亲切、安静的内心体验。每一个幼儿都需要亲人的关爱、同伴的友情，因而他们也更加珍惜自己的家，更爱自己的父母。幼儿诗词是情感的传递者，如黄庆生的《摇篮》：

蓝天是摇篮，
摇着星宝宝，
白云轻轻飘，
星宝宝睡着了。

大海是摇篮，
摇着鱼宝宝，
浪花轻轻翻，
鱼宝宝睡着了。

花园是摇篮，
摇着花宝宝，
风儿轻轻吹，
花宝宝睡着了。

> 妈妈的手是摇篮,
>
> 摇着小宝宝,
>
> 歌儿轻轻唱,
>
> 宝宝睡着了。

母亲的爱是具体的,是深切而诗意的。诗中将"蓝天""大海""花园"比作摇篮,既为这些自然景物增添一份亲切之感,又给人一种宽阔、深沉、温暖、安适的感觉;而"星宝宝""鱼宝宝""花宝宝"都是幼儿所熟悉和喜爱的事物,给幼儿亲切之感,幼儿在读着诗句的同时,能深切地感受到妈妈的爱就像蓝天、大海、花园一样博大和无处不在。可以看出幼儿诗词所渗透出的情感是深切而真挚、具体而诗意的。

(二)灵性攒动

幼儿诗词是立足于幼儿的身心发展特点来创作的,诗人们往往保有一颗"童心",以幼儿的眼光来看世界,所以诗歌中自然流淌着一种"灵性"。幼儿有一种泛灵思想,即将自己的主观情感投射到客观事物上,因而在幼儿的世界中,一切事物都是有生命的,都被赋予以人的性情。所以草木虫鱼都同"我"一样是有灵性、有感情,因我的需要而"攒动"。如著名儿童文学作家金近的《月亮对我笑》:

> 月亮越爬越高,
>
> 老对着我笑,
>
> 问她笑什么?
>
> 她说我该睡觉。
>
> 哎,不急,还早哩,
>
> 再听个故事多好,
>
> 月亮生气了,
>
> 钻进云里,把天灯关掉。
>
> 我说,好,听你的话。
>
> 她打开了灯又对着我照。

我们常常可以看到幼儿在入睡前,总是缠着父母一个又一个地讲故事,因为在漆黑的夜晚,他们需要陪伴。然而故事讲完了,爸爸妈妈也就离开了,剩下窗外一轮明月。于是,在诗中"月亮"被赋予灵性,成为幼儿的朋友。它调皮又可爱,亲切而温馨。在幼儿眼中,月亮是有生命的,它会"笑"、会"生气",就像他的朋友在每个夜晚陪着他入睡,照亮他的美梦。幼儿在接受这首诗歌时,能体会到美丽的幻想中所洋溢着浓郁的生活气息。

(三)童真童趣

童真童趣是幼儿诗词情感美的又一重要特征。幼儿诗词常常会使用幼儿稚拙的语言和率真的语气来表现幼儿最真实、最真切的感情。幼儿的纯真是包裹在幼稚的外壳中的,简单、纯净、天然、真实,满怀爱意,是幼儿独特的思维、行为方式。如郑春华的《轻轻跳》:

> 小兔小兔，轻轻跳。
> 小狗小狗，慢慢跑。
> 要是踩疼小青草，
> 我就不跟你们好。

在幼儿眼中，小兔、小狗、青草被赋予人的生命与性情。青草能感受疼痛，小兔、小狗可以成为朋友。这些幼稚的、天真的行为与想法在幼儿简单、纯真的世界里都是合情合理的。童庆炳认为，文学作品发挥教育的作用的独特方式，既不是以理服人的说教，也不是直截了当的劝谕，而是凭借情感的沟通或震撼，激发人们心灵中潜在的真善美和追求自由的天性。幼儿诗词从"情感触动"入手，让幼儿体会真挚而纯真的情感。

三、以诗意的幻想满足幼儿的想象

（一）幼儿的想象力

根据皮亚杰的"儿童认知发展阶段论"，儿童处于前运算时期所出现的自我中心，具有自我中心化倾向和泛灵主义的特征。儿童的自我中心倾向，使得他们在认知上存在主客体不分，他们常常将自己置于世界的中心，将自己的天性、欲望和需求投射于客观事物。于是在幼儿眼中的万事万物，总是被赋予了主体的生命特征，有了生命意识、主观特征和情感意识。而泛灵主义的思维特征则让幼儿无法区别有生命和无生命的事物，常把人的性情推到无生命的事物上。这就证明了幼儿常常喜欢沉浸在自己的幻想当中。

在幼儿的"幻想性"思维里，世界上的任意两个事物都可能被联系在一起，这使得他们常常有各种天马行空的想象。就如鲁迅称赞儿童："孩子是可以敬服的，他常常想到星月以上的境界，想到地下的情形，想到花卉的用处，想到昆虫的语言；他想飞上天空，他想潜入蚁穴……"而泛灵主义则使儿童眼中的万事万物都有了灵魂，凶恶的老虎可以变得笑容可掬，狡猾的狐狸可以变得调皮可爱，吃人的大灰狼也可以变得友好善良。天上的云，风中的雨，地上的花，水里的鱼，都能成为他们的朋友。

"想象"是这个阶段幼儿的心理发展特点，也是幼儿体验事物、认识世界的需要。幼儿以想象、幻想的方式来满足自己内心灵的情感愿望，挣脱了束缚。与成人相比，儿童的想象更加自由、丰富。

（二）诗是想象的游戏

我国现代著名诗人艾青说过，"没有想象就没有诗。诗人最重要的才能就是运用想象"。如果缺乏丰富新颖的想象，诗就不能称其为"诗"，所谓的诗也就没有了吸引力。幼儿诗词融入了儿童的丰富的想象，使其与儿童的天性相契合，成就了其独特的艺术魅力。诗是幼儿一种想象的游戏，幼儿的想象力以再造想象为主，他们的想象内容虽然比较简单，却十分活泼生动，往往带有夸张性和幻想性。因此，幼儿诗词中的想象，不仅体现了幼儿的特点，而且常常采用夸张、比喻、拟人等表现手法。如爱德华·利尔（Edward Lear）《荒诞书》中的一首幼儿诗：

> 有个爷们胡子大，
> 他说，"就怕——
> 一只母鸡两只夜猫，
> 四只云雀一只巧妇鸟，
> 都飞到俺胡子上筑巢！"

　　这首诗歌突出了出人意料的奇想、荒唐的逻辑。一个人的胡子得有多大，才能容下"母鸡""夜猫""云雀""巧妇鸟"在上头筑巢。这种想法对于成人来说是多么荒诞、可笑、不合逻辑。但是在幼儿的想象中这一切都是合情合理的，并且他们乐此不疲。再如斯蒂文森（Stevenson）的《我的床是条小船》：

> 我的床呀，像小船一样；
> 保姆帮助我踏进船舱；
> 她给我穿上水手的衣裳，
> 黑夜里送我远航。
> ……
> 整夜，我们掌舵航行，
> 终于，小船开进了白天，
> 我发现，我的船紧靠码头，
> 安全地回到了我的房间。

　　诗歌描述了睡觉时的想象。在幼儿的想象中床是一条小船，而睡眠是一次奇妙的航行。幼儿诗词常常以比喻、拟人、摹状、夸张等修辞手法表现一种直观的、具体的、形象的，又是生动的、活泼的、情境化的世界，与幼儿的直觉思维、幻想思维相吻合，这种"想象力的自由游戏"让幼儿获得了最大的满足。

　　幼儿诗词以诗意的幻想品质满足幼儿想象的需要。所谓"诗意"的幻想品质，是指诗歌所营造的意境里流露出的一种娓娓道来的温馨，触动心灵的感动。"诗意"强调想象是需要情感的投入。它不同于理性的思考，被称为"有情思维"，是不能脱离感情活动的。

四、以自由的游戏精神激发幼儿的创造

（一）儿童的游戏本能

　　游戏是儿童的本能，从儿童出生之日起，便带着游戏的本质属性。游戏是儿童先天的、本能的、生物性的活动。正如"幼儿教育之父"福禄贝尔（Fröbel）所说，"游戏是儿童内部存在的自我活动的表现，是一种本能性的活动"。我国著名的教育家陈鹤琴先生在其《家庭教育》中也指出了"小孩子生平是好动的，以游戏为生命的"。其实从古至今，每一个儿童的童年时代都是在游戏中度过的，古有"郎骑竹马来，绕床弄青梅""儿童散学归来早，忙趁东风放纸鸢"，今有"放学路上追蝶戏，手把蜻蜓细品

思""掏蛋树枝惊鸟唤，溪中垂钓也归迟"。

游戏是儿童的生活，儿童的生活就是游戏。正所谓"游戏给予儿童以生活，……没有了游戏儿童将失去自己的生活"。在现实生活中，儿童的大部分时间都是处于游戏的情境中的。游戏与儿童总是如影随形，你看见儿童的时候，除了吃、喝、拉、撒、睡等基本的生理需要的活动之外，他们或者独自玩着布娃娃、两人合作搭积木、一起过家家、几个人捉迷藏、唱着童谣跳着格子，等等。游戏成为儿童最为投入的活动，在游戏中他们充分展现自己的天性与自由，也成为映照儿童精神的一面"镜子"。

（二）幼儿诗词所蕴含的游戏精神

幼儿诗词反映的是儿童的生活，表现的是儿童的思想感情，满足的是儿童审美需求，必然充满着鲜明的游戏特征。首先，幼儿诗词作为文学艺术来说，它的产生就是与游戏密切相关的。正如朱光潜在《谈美》中说："艺术的雏形就是游戏。"因为游戏中包含着创造和欣赏的心理活动。幼儿诗词的创作很多时候是来源于幼儿的游戏的。例如幼儿在玩拍手、跳绳、抓石子、踢毽子的时候就创造了很多充满趣味的儿歌。其中配合拍手游戏的就有《拍手谣》：

你拍一，我拍一，一个小孩穿花衣；
你拍二，我拍二，两个小孩梳小辫儿；
你拍三，我排三，三个小孩吃饼干；
你拍四，我拍四，四个小孩写大字；
……

配合踢毽子的则有《踢毽歌》：

一个来俩，金钱卡；
两个来仨，鸡毛扎；
三四五，猫扑鼠；
五六七，云里去；
六七八，落莲花；
七八九，交朋友；
九十一，该你踢。

其次，从形式上，幼儿诗词格外重视语音上的韵律感，本身就指向某种游戏的特征。幼儿诗词或押韵、或拟声，对于幼儿来说，他们在理解一首诗歌的意义之前，先喜欢上它所带来的声音游戏。例如儿歌《唐僧骑马咚那个咚》：

唐僧骑马咚那个咚，后面跟着个孙悟空，
孙悟空跑得快，后面跟着个猪八戒，
猪八戒鼻子长，后面跟着个沙和尚。
沙和尚，挑着箩，后面跟着个老妖婆。
老妖婆真叫坏，骗过唐僧和八戒。
唐僧八戒真糊涂，是人是妖分不出，

  分不出上了当，多亏孙悟空眼睛亮。
  眼睛亮，冒金光，高高举起金箍棒。
  金箍棒有力量，妖魔鬼怪消灭光。

  《唐僧骑马咚那个咚》采用顶针的手法来结构儿歌，将上一句的末尾作为下一句的开头，从而环环相扣，连续下去，表现出了强烈的节奏韵律感。幼儿在念唱的过程中可以体味声音节奏带来的游戏体验。

  最后，幼儿诗词在内容上，往往还包含着游戏情节。例如《捉迷藏》：

  捉迷藏，哪里藏？
  绿草丛中藏一藏。
  伸出头，望一望，头上一只绿螳螂。

  这首简短的诗歌描绘的就是一个有趣的捉迷藏的场景。透过诗句我们可以感受到幼儿在做游戏时的轻松、有趣与惬意。

  幼儿诗词的游戏精神就是一种与游戏有关的自由和创造精神。幼儿诗词不仅以其鲜明生动的艺术形象和简洁明快的语言发展幼儿的创造能力，而且还以游戏的形式让幼儿在做中学、玩中学，潜移默化中获得发展。

第三节　幼儿诗词对幼儿的教育价值

  虽然幼儿文学的本质属性是其文学性，带给幼儿审美体验，但是具有潜在的教育功能，有内在的、自然的教育因素。幼儿诗词作为幼儿文学的一部分，也同样具有重要的教育价值。

一、启人心智

  在幼儿阶段，是人的一生当中身心发展最为迅速的阶段，对人的一生具有极为重要的影响。英国哲学家约翰·洛克（John Locke）的"白板"说，将儿童的心灵比作是一块"白板"，形象地说明了幼儿的心智处于相对真空的状态。幼儿期的孩子从零开始，到获得对周围事物、语言、概念等的基本认知，需要我们采用适当的方式来引导和帮助。

  许多幼儿诗词作品都是以某些方面的知识为主题，可以帮助孩子们了解自然，了解社会生活，发展自己的智慧，激发他们的思维和想象力等。幼儿诗词对促进幼儿心智发展的方面主要表现在以下几个方面。

（一）认识生活和养成习惯

  幼儿诗词作为人之初的文学，对幼儿具有启蒙的作用。许多幼儿诗词作品包含了最基本、最常见的生活常识、社会习俗等内容，如描绘幼儿平日的生活情形、介绍生活与卫生知识、介绍生活中各种器具物品、职业工作等。这些诗歌启发幼儿认识生活、了解生活，逐渐养成正确的生活习惯。如"小牙刷，顶呱呱，早晚亲我小嘴巴。牙膏沫，白花花，刷得牙齿白又白"，这是引导幼儿早晚刷牙的好习惯。又如"小小纽扣找朋友，一个一个跟着走，伸直臂儿横摆好，先伸左边后伸右。你的左手拉右手，你的右手拉左手。最后往上翻跟斗，一二三，我做好"。这首儿歌详细介绍了穿衣系纽扣的动作，形象生动，旨在帮助幼儿学习穿衣技能。幼儿一边吟唱一边穿衣系纽扣，这既教会了他们学会穿衣系纽扣，更是给这样的生活细节增添不少游戏的乐趣。

再如，"糕点师傅忙又忙，忙什么忙？卖东西忙。卖什么卖？卖糕点。点什么点？奶油水果甜糕点。炊事员忙又忙，忙什么忙？下厨房，房什么房？做碗汤。汤什么汤？青菜萝卜豆腐汤。"这首儿歌运用活泼调皮的口气道出了生活中糕点师傅和炊事员的职业特征和工作内容。幼儿在念唱儿歌的过程中，潜移默化地获得了对不同的社会职业的认识。

（二）掌握概念和学习知识

皮亚杰的认知发展理论论述了幼儿在认知发展过程中是"同化"和"顺应"的发展过程，幼儿在不断的"同化""顺应"中，调整自己的心理图示，不断丰富、扩大对事物认知的深度和广度。幼儿诗词所蕴含的丰富的内容，对帮助幼儿认识基本的知识和概念具有重要的作用，正如方卫平认为的"幼儿文学的一大任务，是向幼儿读者传递关于事物名称和生活中的一些基本观念"。幼儿诗词中有介绍动植物的形象、习俗和功能的，有介绍日月星辰、四季变化的，有介绍浅显的自然和生活常识的。这些都向幼儿传递了关于数字、色彩、空间、时间等抽象概念和事物名称，学习自然、社会等相关的知识。例如：

圆脑袋、圆身体、尖嘴巴、小脚丫，会捉虫来会吃米，唱起歌来叽叽叽。

一二三四五六七，七六五四三二一，七个妞妞来摘果，七个花篮手中提，七个果子摆七样：苹果、桃子、石榴、柿子、李子、栗子、梨。

九月九，重阳节，我跟爷爷来登高。我们俩，手拉手，爷爷登高不服老。爷爷、爷爷你真棒，我祝爷爷节日好。

这些儿歌或者幼儿诗，以欢乐有趣的形式帮助幼儿掌握概念，学习经验知识。

（三）发展想象和训练思维

"儿童的思维是以语言发展为前提逐渐发展起来的。"幼儿文学作为一种语言的艺术，具有特定的语言情境的"临时意义"，需要努力解读、揣摩、品味。而这一过程就是思维产生语言，语言表达思维反复训练的过程。幼儿在感受和品味文学作品的同时提高了其思维水平。

幼儿诗词也蕴含着知识与智慧，能够训练幼儿的思维。如"一头牛，两只角；两头牛，四只角；三头牛，几只角？——如果是牛犊，没有角。一张桌子四个角。两张桌子八个角，三张桌子几个角？——如果是圆桌，没有角。"这首儿歌采用了自问自答的结构形式,而最后的答案突然一转,让儿童从惯性思维中脱离出来,另辟蹊径,得到一个意想不到又合情合理的答案,这个过程是充满乐趣的。同时这首诗歌帮助幼儿理解了"牛角""桌角"的不同含义。幼儿诗词以其独有的形象性、生动性和趣味性帮助幼儿训练思维,拓展思维的深度、广度和灵活度。学前儿童的抽象思维能力刚刚开始发展,理解抽象的事物具有一定的困难,文学情境生动具体,能够提供完整的信息帮助幼儿理解。

学前幼儿想象的发展是以再造想象为主导,创造想象开始发展。这一阶段,成人应该保护幼儿的好奇心,丰富幼儿的表象,为幼儿创造自由宽松的气氛,鼓励幼儿想象。在促进幼儿想象的发展中,文学艺术作品具有重要的作用。例如优秀的幼儿诗词作品,不仅渗透着作者对想象与创造的赞美与肯定,潜移默化地鼓励幼儿积极地想象。还可以通过文学语言的描述,在幼儿脑海中再现诗歌的意境,而这个过程本身就带有创造性。学前阶段的幼儿正处于求知欲旺盛的启蒙阶段,丰富的想象扩展了幼儿的创造潜能。

二、育人品德

正如王泉根所说:"儿童文学作为一种寄寓着成人社会对未来一代的文化期待的专门性文学……以善为美是儿童文学的基本美学特征。"所谓的"以善为美",并不是指幼儿文学要以道德教育为主旨,而在于让幼儿通过阅读、欣赏文学作品,以润物细无声的方式在情感情操和精神境界方面受到感染和影响。幼儿诗词"育人品德"的作用在于"通过艺术的形象化的审美愉悦来陶冶和优化儿童的精神生命世界,形成人之为人的那些最基础、最根本的价值观、人生观、道德观、审美观,夯实人性的基础,塑造未来民族性格"。

许多幼儿诗词作品将诗歌的"文学性"与"教育性"融合在一起,让幼儿在获得美感的同时,在品格上、道德上受到熏陶。如刘饶民的《海水》:

　　海水海水我问你:
　　你为什么这么蓝?
　　海水笑着来回答:
　　我的怀里抱着天。
　　海水海水我问你:
　　你为什么这么咸?
　　海水笑着来回答:
　　因为渔人流了汗。

诗歌中作者以问答的方式对大海做了生动的描绘,他在赞美大自然的同时,也赞美了创造这种美的劳动人民的辛勤与劳作。诗歌以孩子的口吻先问大海"你为什么是蓝色的",然后以丰富的想象回答了孩子,因为"我怀里抱着天"。当幼儿读到这里的时候,眼前浮现了海天一色的情境,给予幼儿美的感受;接着又提出疑问"你为什么这么咸",诗歌巧妙地回答了"因为渔人流了汗",是幼儿联想到渔人劳动的场景,从而让幼儿深切地体会到劳动人民的辛勤以及艰苦朴素的品格。这样的品德教育远远超过我们口头上"说教式"的教育。

幼儿诗词在育人品德方面往往是与其"文学性"紧密联系在一起的。幼儿在获得美的享受的同时,又能轻轻松松地达到德育的目的,我们何乐而不为呢!

第三章　现代幼儿观与幼儿教学

幼儿观是幼儿教育工作者、家长等对幼儿总的认识和看法。幼儿观与幼儿教育工作者本身的人生观、价值观、宗教信仰、知识背景等密切联系，是影响幼儿教育工作者教育行为的最重要的因素之一。从古至今，人们对幼儿的认识和看法差异很大，但是有一点是十分明确的，就是我们对幼儿的认识和看法正日益趋于理性。

第一节　幼儿观与幼儿教育的职能

幼儿教育职能指的是幼儿教育能够发挥的作用。古往今来，教育家对幼儿教育职能的认识经历了从万能论到有限论的转变。教育在人的成长过程中起着重要的作用。在幼儿教育阶段，尽管教学内容同其他层次的教育相比十分简单，但是在人的成长过程中所能够起到的作用是巨大的。同时，幼儿教育在幼儿早期智力开发、良好行为习惯、学习习惯的养成方面还有着有别于其他层次教育的作用。正因为如此，世界各国普遍将幼儿教育视为基础教育，一些发达国家还向幼儿提供免费的义务教育。尽管教育万能论是一种错误的认识，但是在今天的教育实践中，仍然有许多人被这种错误的观念所迷惑，其中也不乏幼儿教师。

一、教育万能论及其幼儿观

教育万能论由来已久。英国哲学家约翰·洛克（John Locke）认为，教育是万能的。他在其著作《教育漫话》中写道："我敢说我们日常所见的人中，他们之所以或好或坏，或有用或无用，十分之九都是他们的教育所决定的。人类之所以千差万别，便是由于教育之故。"18世纪法国哲学家爱尔维修（C.A.Helvétius）也是一个主张教育万能论的哲学家。他在自己的遗著《论人的理智能力和教育》一书的其中一章就以"教育万能"为标题。他认为，人的知识、技能、性格等都是教育的结果，世人中伟人很少的原因也是教育的结果。行为主义创始人华生（J.B.Watson）从极端环境决定论出发，也片面地夸大了教育的功能。他宣称："给我一打健全而没缺陷的婴儿，让我在我的特殊世界中教养，那么我可以担保，随便挑出其中任何一个，无论他的能力、嗜好、才能、职业及种族怎样，我都能够将他训练成我所选定的任一类型的特殊人物，如医生、律师、艺术家、商界首领，甚至是乞丐或劫贼。"上述三种观点可以说是教育万能论的典型代表。

教育万能论无疑是一种错误的观点。一方面，它片面地夸大了教育或教育及其相关因素在人的发展中的作用。例如，华生虽然既强调环境的作用又强调教育的作用，但是夸大这两个方面的共同作用也是不可取的。另一方面，教育万能论又否定了影响人发展的遗传、智商等重要因素。例如，一些西方研究者就强调，遗传就在人的发展中起着重要的作用。阿瑟·詹森（Arthur Robert Jensen）写道："我们面对的是各种证据链，没有哪一种证据是绝对孤立的，但把这些证据放在一起，就有如下的并非不合理的假设：遗传因素是导致黑人白人智力差异的重要原因。在我看来，证据的压倒优势在于支持遗传学假设，而不是严格的环境假设。当然，这并没有排除环境的影响或环境与遗传因素的交互作用。"理查德·赫恩斯坦（Richard J. Herrnstein）与查尔斯·默里（Charles Murray）也认为智商与遗传基因有关：不同的种族和族群的智力水平差异巨大，这一定与遗传因素有些关系。一些族群要比其他族群的智商高，亚裔美国人，特别是日裔美国人和华裔美国人在总体上要比白人的智商高，虽然差异并不是很大，然而亚洲人和白人的平均智商实际上都要比黑人高。尽管遗传决定论不可取，但是遗传毕竟是人发展过程中的重要影响因素之一。实际上，人的发展受到遗传、环境、教育、人的主观能动性和机遇等因素的综合影响。因此，忽视人在发展中的其他影响因素而夸大教育的职能是不可取的。

二、幼儿教育的职能是有限的

任何教育的职能都有其边界。教育不可能在所有的方面都产生对人的积极影响。教育之所以在教育万能论者看来是万能的，除了上面谈到的忽略遗传、环境等因素的作用外，主要还在于教育万能论者所持的幼儿观是错误的，即他们把幼儿看作是可以任由成年人涂抹的"白板"，成年人愿意把幼儿塑造成什么样的人都可以。倘若真是如此，教育就变得不那么复杂了。实际上，尽管教育工作者费尽了心血，儿童的思想和行为也未必符合我们预先设计的要求。夸大教育职能的负面影响是很大的。它使人相信幼儿是一块白板，幼儿教师或成年人可以根据自己的想法把幼儿变成所需要的那种人。这无疑忽视了儿童是具有主观能动性的个体，有自己思考、鉴别的能力。夸大幼儿教育的职能也会造成人们对幼儿教育的盲目信任。一些家长将自己的孩子没有学好的原因归咎于教育机构的一个重要原因就是认为教育机构应该而且能够把孩子都教好而没有教好。

教育的职能是有限的，幼儿教育也不例外。其中的原因显而易见：首先，正如前面已经指出的那样，人的发展首先受到遗传因素的影响。遗传因素不仅影响儿童的智力，而且也影响儿童的心理品质，如气质、性格等。人的发展还受环境、文化等的影响。其次，幼儿教育只是人受到的影响中的一个方面。幼儿虽然每天在幼儿园的时间达9个多小时，但是他们的大多数时间是在家里度过的。并且，在非幼儿园时间里，幼儿还要进入到社会中去，因此也受到了社会的影响。所以，无论孩子受到的影响是好的还是坏的，都可能与这些因素有关。第三，即使是孩子的全部时间或大多数时间都在幼儿园里度过，幼儿园也不能给予他们在成长的过程中所必需的所有影响。第四，在终身教育的背景下，即使一个人接受了所有的正规的教育，也不能保证他在一生中会成为一个成功者。幼儿教育作为终身教育体系中的一个环节只能在幼儿教育阶段尽可能地给予儿童正确的引导和影响，发展其基本的生活和认知技能。

三、幼儿教育能够做什么

尽管某些研究者坚持"教育万能论""环境决定论""遗传决定论""智商决定论""文化决定论"，但是人的发展实际上并不是由某一个方面甚至某些方面的因素完全决定的。即使教育、环境、遗传、智商、文化对人的发展可以起到重要的影响作用，但是绝对不是全部。尽管教育不是万能的，但是教育的确是帮助人克服除了遗传决定的缺陷（不足）之外的许多不足的最重要的手段。幼儿教育作为一种有效的教育干预措施，除了在幼儿智力开发、行为习惯养成方面发挥重要的作用外，就是要帮助幼儿克服由于家庭环境、教育制度等所带来的某些不良因素，从而使他们能够与其他孩子共同生活、竞争、合作和取得成功。

（一）帮助幼儿适应社会主流文化

学前教育阶段是儿童社会化的重要时期。帮助儿童适应社会主流文化是促进儿童社会化的重要方面。蒙台梭利认为，幼儿的发展要经历的九大敏感期，其中包括学前阶段的秩序敏感期（2～4岁），社会规范敏感期（2.5～6岁）。由此可见，这一段时间是幼儿形成良好的生活和行为习惯的关键期之一。如果我们能够利用儿童发展的敏感期进行相应的教育，则会对儿童适应社会主流文化打下坚实的基础。我国著名教育家陶行知十分重视幼儿教育，他明确指出："人格教育，端赖六岁以前之培养。凡人生之态度、习惯、倾向，皆可在幼稚时代立一适当基础。"他还指出，如果"这个时期培养得好，以后只需顺着他继长增高地培养上去，自然成为社会的优良分子；倘使培养得不好，那么，习惯成了不易改，倾向定了不易移，态度决了不易变"。许多在学术上取得成功的人士也非常看重幼儿教育对儿童良好生活和行为习惯的影响。1987年，75位诺贝尔奖获得者在巴黎聚会。一位记者问其中的一位老人："您在哪所大学学到了您认为最重要的东西？"老人平静地回答："是幼儿园。""在幼儿园学到什么？""学到把自己的东西分一半给小伙伴；不是自己的东西不要拿；东西要放整齐；吃饭前要洗手；做错事要表示歉意；午饭后要休息；要仔细观察大自然；从根本上说，我学到的最重要的东西就是这些。"因此，在幼儿园也必须对儿童进行良好行为习惯的教育。

儿童的社会化是儿童适应社会已经形成的生活方式、价值观、风俗习惯、行为准则的过程。当然，我们应该强调的是，儿童在社会化的过程中，应该适应的是社会的主流文化，而不是只在某些群体、地域中存在的亚文化。从上面的对话可以看出，幼儿园可以在儿童适应社会主流文化方面发挥重要的作用。"把自己的东西分一半给小伙伴"是我们一直提倡的分享意识,"不是自己的东西不要拿"就是最简单的社会规则,"东西要放整齐""吃饭前要洗手""午饭后要休息"则是良好的生活和卫生习惯,"做错事要表示歉意"则是基本的做人准则。这些是学前教育应该给幼儿施加的影响,而且也是可以做到的。游戏活动是培养幼儿的规则意识的有效方法与途径,能促进幼儿规则意识的形成,培养幼儿良好的行为习惯,促进幼儿的全面发展。

(二)帮助幼儿提前适应小学学校文化

小学文化是以班级授课制为基础的文化。幼儿教育应该为儿童适应小学等正规学校的文化奠定基础。学校文化是学校成员共享的价值观、行为准则,主要包括制度文化、精神文化和物质文化三个方面。幼儿园与小学的文化差异主要在于制度文化和精神文化方面的差异。由于文化差异较大,幼儿在适应小学学校文化时会遇到一些困难。幼儿园可以在幼儿小学文化适应方面做出自己的努力。

在制度文化方面,幼儿园与小学的差异是很大的。在幼儿园,针对幼儿的严格的制度并不存在。幼儿教师对幼儿纪律遵守、行为规范方面的要求很少。而在小学中,学校按照《小学生守则》、校规校纪管理学生、班级及其活动与行为。同时,小学还要求学生养成现代人所必需的文明素养,如卫生习惯、礼仪习惯、法规意识等。这些制度和要求对于儿童来讲是严格的、难以适应的。因此,当幼儿离开幼儿园进入小学以后,就会面临一种新的文化。儿童能否适应小学的制度文化,是影响儿童能否顺利适应小学的学校学习和生活的重要因素。一些适应不良的儿童会产生厌学、学习困难和行为问题。为了使儿童能够逐渐适应小学的制度和行为要求,在幼儿园中,有必要加强纪律意识、规则意识的教育,并逐渐提高对幼儿的要求。

在精神文化方面,幼儿教育与小学教育也存在很大的差异。学校精神文化是学校文化的非物质方面,主要指学校全体成员共享的价值观、信念和行为方式,以及通过全体成员的行为体现出的学校精神风貌。具体地讲,学校精神文化主要包括价值观、传统、学校精神。学校精神文化是学校文化的核心,也是学校文化建设的重点。学校精神文化的形成,应该借助于长期开展的教育教学活动。

在学习方面,尽管在新课程实施中要求学校实施包括探究性、研究性学习在内的多种形式的教学组织形式,但是以教师授课为主的讲授仍然是小学课程文化的主要特征之一,而在幼儿园,自由探究是幼儿学习的主要形式。在学科设置方面,小学实行分科教学,幼儿园则根据《幼儿教育指导纲要(试行)》,在健康、语言、社会等五大领域对幼儿进行教育。在价值观方面,小学要求儿童形成正确的价值判断能力。在文化传统方面,小学的文化传统、典礼、仪式等也与幼儿园差异很大。在小学有非常正规的升国旗仪式、少先队活动仪式等,还有表彰三好学生、优秀学生干部等的各种活动,而这些在幼儿园也是不存在的。在管理方式方面,小学更加强调学生的自律。

当然,幼儿园与小学也存在物质文化方面的差异。研究者指出,"幼儿园的活动室里布置着各种活动角,幼儿有较多的自由选择的余地,这种环境使幼儿相互间有更多合作和交往的机会。而小学的教室只有成套的课桌椅,儿童面对的除了教师就是小朋友的后背，听课是唯一的选择，没有或很少有与同伴讨论或自己选择学习方式的机会。儿童从幼儿园富有情趣的环境一下子进入高大、宽敞的楼房，可能会迷失方向，找不到厕所和班级，甚至手足无措"。适应小学学校文化是幼儿园、小学、家长的共同责任。幼儿园也可以在其中发挥重要作用。在适应小学物质文化方面，幼儿园一方面可以在大班中适当地改变幼儿活动室的布置，使之接近小学的教室，以免幼儿进入小学后感到不适应；另一方面，幼儿园也可以安排大班幼儿到小学去参观，到小学教室听课，感受一下小学班级的环境。

（三）缩小"处境不利儿童"与其他儿童的差距

在西方国家，"处境不利儿童"一般指处于社会经济底层家庭的儿童和新移民家庭的儿童。这些家庭由于经济条件、居住环境差而使其孩子不能接受与其他孩子一样的学前教育，很多处于社会经济底层家庭的儿童和新移民家庭的儿童由于父母文化程度低或必须忙于工作而得不到应有的家庭教育和照护。由于没有接受学前教育，这些孩子还没有入学就已经与其他孩子产生了很大的差距，在入学后又可能因为适应问题而使这种差距拉大，造成了这些孩子总体学业成就低于其他孩子的局面。这种情况既不利于社会公平，又影响这些孩子及其家庭的幸福。

二战以后，西方国家首先通过立法等形式缩小"处境不利儿童"与其他儿童的差距。一些发达国家除了大力普及学前教育外，还将学前教育纳入公立教育或义务教育体系。美国、法国等发达国家将学前教育纳入公立教育体系，比利时、英国等发达国家则将学前教育作为一种不完全意义上的义务教育实施。一些二战后建立的国家也建立了不完全义务教育体制，如以色列从1949年起就为所有的幼儿提供幼儿园最后一年的免费义务教育，向新移民子女接受幼儿教育提供经费资助等。因此，在发达国家，幼儿教育已经成为政府提高教育机会平等、缩小社会阶层差距的制度安排。

西方国家缩小"处境不利儿童"与其他儿童差距的另一个重要的举措是"补偿教育"。补偿教育（compensatory education）是一项为解决处于社会经济底层儿童的发展问题而对"处境不利儿童"较多的学校拨付更多的教育经费，向这些儿童提供更多的学前教育或课外辅导、给予教师额外补贴、配备教学辅助人员等的制度。西方各国纷纷通过多种途径发展多样化的幼教机构，特别是适应各种文化背景的、适应贫困、单亲家庭和各种"社会处境不利"儿童的幼教机构，以"补偿"这些儿童因家庭照顾和教育不足而带来的发展缺失，取得了十分明显的效果。据美国的一个教育研究基金会对接受"开端计划"（一个补偿教育计划）的儿童到二十七八岁后的追踪研究发现：他们学习成绩明显提高，学业完成率高，特殊教育需求少；社会责任感强，社会性发展水平高；成婚率高，双亲家庭多；就业率和有酬率（有报酬的就业）高，占有资产率高；犯罪率低。因此，补偿教育对于弥补"处境不利儿童"与其他儿童的差距具有重要的作用。

在我国也存在不少"处境不利儿童"，如农村边远落后地区的儿童、"留守儿童"、农民工在城市居住的子女和其他社会弱势群体子女等。在我国的"普九"过程中，已经将学前教育的普及情况作为是否"普九"的一个重要指标，这使越来越多的儿童能够接受学前教育。但是，由于我国以前的经济状况较差、地区差异较大，至今还有一些边远落后地区未"普九"。这使当地的一些孩子不能接受学前教育。即使是已经普及义务教育的地区，学前教育的普及率与发达国家相比也有较大的差距。另外，家庭经济条件也是制约儿童接受学前教育的障碍之一。由于我国的学前教育不是义务教育，因此一些家庭无力供孩子接受学前教育。在最近十多年的城市化进程中，农民工子女大量进入城市。由于城市学前教育收费很高，很多孩子因此而不能接受学前教育。由此可见，经济原因已经成为目前影响我国"处境不利儿童"接受学前教育的主要障碍之一。当然，"处境不利儿童"家庭的文化背景、对教育的重视程度等也是影响"处境不利儿童"接受学前教育的重要因素。显然，如果延续现在学前教育的办学模式，很多"处境不利儿童"还将继续享受不到现代教育可以给他们带来的改变自身、家庭境遇的机会。因此，我国也应该像西方发达国家那样，将学前教育纳入公立教育范畴，并逐步实行不完全幼儿义务教育（如幼儿园最后一年的义务教育），逐步实行对学前教育阶段"处境不利儿童"减免学杂费的政策，使所有的儿童都能够享有平等接受学前教育的机会。当然，我们也有必要针对一些特殊幼儿群体的需要进行适当的补偿教育。例如，幼儿园应该针对农民工子女、农转非子女的特点，对他们开展文化适应方面的补偿教育，以使他们尽快地适应城市文化。

第二节 幼儿观与人性假设

人性假设是教育者对受教育者本性的认识和看法。这些认识和看法往往隐藏在教育者的思想深处，甚至连自己也不会察觉。但是，人性假设存在于每个人的思想中，它不仅影响我们对幼儿的认识和看法，而且也会影响我们对待幼儿的态度和方式。如果我们不注意自己的人性假设，就可能在不知不觉中伤害孩子。因此，树立正确的人性假设思想对幼儿教育工作者十分重要。

一、人性假设理论

对儿童本性的认识，会影响教育者和管理者的教育方式方法，并直接影响孩子的自我认知。如果我们认为孩子是天生懒惰的人，那么我们就会在言语上经常批评或者骂孩子懒惰；如果我们把孩子看成是勤奋的、爱劳动的（尽管孩子也有贪玩的时候），我们就会夸奖他的努力。在行为上，前者在管理和教育上往往采取强制、命令、限制、打骂等方式；后者则常常会更多地肯定孩子的优点。如果我们只看到了孩子的弱点和缺点，或在孩子犯了"错误"的时候采取了强力措施，而当孩子表现不错的时候又无所表示，那么我们实际上是在给他一种暗示，即他就是生性懒惰、调皮、没有出息的那种人。孩子一旦有了这种认识，就可能会向我们希望的反方向发展。同时，我们的教育在他们的面前就会显得苍白无力了,因为孩子的逆反心理已经使他们从心底拒绝了我们的教育。造成这种结果的一个重要的原因,就是教育者和管理者对儿童本性的错误认定。

"人性假设"从古到今都存在。在管理心理学、哲学、教育学研究中都有关于"人性假设"的研究,尤以管理心理学研究中的"人性假设"研究最为系统。在管理心理学中,"人性假设"是指管理者对处于管理对象地位的人的本质(本性)的认识和看法。从"人性假设"理论的发展来看,人们提出了"经济人""社会人""自我实现人""复杂人""自由发展人""决策人""文化人""组织人"等"人性假设"。从管理心理学家、管理学家对人性的认识发展的角度来看,"人性假设"理论受到了人本主义思想的影响,因此在管理心理学中,越是后来的人性假设理论,越强调人性的积极方面。

管理心理学中的"人性假设"理论虽然更多地适用于成人,但是无论哪一种"人性假设"理论都是针对人的本性而言的,因此儿童实际上也被包括在其中。事实上,由于教师(或成年人)都有自己的"人性假设",因此也会在自己的教育工作中以不同的形式表现出来。例如在幼儿管理中,持人是"经济人"假设的教师会在管理策略上更多地依靠物质刺激,在管理方法上重视行为规范的建立和教师的权威性。而持"自我实现人"假设的教师,其管理策略则是鼓励幼儿实现自尊和自我实现的需要,强调幼儿个人智慧、才能的充分发挥;在管理方法上,则用"启发与诱导"代替"命令与服从",用信任代替监管,说服代替惩罚等。

我国古代也有"性善论""性恶论""性不善不恶论"等二十多种人性假设。这些人性假设都从不同的角度反映了我国古代先贤们对人的本性的不同认识和看法。在其中既有对人性持积极态度的思想家,也有对人性持消极态度的大家。但是,从总体上看,我国古代思想家对人性的认识是积极的。

二、教育领域里的人性假设

按照社会心理学的理解,人性包括人类原欲(食欲、性欲、知欲)和原恶(任性、懒惰、嫉妒)等,以及社会生活中人类的元精神等,也即生活于社会中人类必然具有向善的渴望。人性使每个人都构成了一个巨大的矛盾统一体,善恶交织,优劣并存。但是,在人类社会的发展历程中,人们对人性的认识并不像今天这样全面。即使是伟大的思想家、哲学家、教育家也可能存有片面的或不正确的人性假设。一些哲学家、教育家、思想家的人性假设思想在教育领域具有很大的影响。

(一)性善论

"性善论"对人的本性持积极的看法,认为人的本性是向善的。古今中外的教育家大多数持"性善论"。"性善论"在我国春秋战国时期就已经形成。孟子就是一个典型代表。他认为:"人之性善,如水之就下也。人无有不善,水无有不下。"孟子还对人性中善的方面进行了揭示:"恻隐之心,人皆有之;羞恶之心,人皆有之;恭敬之心,人皆有之;是非之心,人皆有之。恻隐之心,仁也;羞恶之心,义也;恭敬之心,礼也;

是非之心，智也。"（《孟子·告子上》）又说："人皆有不忍人之心。所以谓人皆有不忍人之心者，今人乍见孺子将入于井，皆有怵惕恻隐之心。非所以内交于孺子之父母也，非所以要誉于乡党朋友也，非恶其声而然也。"（《孟子·公孙丑上》）又说："人之所不学而能者，其良能也；所不虑而知者，其良知也。孩提之童无不知爱其亲者，及其长也，无不知敬其兄也。"（《孟子·尽心上》）孟子认为，向善的人性是人固有的："仁义礼智，非由外铄我也，我固有之也。"（《孟子·告子上》）因此，他把人性的善的方面看作是非常自然的事情。由于儒家思想自汉代以来为各朝代所尊崇，因此"性善论"在我国居于主流地位。另外，在佛教经典中，也认为人性本善，与儒家思想不谋而合。

人在成长的过程中，会受到社会、家庭、同伴等的影响。我国古代著名的蒙学读物《三字经》中，开篇就言明："人之初，性本善，性相近，习相远。"我国古代教育家、哲学家孟子的母亲就因为孟子小时候受到环境、同伴的不良影响而三次搬家。因此，持"性善论"观点的教育家主张对一切人进行教育。例如，捷克著名教育家夸美纽斯（Comenius）就认为，"知识、德行与虔信的种子是天生在我们身上的；但是实际的知识、德行与虔信却并没有这样给我们。这是应该从祈祷，从教育，从行动去获取的。"又说，"愚蠢的人需要教导，好使他们去掉他们本性中的愚蠢，这是无可怀疑的。其实聪明人更加需要受教育，因为一个活泼的心理如果不去忙着有用的事情，它便会去忙着无用的、稀奇的、有害的事情。"近代资产阶级启蒙思想家卢梭（Rousseau）也是持性善论的哲学家、教育家。他在《爱弥儿》中写道，"人本性是善的"。他说："人类天生是善良的"，"你爱别人，别人就会爱你；你帮助别人，别人就会帮助你。你待他情同手足，他就会对你亲如父子"；"他看见别人痛苦，他自己也感到痛苦，这是一种自然的感情。"尽管哲学家、教育家们认为人的本性是向善的，但是也不回避在人的本性中存在的一些弱点。他们多主张通过教育来帮助人们克服人性中的缺点。例如，我国古代伟大的教育家、思想家孔子就主张"有教无类"，反对"不教而诛"。尽管他们认为人的本性是善的，但是他们中的绝大多数都主张在教育中运用适当的惩罚措施，因此主张惩罚并不是"性恶论"者的专利，也不是判断某人是否是"性恶论"者的依据。

（二）性恶论

在有名的人性假设中，"性恶论"是一种很有代表性且为许多人所赞同的观点。持这种人性假设观点的人认为，人的本性是恶的，即在人的身上有懒惰、贪图享受、逃避责任这些缺点。很多名人也是这样认为的。在我国，荀子就是一个典型代表。

荀子认为，无论是君子还是小人，其本性中都有恶的一方面。他说："凡人有所一同：饥而欲食，寒而欲暖，劳而欲息，好利而恶害。是人之所生而有也，是无待而然者也，是禹桀之所同也。目辨白黑美恶，耳辨音声清浊，口辨酸咸甘苦，鼻辨芬芳腥臊，骨体肤理辨寒暑疾养。是又人之所常生而有也，是无待而然者也，是禹桀之所同也。可以为尧禹，可以为桀跖，可以为工匠，可以为农贾，在势注错习俗之所积耳……汤武存，则天下从而治，桀纣存，则天下从而乱，如是者，岂非人之情，固可与如此，可与如彼也哉？"（《荀子·荣辱》）

正因为荀子认为人的本性是恶的，因此他认为，不能任由人恶的本性发展，而应该通过教化和自身的学习和思考来加以改变。他说："今人之性，生而有好利焉，顺是，故争生而辞让亡焉。生而有疾恶焉，顺是，故残贼生而忠信亡焉。生而有耳目之欲，有好声色焉，顺是，故淫乱生而礼义文理亡焉。然则从人之性，顺人之情，必出于争夺，合于犯分乱理，而归于暴。"（《荀子·性恶》）意思是如果任由人的本性（本性恶）发展，人们就会滋生出不合礼义文理的恶行。如果用教育来教化人们，人们则会变得合于礼义文理，天下就会大治。荀子认为，尽管人的本性是恶的，但是可以改恶从善。因此他说："故必将有师法之化，礼义之道，然后出于辞让，合于文理，而归于治。用此观之，人之性恶明矣，其善者伪也。"（《荀子·性恶》）"师法之化，礼义之道"指的是教化，"伪"的意思是"人为"，按荀子的话说就是"可学而能、可事而成之在人者，谓之伪"。（《荀子·性恶》）荀子又说，"心虑而能为之动，谓之伪；虑积焉，能习焉，而后成，谓之伪。"（《正名》）因此，在荀子看来，"心虑"（思考）和"习"（学习）是帮助人们弃恶从善的途径。

在国外，也有一些持"性恶论"观点的教育家。近代英国哲学家、教育家洛克就是持"性恶论"的一个典型代表。他在其《教育漫话》中写道："凡是有心管教儿童的人，便应该在儿童极小的时候早早加以管教，应该使子女绝对服从父母的意志。你如果希望你的儿子过了儿童时期以后仍旧服从你，你便要在他刚刚知道服从，知道自己是归谁管教的时候起，立刻树立起做父亲的威信。如果你希望他畏惧你，你便应该在他的婴儿时期使他畏惧你；到他年岁愈长，你便愈当多多假以辞色；这样一来，他小时候便是你的一个顺从的臣仆（这是合适的），长大了又是你的一位贴心的朋友了。"自由与放纵对于儿童是没有什么好处的，他们遇事没有判断的能力，所以非得有人管束不可。同荀子相比，洛克强调成年人对儿童的管教、儿童对成年人的服从。因此，荀子的思想当更先进且更符合现代教育的基本原则。

应该注意的是，即使是持"性恶论"观点的哲学家、教育家也并不因为人本性的弱点而认为人就不能学好了。实际上，他们提出"性恶论"的主要目的在于引起人们对人本性的重视，以便采取适当的教育方式，使人能够向善、学好。例如，荀子就主张通过教育来改造人，洛克主张对儿童进行严格管教等，只不过他们主张的教育方法不同而已。无论是在中国还是西方国家，由于不少人相信"人性恶"的观点，因此主张对儿童进行严格的管束，给予他们以物质刺激，以使他们能够改恶从善。在教育史中，有关体罚儿童的教育措施都与这种人性假设有关。例如在我国第一部教育著作《学记》中，就提出应该对学生进行惩戒："夏楚二物，收其威也。"在这种思想影响下，幼儿教育所培养出来的人可能就是具有明显依附人格的人，而不是现代社会中具有独立人格的人。

（三）白板论

古希腊哲学家亚里士多德（Aristotle）把未受外界影响的心灵比作一块蜡板。近代英国哲学家洛克说得更为直白：幼儿生来就像一张白纸，其心灵可以任意涂画描绘。

儿童的心灵像一块"白板",据此他高度评价了教育在人的发展中的作用,认为教育的目的就是培养"绅士",即具有德行、智慧、礼仪和学问的人。以此为中心,洛克提出了一整套"绅士教育"的理论,并建立了"绅士教育"的课程体系。在这种思想的影响下,幼儿教育成为无所不能的教育形式。

"白板论"有点类似于我国古代的"不善不恶"论。公都子曰:"告子曰'性无善,无不善也。'"或曰,"性可以为善,可以为不善,是故文武兴则民好善,幽厉兴则民好暴。"或曰:"有性善,有性不善,是故以尧为君而有象,以瞽为父而有舜,以纣为兄之子且以为君,而有微子启、王子比干。"与洛克相似,告子的"不善不恶"论也认为,一个贤明的君王可以使人性善,而一个暴虐的君王则会使人向恶。

正因为洛克持"白板论",所以他将其放到教育领域,就成了"教育万能论"。"白板论"虽然充分肯定了教育的作用,促进了人们对教育的重视,但是其夸大教育功能的副作用则是明显的。

三、人性假设与幼儿教师的行为

人性假设会影响幼儿教师对幼儿的态度,也会影响幼儿教师对幼儿的教育和管理方式。在幼儿教育中,一些教师的行为可能对幼儿的心理造成伤害。在语言方面,一些教师的言语表现出教师对幼儿人性假设的一些偏差。例如,对幼儿说,"你怎么这样懒呢?"对不照自己的话去做事的幼儿说,"谁不听话,就关禁闭。"在态度上,持"人性恶"人性假设的教师会表现出成年人的绝对权威。表现为:对儿童的幼稚言语、思想表示蔑视、不耐烦;对儿童的问题采取敷衍的态度;不允许儿童申辩;对儿童的言语和行为表现冷淡等。在管理方式上,一些教师的人性假设偏向于"人性恶"。持"人性恶"人性假设的教师在管理幼儿的时候更多的是采用管束、压制、管教;强调用纪律约束幼儿;强调服从;依赖奖励与惩罚,等等。英国哲学家洛克就对惩罚和奖励持谨慎态度。他指出:"我们想使儿童变成聪明、贤良、磊落的人,用鞭挞以及别种奴隶性的体罚去管教他们是不合适的;反之,用儿童喜爱的事物去奖励儿童,去讨取儿童的欢心,也应该同样小心地避免。"

苏联教育家苏霍姆林斯基对教师的一些可能对儿童心灵产生伤害的行为进行了深入的分析。尽管他的分析是针对中小学教师而言的,但是对于幼儿教师也同样具有指导作用。

1. 惩罚

苏霍姆林斯基写道:"责罚是一种特别刺人和不无危险的教育方法,在使用这种方法时,很多教育工作者很容易犯错误。一般地说,孩子们对于极小的一点不公正也非常敏感。此外,对于公正和不公正,好和不好,他们有他们自己的理解。这一点,在教育过程中不可不加考虑。儿童甚至把在教师看来极轻微的责罚也看作极大的不公正,觉得受了不应得的委屈。如果深入了解一下,儿童往往有他自己的道理,而集体也站在他一边;原来责罚是不应该得的,也就是不公正的。经验证明,学校里十分之九的责罚是不公正的。由于绝大多数责罚是不公正的，在学生中就形成了一种看法，即一般地说，责罚就是学生被迫忍受的很大的不公正。"

2. 孤立

在《要相信孩子》一书中，苏霍姆林斯基讲述了他自己对惩罚的认识变化过程：小男孩瓦洛佳因为上课不守纪律而遭到女教师不让他参加文娱会演的惩罚，并遭到了孤立和疏远。瓦洛佳于是就用"恶作剧"来引人注意，装扮成怪物来恐吓女生，还把为少先队营火会准备的枯树枝烧起来等。苏霍姆林斯基批评了女教师处罚了瓦洛佳——开除出校一个星期。"多数学生为瓦洛佳求情，请求免予处分，但是我坚持有错必罚。"苏霍姆林斯基后来写道："这是最初几个教训中的一个，那些教训使我深信责罚总是一根祸福难测的棒头，所以最好还是不用它。"

3. 冷淡

苏霍姆林斯基认为："冷淡的态度会刺痛、伤害天性细腻而敏感的儿童。儿童的心灵是易受伤害的。在教学中，以及在整个学校生活中，如果对儿童采取不谨慎或者漠不关心的态度，就会出现尖锐的矛盾和暗礁，给儿童造成他们无法忍受的精神刺激。这种精神刺激是不应当有的。"在儿童看来，粗暴的斥责，冷嘲热讽，甚至随便地提一点意见（有时成年人也不一定感到其中的冷淡意味）都是不公正的。尤其是当成年人对儿童抱着轻视的、冷淡的态度时，问题就更加严重了。

4. 训斥

苏霍姆林斯基说："特别是教师的大声训斥，哪怕它不是对着某个胆小的孩子，而是对班上别的孩子而发的，这个孩子简直也会吓得发呆。恐惧感甚至会使儿童听不见别人喊他的名字，听不懂教师在讲些什么，这样教师讲的话对他就失去了意义。如果教师的不当语言引起了学生的恐惧感，则其后果是相当严重的；恐惧就其本身来说对儿童是极其有害的。在恐惧心的影响下，他们在很长一段时间内不能正常地发展。这段时间本来是孩子们智力充分发展的最宝贵的时间，然而却白白地丧失了。"

正因为教师的言语和行为可能对孩子造成很大的伤害，因此苏霍姆林斯基主张社会主义人道主义思想。他写道："我绝对没有惩罚地教育自己的学生已经十年了，而他们成为了真正的人。"因此，正是他的教育实践验证了他的惩罚观，并使他坚定地按照自己的想法去教育孩子。那么，教师应当怎样避免伤害儿童呢？

首先，苏霍姆林斯基认为教师应当防止情绪偏激。"必须经常防止情绪偏激。如果过失不大，那么过几天回头来看起初所做的处罚决定，就会觉得它是错误的，有时简直是可笑的。如果过失严重，确实需要处罚，那么即使过一星期后，有必要予以处罚的想法也会不断地骚扰教育者的。不过我对受处罚者是持同情态度的，像对待遭遇不幸的人那样对待他。尽管对所发生的事情感到遗憾，但是我仍然坚信有必要保持人与人之间纯洁高尚的相互关系。这样，犯过者也会认为处罚是必要的，会更深刻地认识错误。即使他犯的过失较轻，他也会把它看作严重的错误来认识。"

其次，避免言语伤害。教师的不当言语会引起对学生的心理伤害。他指出："有的教师语言尖刻，缺少同情心，不仅损伤着少年的中枢神经系统，而且损伤着他们的自尊心和自信心。"他告诫教师："要小心谨慎，别使你的话成为一根触摸娇嫩的身体、灼伤它并使它永远留下难看的伤疤的鞭子。"避免伤害学生，教师的言语就应当"富有哲理和同情心"，这样的语言"就像是一种活命的人，它能使人得到安慰，对一切都表现乐观，并激发起正义必胜的信念。"

再次，宽恕。"通常，我对由于无知而做出不良行为的儿童采取宽恕态度。宽恕触及儿童自尊心的最敏感的角落，使儿童心灵中产生要改正错误的意志力。"读者们切莫认为笔者是宣扬宽恕，否定责罚。责罚是有效的教育方法，可是轻率地采取这个方法会导致学生群体相互监督，一家出事，各家都连带负责，不利于团体的凝聚力建设。

四、幼儿教师应该怎样看待和对待幼儿

关于如何看待幼儿，我国著名幼儿教育家陈鹤琴有自己的见解。他总结概括了幼儿八个方面的心理特点，也可以说是幼儿本性的八个方面：①孩子是好动的；②孩子是喜欢模仿的；③孩子是好奇的；④孩子是好游戏的；⑤孩子是喜欢成功的；⑥孩子是喜欢合群的；⑦孩子是喜欢野外生活的；⑧孩子是喜欢称赞的。幼儿教育应该关注幼儿的心理特点，利用幼儿的心理特点来进行教育。那种完全按照成年人的思想、意志、标准来要求和教育幼儿的做法不仅不会收到好的效果，而且还会对幼儿产生伤害或不良影响。

有研究者提出，幼儿教师应该把儿童"看作是小小的哲学家，是多元的、鲜活的、独特的生命体，幼儿教育应该从关爱生命的层面爱护幼儿智慧的双眼和充满哲理思维的头脑，用饱含哲学意蕴的爱心教育理念去审视儿童、关注儿童"。

如何看待幼儿的本性会影响幼儿教师对待幼儿的态度和方式。从上面的分析中，我们可以得出这样一个结论：幼儿教师应该从善的、好的角度来看待幼儿，并用自己的爱心善待幼儿。

与成年人相比，甚至与青少年相比，幼儿无论在体力、智力还是在能力上都处于绝对的弱势，因此，在过去人们常常把幼儿作为成人的附属来看待，有的还把孩子作为私有财产，有的把孩子作为传宗接代的工具。这样，幼儿的社会地位和在家庭中的地位以及在幼儿教育机构中的地位就最低。这影响了幼儿教育机构、家庭对幼儿的教养方式。我们认为，在幼儿教育中，教师与幼儿的地位应该是平等的。

第三节　幼儿观与教学过程中的幼儿地位

一、从"教师中心"到"儿童中心"

传统教育强调成人和教师在教学过程中的主导作用。一般将以赫尔巴特（Herbart）

为代表的教育理论称为传统教育。传统教育强调三个中心：教师中心、课堂中心、教学中心。因此，"教师中心"是传统教育的主要特征。在传统教育中，儿童处于从属、附属地位，教师按照自己对教育的理解组织教学，没有或较少考虑儿童的身心特点和需要。并且，并没有把儿童作为与成人平等的人。

美国实用主义哲学家、教育家杜威（Dewey）对传统教育进行了批判，提出了"儿童中心"思想。在杜威看来，教育的本质可用三句话来概括："教育即生长"，"教育即生活"，"教育即经验的继续和不断地改造"。他宣告："现在我们教育中将引起的改变是重心的转移，这是和哥白尼把天文学的中心从地球转到太阳一样的那种革命。这里，儿童变成了太阳，而教育的一切措施则围绕着他们转动，儿童是中心，教育的措施便围绕他们而组织起来。"显然，"教师中心"忽视了儿童的主观能动性，过分强调教师的主导地位。杜威的"儿童中心论"则把儿童置于教学的中心地位，是对幼儿地位的重新定位，使教育者开始反思过去教育中的问题。按照杜威的观点，以儿童为中心即以儿童的本能及其活动为中心。为此，杜威还在芝加哥大学实验学校为儿童开设了烹饪、缝纫、木工等儿童熟知的课程。我国教育家陶行知先生更是明确指出，幼儿教育要以儿童的生活为中心，要根据儿童的身心特点来组织教育。

"儿童中心"教育思想对教学过程产生了很大的影响。在幼儿教育中，活动的组织和开展都围绕幼儿的生活进行，并以幼儿能够喜欢的方式进行。那种以成人的理解来安排教学内容、组织活动的方式得以改变，成人化的教学活动得以淡出学前教育。因此，从教育发展的角度讲，"儿童中心"教育思想将教学的中心从教师转移到儿童身上，是一种了不起的进步。这种思想对后来的教育理论和教学都产生了很大的影响。例如"主体教育"。"主体教育论"把现实生活的人或人的现实生活视为教育的出发点，也就是说，教育要从儿童的现实生活境遇出发，引导儿童热爱和参与生活，激发儿童的发展潜能，启发儿童的生活智慧，培养儿童的生活能力，应对外部环境的挑战，能于适应生活，明于选择生活，乐于创新生活，善于对待生活中的成功与挫折、喜悦与烦恼，妥当处理自主与秩序、权利与义务、自由与责任的关系，懂得尊重他人，关爱他人，和他人共同生活，逐步成长为社会生活的主人。也就是说，"儿童中心"论的一些合理的元素已经融入了后来的教育理论和实践。杜威的"儿童中心"论本质上是以儿童为本，其儿童观是以儿童为本的儿童观，其教育思想是以儿童为本的教育思想。这一思想为其后的教育家所发展，也为广大的幼儿教育工作者所接受。

二、从"儿童中心"到"去中心"

从"教师中心"到"儿童中心"是教育的进步，标志着现代教育的诞生。但是杜威的"儿童中心论"也遭到了后来者的批判。在20世纪30～50年代，在美国出现了永恒主义教育哲学、要素主义教育哲学、改造主义教育哲学、存在主义教育哲学等教育哲学流派。从其来源上讲，主要是源于对杜威教育哲学的重新审视和对二战以后人的价值的反思。

要素主义教育哲学从理性主义哲学观出发，重视知识、重视训练，反对经验和领悟等直觉思维。重新强调教师在教育过程中的主导地位，反对以杜威为代表的"儿童中心论"。"去中心"论者站在改变美国基础教育落后面貌的立场上来看待儿童的地位问题。在他们看来，"儿童中心论"及其实践是造成美国基础教育落后面貌的主要原因之一，认为美国要重新重视知识教育、英才教育。从某种意义上讲，"要素主义"和"永恒主义"理论是对传统教育的一种回归。也许正因为如此，"要素主义"和"永恒主义"被人们统称为"新传统教育派"。

"儿童中心论"是在特定的条件下提出的一种教育思想，它对于改变传统教育中围绕教师而组织和开展教育活动的做法有积极的意义。从教育理论的发展来看，"儿童中心论"将人们关注的中心从教师、书本、课堂转到儿童，是教育理念的进步，对于克服教学中没有儿童的倾向具有积极的意义，使人们的视线转向儿童本身。后现代主义教育极力反对"教师中心"，主张"去中心"，认为"教育既不能以教师为中心，也不能以儿童为中心。以教师为中心，表现为通过对儿童的过分控制、约束，对儿童利用、占有，把儿童工具化，以期达到成人对儿童的过分要求。……以儿童为中心同样不可取，它可能使我们对儿童生活的各个方面给予过度照顾，把本来应该由儿童自己解决的问题、做的事情由成人包办、代替。如果教师帮助儿童做好了所有的选择和决定，那么儿童对生活就没有什么好期待的，也就没有什么责任了，这对于他们的成长来说是十分危险的。以儿童为中心还可能表现为以儿童的愿望、需要出发来开展活动，教师围着儿童转，成为儿童的附庸"。"去中心论"有其积极意义。实际上，教育是人类传递生产和生活知识与技能的社会活动。由于幼儿本身智力、知识、经验的欠缺，幼儿显然并不能成为教育的主导者。幼儿教育在教育过程中既要关注儿童，关注儿童的身心发展，也要考虑幼儿教育社会职能的达成。幼儿教育作为基础教育的起点，在人的一生中具有重要的作用，从人才培养的角度看，幼儿教育在培养高素质的公民和社会急需人才的过程中也起着重要的作用。因此，幼儿教育应该是兼顾两者的教育形式。单纯地以儿童为中心可能不利于幼儿教育社会职能的实现；只强调"去中心"而又没有更加先进的理论来指导则可能导致对幼儿身心特点和主观能动性的忽视，导致知识灌输，甚至可能导致幼儿教育的小学化倾向。针对"教师中心"，后现代主义提出了"对话的幼儿教育"方案。对话的幼儿教育"是指一种对人性没有压制的教育，能够消除儿童的焦虑和压抑感，建立安全感，能够使儿童进行体验和发现的教育"。在这种教育中，"教师与儿童不仅是互主体性关系，而且是'对话'的伙伴关系。教师是儿童活动的指导者、组织者、参与者、帮助者，是儿童在活动中'对话'的重要伙伴；儿童不仅是其活动的'主体'，也是与教师进行'对话'的主体。教师与儿童的'对话'是教育教学活动本身的表现方式，在教师与儿童的'对话'中，逐渐形成了他们之间的理解、沟通、互信、尊重、融洽、互惠的情势，包含着他们之间的信息的传递、思想的互启、观点的更迭、情感的激发、智慧的提升"。

三、儿童主体论

幼儿教育中的师幼关系状态与人们对幼儿的认识也有密切的联系。对幼儿的认识和看法对幼儿在教学过程中的地位具有很大的影响。在传统教育中，教学围绕教师展开，教师是教学过程的主导，是主体；而儿童在教学过程中则完全处于被动地位，常常被当作是知识传输的客体，其主体地位和主体性也被忽略。

在现代教育中，一个广为接受的观点是，儿童也是教学过程的主体。杜威认为："教育要从儿童的现实生活需要出发，指导儿童适应生活、更新生活。他肯定儿童在社会生活和教育生活中的主体地位，提出教育即生长、学校即社会，主张儿童在做中学，在活动和交往中获取经验，实现经验的改造与改组。"实际上，杜威将儿童看作是主体。在后来的建构主义理论中，也将儿童视为具有主观能动性的教育主体，认为儿童是通过自己以往的知识和经验来建构新知识的。存在主义教育哲学代表人物哲学家马丁·布贝尔（Martin Buber）从解释"人—人"关系出发，将传统的"主体—客体"意义上的师生关系解释为"我与你"的"主体—主体"关系，将原来教育过程中的单一主体拓展为教师和学生同为主体，这就是教学过程中的"双主体论"。

将儿童视为教学过程的主体符合马克思主义哲学原理。马克思指出，主体是实践活动和认识活动的承担者；客体是主体实践活动和认识活动指向的对象。在教学活动中，教师和学生都是认识活动的主体。现代幼儿心理学的研究也证明，儿童有自己的认识方法。例如，儿童朴素理论研究就发现，儿童有自己的概念和逻辑体系，并利用它们来认识和解释事物和现象。

在双主体存在的情况下，我们还必须辩明谁是主导的问题。显然，教师是施加教育影响的成年人，在教学过程中起着主导作用。教师成为教学过程的主导并不否认儿童在教学过程中的主体作用。传统教育中将儿童视为客体，因此采用了灌输、填鸭式的教学；把儿童视为"白板"，任由教师去涂抹描绘，没有认识到儿童是认识的主体，具有主观能动性。实际上，教师的主导作用主要体现在教师对儿童认知活动的指导、导引、管理上，而不是代替儿童去认知。

四、成人与幼儿平等的教育意义

在过去的传统思想中，儿童并没有被视为具有权力的人。在成年人的眼中，孩子可能是成年人的附属，是父母的私有财产。在一些落后的地区，人们至今还把女孩子视为"外姓人"。因此，在传统教育中，幼儿既不能与成人一样享有平等的权利，也不能在教学过程中成为真正的主体。他们必须按照成年人的意愿行事，绝对服从成年人和教师，而成年人和教师则拥有严格管束甚至体罚他们的权利。

在幼儿的家庭教育中，亲子的平等地位和关系对幼儿的发展十分重要。平等是现代社会的基本理念。亲子平等可以避免成人将自己的意志强加给幼儿。亲子平等可以让幼儿从小受到平等、民主观念的影响，从而为他们成年以后的生活奠定基础。是非、美丑、对错的标准并不由父母来主宰，而是由社会所共同认可的价值标准和行为规范来决定。如果这样，幼儿也就可以发表自己关于事物和现象的见解。幼儿也可以在家庭事务中享有与成年人一样的决策权利。例如，以色列人教育方式的核心是"对话法"。所谓对话法，强调的是"不要把孩子当成被教育的对象，而是和成人一样，具有同等人格地位的谈话对象。'对话法'对家长的耐心要求非常高，主张成人和孩子一起就问题进行讨论并得出结论"。这样的平等地位和关系，不但让他们享有了不被训斥、不被嘲笑、不被压制的平等对话机会，还会令他们从对话中学到知识，形成解决问题的能力。

在学前教育中，幼儿教师与幼儿的平等不仅是对幼儿人格的尊重，也是做好幼儿教育工作的前提条件之一。在现在的一些幼儿教师中，还存在着这样一些不正确的思想：首先，把幼儿看成是成年人的附属，没有将幼儿看成是具有独立人格、具有自己思想的人。受此影响，一些幼儿教师往往会忽略幼儿的思想和意愿。其次，把幼儿看成是小学生或成年人。一些教师在对待幼儿的时候，没有考虑到幼儿的身心特点，对幼儿提出过高的要求。平等是人格、权利、地位的平等，而不是要求的一样。如果我们对幼儿提出超出其年龄、心理所能够达到的要求，实际上对幼儿来说已经是不平等了。再次，在教育教学中注重教师的权威，居高临下地对待幼儿，缺乏教学民主和管理民主。上述思想与现代幼儿教育的理念是格格不入的。现代幼儿教育强调儿童是与成人享有平等人格、权利、地位的人。

在瑞吉欧教育体系中，教师角色与传统幼儿教师的角色相比已经发生了很大的变化，充分体现了对儿童人格、权利和地位的尊重。具体来讲，瑞吉欧教育体系中的幼儿教师所扮演角色主要包括："儿童的倾听者、儿童活动的参与者、合作伙伴、儿童的资源、研究者、学习者等。"作为儿童的倾听者，瑞吉欧的幼儿教师总是认真倾听儿童的语言、观察其行为，理解儿童学习过程中所使用的各种策略，并详细记录。不仅如此，幼儿教师最重要的是努力理解儿童语言背后所蕴含的真实意义，以便更好地了解儿童的学习方式，引导儿童进行学习。作为参与者与合作伙伴，瑞吉欧教育体系中的幼儿教师在开展方案活动的过程中，与儿童共同参与、共同合作，以使活动顺利进行。值得注意的是，教师并不是以高高在上的教育者、权威人物的身份进入的，而是以儿童伙伴的角色进入的。在活动中，"教师和儿童的心智在共同感兴趣的问题上汇合，他们同等地参与到所探索的事物、所使用的材料和方法、所设想的可能性以及活动本身的进程中。这样的互动包含着智慧的激发与碰撞、经验的交流、情感的共享"。作为儿童的资源，在确定方案主题时的谈话和讨论中，瑞吉欧的幼儿教师会适时地介入儿童的谈话，以使讨论继续下去。同样，在方案活动中，教师也会在儿童遇到问题和疑问时介入，帮助儿童聚焦于问题的关键点和难点，形成假设，并使问题更加复杂、更具吸引力而激励学习。作为研究者和学习者，瑞吉欧的幼儿教师经常一起研究记录，展开讨论，使每个教师有所收获和提高。他们通过理论联系实践，获得自己的职业发展。

第四章 幼儿园优秀传统文化教育教学的现状

中华优秀传统文化是中华民族在几千年的历史长河中形成和发展起来的相对稳定的文化形态，是中华儿女集体劳动和智慧的成果，也是中华民族最宝贵的精神财富。幼儿教育是教育体系的重要组成部分，是我国学校教育和终身教育的起始阶段，对儿童的发展有着不可忽视的影响。在幼儿阶段开展优秀传统文化教育教学有助于促进幼儿的健康成长；有助于提高幼儿园的服务品质；有助于优秀传统文化的传承；有助于社会的和谐发展。

第一节 幼儿园优秀传统文化教育教学的实施现状

幼儿园教育教学活动是幼儿教师与幼儿共同完成的活动，是实现幼儿全面发展的主要途径。广义的幼儿园教育教学活动包括幼儿在园的一切活动，狭义的幼儿园教育教学活动则专指幼儿教师在一定时间内专门创设的活动，主要由教学活动、生活活动、游戏等组成。本节中的教育教学活动是指幼儿教师经过充分准备，有目的、有计划地组织实施教育内容的活动。

目前很多幼儿园都在组织实施优秀传统文化教育教学，并已有相关经验的介绍。本节主要从优秀传统文化教育教学目标的制定、内容的选择、实施的形式与方法、环境创设、活动评价、家园合作、生活活动和个案研究与分析方面做一个现状分析。

一、目标的制定

幼儿园优秀传统文化教育是现行学前教育的一部分，旨在运用优秀传统文化资源，促进幼儿的健康和谐发展。其目标定位有两个方面：一是基于文化传承的使命，增进幼儿对优秀传统文化的兴趣与喜爱；二是利用优秀传统文化中的教育资源，引导幼儿健康积极发展。具体来说，其目的就是增进幼儿对优秀传统文化的认同感，使幼儿体验到做中国人的自豪感。

根据"幼儿园优秀传统文化教育教学教师问卷调查表"，发现绝大多数教师对于优秀传统文化教育的目的都有一个清晰的认识。91.4%的教师选择了优秀传统文化教育能够培养幼儿爱国之心，增强民族凝聚力；87.1%的教师选择了优秀传统文化教育可以培养幼儿文化品质；85.6%的教师认为可以丰富教育教学内容；81.4%的教师认为可以让幼儿增长相关知识，还有78.6%的教师认为可以培养幼儿的想象力、创造力、审美感等。

通过访谈了解到幼儿园教学活动通常都是以主题活动的形式开展，在一个大的主题下进行相关的各领域活动，幼儿园优秀传统文化教育目标也因此表现为主题教学目标和教育活动目标。主题教学目标是围绕一个核心话题而开展的一系列教育活动所要达到的目标，教育活动目标是一次具体的教育活动所要达到的目标，主题教学目标是由一系列的教育活动目标来完成的。一般来说，主题教学目标都是由教研组统一制定，教育活动目标可由各个班级教师根据自己班的具体情况灵活变动。

A园长：我们园的目标制定是以教研组为单位，教研组长领着各班教师一起研讨，把教育教学计划制订出来，关于传统文化的一些教育内容，就会放进去，比如说看诗歌放在哪个主题比较合适。我们按月制定主题，在月主题里就会把传统节日很自然地融入进来，教师们在制定计划时都会考虑得比较全面，有了计划之后才能顺畅地进行系统的教育。

A教师：我们把计划制订完，学期初的家长会上，就会跟家长把学期目标进行一个沟通，他们就会知道。因为很多都是需要家长配合的，像搜集一些资料之类的。

E教师：实施的时候肯定会根据具体情况有一定改动，这个每个班都是根据自己班里情况来看。

幼儿园优秀传统文化教育教学的主题多与传统节日、传统科技、传统艺术等内容相关，如以春节、中秋节相关的传统节日主题，与楼、塔、遗迹等名胜古迹相关的主题和与古代四大发明等传统科技、历史名人相关的主题。主题教学活动的目标是对教学主题系列内容活动目标的综合说明，一般都具有综合性、宏观性，它把握着教学的整体方向，是教师设计和实施教育教学活动的出发点和落脚点。教育活动目标是对具体的教育活动所要达到的要求的描述，具有针对性和可操作性，制定时需要考虑本班幼儿的身心特点，需要研究优秀传统文化的相关知识，从中寻找教育的契合点。

新一轮的基础教育课程改革中提出教育目标的制定应该从知识与技能、过程与方法、情感态度和价值观这几个维度来考虑。教师在优秀传统文化教育教学的目标制定上有一个比较好的理解，能够重视目标的三个维度，特别是能关注到幼儿在活动中的情感体验。但是相对来说，教师的目标制定更偏重知识的掌握，而忽略能力的发展。教师应该注意到，中国优秀传统文化教育不只是让幼儿了解和喜欢我国传统文化，还应该挖掘其中的价值，培养幼儿的动手操作能力、审美能力和创新意识。其次，新课改下的教育观提倡以儿童为中心，就是要求从教者以儿童的眼光和心灵来认识与解读儿童，而在教学目标的制定上，有的教师习惯从教师的角度来表述，喜欢用"帮助幼儿……""通过……让幼儿……"，没有设身处地地站在儿童的角度考虑幼儿在教学中能够达到的目标。

二、内容的选择

课程内容是教育教学的主体部分,课程内容的选择是教学设计的重要环节,它既关系着课程目标的达成,又在很大程度上影响着课程的组织实施形式和方法。美国课程论专家拉尔夫·泰勒(Ralph W. Tyler)曾提出,社会、儿童与学科是所有课程内容的最大来源,意思就是幼儿园教育内容的选择要从课程内容本身出发,重视幼儿的身心发展特点、兴趣特征与社会的需要、要求。将幼儿园优秀传统文化教育内容来源分为五种,通过问卷调查得出教师在选择教学内容时,23%来自园本课程;7%来自订购教材的指定内容;37%是根据季节、节日与周边环境资源来选择;23%是根据幼儿情况与感兴趣的内容来选择;10%是根据个人的研究与喜好来选择。

对于传统文化教育的内容,教师们一般会如何选择?选择哪些?我们从访谈中可以得到一些信息。

A 园长:作为一个中国人,传统文化教育应该是首先要考虑到的,我们国家的文化博大精深,我们作为中国的孩子其实是很骄傲的,应该让孩子从小了解传统文化,比如四大发明、四大名著、中国国粹、古诗词等这些最经典的、最具代表性的。我觉得在幼儿园学习国学经典特别好,诵读国学经典,不仅能让孩子感受到中国语言的优雅和精致,而且还能给孩子提供很开阔的想象力,经典中蕴含的人生哲理对他们以后的人生也会很有帮助。

B2 教师:我觉得我们做过的很多活动,那些内容都挺合适的。像我刚说的经典阅读就算,还有一些传统节庆活动,如迎新年、端午节、风筝节等。像包饺子这个内容我觉得也特别好,我们之前有一节经典的音乐活动就叫包饺子,老师把包饺子的动作——切菜、擀皮、包,用团体律动的形式展现出来,然后和年怪兽结合起来,孩子们特别感兴趣,而且还是我们老师原创的。

C 园长:我感觉选材很重要,传统文化内容太多了,有些东西并不适合教给孩子,我们要取其精华去其糟粕,筛选一些合适的内容。我一下子还真说不上会选择哪些内容,具体的内容肯定是要针对具体的一个主题或者活动来选择,而且肯定要根据孩子的具体年龄特点,但是我觉得不管怎样,我们至少要有个正向的导向,要找一些优秀的、经典的、和孩子生活联系起来的东西。

D1 教师:传统文化中很多东西要让孩子理解它真正的内涵是很难的,所以我觉得在选材上尤其是要考虑孩子的年龄特点,幼儿园阶段就是一个启蒙教育阶段,选材上肯定也是选最基础、最简单的。然后就是大班、中班和小班在选材上肯定要有所差别。就像我刚入职那会儿带了一个小班,那个班孩子有的才 2 岁多,当时过端午节,我给孩子们讲"屈原投江",有的孩子就问"老师,什么是江?",所以对小班孩子来说,一定是要选取简单易懂的内容。但是大班孩子就不一样,今年端午节,我给大班孩子讲的时候,孩子们就问"老师,屈原是哪国人?""他被谁害死的?",他们会有很多思考和观点,所以同一个东西,教给大班孩子时,选择的内容就会更深、更全面一些。

D2教师：我们一般都是跟着教材走，教材上的内容都是之前定好的，传统文化的东西，每个老师可能会根据自己的喜好、孩子的兴趣，把一些相关的内容渗透到相关活动中去，比如名胜古迹就可以融入"我爱家乡""我的假期旅行"或者建构游戏中，再比如"我的特长"主题中，也可以涉及武术、棋类、古典舞等。

E教师：传统文化教育内容的选择一定要根据儿童的兴趣来，幼儿园处于启蒙期教育，重要的是让孩子们对学习产生兴趣，而不是要求他们记住多少知识。

从访谈中发现，幼儿园教师在优秀传统文化教育教学的内容选择上一般都会从以下几个方面考虑。第一，内容的选择既要考虑传统文化体系又要考虑幼儿的身心发展水平以及幼儿的接受能力，关注幼儿的发展需要。在挖掘整合教育内容时要能考虑到我们的教育教学对象是3～6岁的幼儿，我们要选取符合于他们这个年龄阶段的元素。第二，内容的选择要考虑幼儿的年龄发展特点和兴趣特点，满足幼儿身心发展需要，使幼儿在快乐体验中获得文化传承方面的价值，产生对中华传统文化的认同感，产生热爱祖国、尊重父母等主流的价值观。第三，内容的选择要兼顾幼儿园的实际情况，如师资条件、教育资源等。比如有的幼儿园有专门的美术类、音乐舞蹈类或体育类教师，可以开展比较丰富的美术、音乐、舞蹈、武术类课程。

虽然教师的理念都很好，在内容的选择上都能想到要兼顾社会、儿童和学科三个方面，但是由于优秀传统文化教育在幼儿园阶段的应用并没有得到大力推广，现行的幼儿园优秀传统文化教育活动仍处于摸索阶段，在具体的实施上教师还是会遇到很多困难，出现很多问题。比如：第一，很多教师喜欢直接移植优秀传统文化中的内容，很容易把活动设置成单纯性的知识传授，远离儿童的直接经验，导致幼儿兴趣不高；第二，选择的内容有些偏难。因为传统文化中很多内容都包括了相关的技能，如京剧中有动作、声音、面部化妆方面的要求、传统武术有特定的动作与思维方式、棋类有规则，这些在一定程度上都不易于幼儿理解、接受；第三，选择的内容太多。幼儿园的一节教学课程，小班一般为5～10分钟，中班为10～15分钟，大班为25分钟，很多教师由于对幼儿心理的把握以及对传统文化教育内容的处理不到位，很容易在规定的时间内完成不了预先设计的活动，有时候耗时太久，远远超出了孩子们的心理承受能力。

三、实施的形式与方法

幼儿园的优秀传统文化教育教学往往以不同的活动方式呈现出来，结合了一线教师的意见和自己的调查、思考后，总结出在幼儿园组织与实施优秀传统文化教育教学的七种常见方式。从调查统计结果来看，有22.9%的教师在组织优秀传统文化教育教学活动时采取主题活动的方式；14.6%的教师采用将优秀传统文化的元素渗透到相关领域的方式；18.8%的教师在日常生活活动中融入优秀传统文化教育；12.5%的教师在环境创设中融入优秀传统文化教育；10.4%的教师在区域活动中融入优秀传统文化教育；10.4%的教师在游戏活动中融入优秀传统文化教育；还有10.4%的教师利用家园合作的方式进行优秀传统教育。

（一）A园"风筝节"教育主题活动

四月是风筝放飞的季节，为对幼儿进行爱的教育，培养他们关爱他人的良好品质，A园举行了"放飞爱心，与爱同行"的风筝绘制、义卖及募捐活动，为烧伤儿童的救治尽自己的一分力量。

A园"风筝节"活动方案

1. 风筝的故事（4月1日上午）

各班进行关于风筝的主题教学活动，了解风筝的起源、演变、用途以及制作方法。

2. 绘制风筝（4月1日～4月2日）

中大班教师和幼儿们一起彩绘风筝；社区志愿者哥哥来园与幼儿共同绘制风筝；家长可来园领取白色风筝，和孩子共同制作，彩绘完成后于周五交回保教处，用于风筝义卖活动。

3. 放飞爱心（4月3日上午，学校大操场）

中大班孩子、教师、家长及志愿者一同将承载了爱心的风筝放飞，让风筝带着对烧伤小朋友的祝福翱翔于蓝天，同时让孩子们体验放风筝的乐趣。

4. 义卖、募捐（4月3日下午5：20，幼儿园内）

幼儿园在操场设置风筝义卖及募捐点，教师带领中大班幼儿代表进行风筝义卖活动，家长可带领孩子积极加入此次活动中奉献爱心。募捐所得由幼儿园团支部如数转交给烧伤的孩子。

A园此次的"放飞爱心，与爱同行"风筝节主题教育活动设计理念和实施形式都非常好，考虑季节、节日和周边资源，并将中国传统工艺风筝的教学与爱心教育结合起来，为在医院救治的烧伤儿童募捐集款，不仅给烧伤儿童的家人提供了实实在在的帮助，还让孩子们在被爱中学会了付出爱，培养了关爱他人的情感，养成了乐于助人、乐于奉献的良好品质，是一次深刻的情感体验教学。"风筝的故事"让孩子了解到风筝起源于春秋时期，至今已有两千多年，风筝在历史发展中被广泛应用于军事侦察、节日娱乐和对外交流。"绘制风筝"和"放飞爱心"活动锻炼了孩子的动手操作能力和创新思维，给孩子提供了开阔的思路。而"义卖""募捐"实践活动又增强了中大班幼儿数学运算能力和货币交易能力。因此，此次活动是一次值得提倡的整合性课程活动形式。

（二）B园"大大的世界，小小的我""六一儿童节"教育主题活动

6月1日是儿童的节日，B园通过丰富多彩的系列活动（系列活动一："大大的世界，小小的我"文艺演出；系列活动二："六一儿童节"游园活动，每个班选择一个特色国家进行展示），让幼儿认识了中国、美国、英国、意大利、丹麦等一些特色国家的语言、艺术、建筑、风俗等，感受到中国文化及世界文化的丰富多彩，萌发出探索中国文化及世界文化的好奇心。

B园的活动打破常规,极具特色,传达了一种"越是民族的,越是世界的"的多元文化共存理念。以"游园"形式实现了资源共享,互惠互利,节约了教师的时间、精力和幼儿园的材料、经费,却同样达到了教育的实际效果,"旅行"的方式更增加了活动的趣味性,激发起孩子的无限热情。

根据幼儿园优秀传统文化教育内容的不同性质,幼儿教师在组织具体的教育教学活动时会采用不同的方法,主要有以下六种。

1. 示范法

示范法是教师通过语言和动作向幼儿呈现相关范例,让幼儿对所学内容有比较直观、全面的了解的一种教学法。在武术活动、舞蹈表演等涉及肢体动作类的活动中,教师的示范有助于幼儿把握教育内容。

2. 范例法

范例法是在艺术类,特别是绘画、雕塑、工艺类的传统文化教育教学活动中,教师向幼儿呈现事先准备好的各种样品,供幼儿观察、模仿、学习的一种教学法。例如在包饺子活动过程中,教师就会呈现饺子在不同阶段的样品,幼儿通过观察和模仿,以此获得饺子制作过程中的相关知识与技能。

3. 故事法

故事法是教师以语言作为载体,对幼儿进行讲述与指导,以达到传统文化教育目的的一种教学方法。故事法在民间传说、神话、寓言以及成语讲述这些传统文化教育中用得比较多。

4. 角色扮演法

角色扮演法相当于一种角色游戏,通常与故事法相配合。在教师讲述了相关故事,幼儿了解并掌握内容的基础上,幼儿扮演相关角色,从而更好地理解故事的意思,体会人物的情感,掌握与角色相适应的行为与规范。

5. 远足法

远足法是指家长或教师有目的、有计划地带领幼儿参观、游览中国的名胜古迹,从而丰富幼儿的相关知识,激发起幼儿热爱祖国的情感的一种方法。远足法能给幼儿带来最直观的感受和最深刻的印象。

6. 游戏法

游戏是学前儿童教育的主要形式,游戏法是教师以游戏的方式开展教育教学活动,让幼儿在游戏的情景中学习相关的传统文化知识的方法。游戏的趣味性往往使传统文化教育更容易被幼儿接受与喜欢,而游戏的类型更是多种多样,教师可以根据授课内容来决定选择哪种游戏形式。

据调查统计,发现教师最常用的方法便是故事法和游戏法,分别占25%和22.7%,用的最少的是角色扮演法和远足法,分别占11.4和6.8%。通过访谈,得出最常用游戏法和故事法是因为幼儿年龄尚小,理解能力不够强,因此需要用故事和游戏的方法开展活动,而角色扮演法和远足法虽然特别适合传统文化教育教学,但因为时间、精力和经费的限制，并不能像故事法和游戏法那样随手拈来。

四、环境创设

幼儿园的环境是指影响和支持幼儿园教职工与幼儿们在园生活和活动的条件的总和。幼儿园环境有广义和狭义之分。从广义上来说，幼儿园环境涵盖了幼儿园内部和外部环境；从狭义上来说，幼儿园环境专指幼儿园的内部环境，即幼儿园的物质环境、心理环境和生活制度与常规等。本书中的环境创设主要是指幼儿园物质环境的创设。

幼儿园环境作为一种不可或缺的教育资源、一种隐性课程实施的有效途径，对幼儿的发展具有较大的影响，如何为幼儿创设富有传统文化气息的环境，让幼儿徜徉其中，健康、全面发展，是我们所有幼教工作者都要认真思考的问题。目前，很多幼儿园常以大量色彩缤纷的卡通形象构成环境创设的主体，他们以为"三原色"的萌宠形象就是幼儿所喜爱的，殊不知孩子也是有审美能力的，大量的色彩堆积不仅会让幼儿产生视觉疲劳，影响其审美能力的发展，还容易使幼儿的想象和思维受到束缚。然而，在环境创设中融入反映民族特色风貌的传统文化元素，却可以很好地丰富环境创设内容，挖掘更多集教育性、艺术性、参与性、探索性于一身，并能激发幼儿探索、创作和表达的环境创设材料。同时，环境创设又能对传统文化教育提供很好的帮助。良好的传统文化教育环境有助于幼儿扩大视野，接受文学、音乐、美术等优秀文化的陶冶，得到审美体验；有助于儿童产生对优秀传统文化的认同感和喜爱之情，为传承中国优秀传统文化打下坚实的基础。在与一线教师的访谈中，很多教师谈到了对环境创设中融入传统文化元素的重视。

B1 教师：传统文化我们没有拿出来系统做，但是很注重环境中的渗透，因为就像咱们在课程里学过的，环境就是第三位老师，孩子在与环境的互动中，在每天的接触中耳濡目染，其实对他来说也是一个促进。

B2 教师：我们幼儿园在环境创设这方面做得比较好，我们比较重视环境的无形渗透、潜移默化的影响。

C 园长：我觉得优秀传统文化教育重要的是坚持，再就是配上环境的支持，我们可以充分利用环境作为潜课程的优势，在环境中融入教育，营造一种自然愉快的文化氛围。

通过与教师的交流，发现大部分教师都能意识到环境创设的重要性，并将环境创设视为一种重要的潜课程资源应用在传统文化教育中，但是具体来说，每个园、每位教师又是如何做的呢？

有教师提到，传统文化教育的环境创设是一件简单又费力的事，因为传统文化博大精深，有很多物化的承载了丰富内容的材料可以拿来用，可是选择哪些传统文化内容、如何巧妙和谐地融入环境中又是需要我们精心思考和探索的。幼儿园在环境创设上，大致都是分两大部分：一部分是幼儿园创设的公共环境，主要是在园所的大墙、大厅、走廊、宣传栏、楼梯间等空间位置，这里的环境创设一般都是经园所老师一起商讨，把好的想法和创意集合起来，选一些环境创设能手，成立环境创设小组创设出来的，有的甚至还会请一些广告公司的专业人员来设计和制作，做好后一般会用很长一段时间，不会频繁更换；另一部分是各个班级自己的环境创设，主要是在班级门口、教室内以及各班区角等空间位置，班级内的环境创设是由各班教师根据自己班级的情况自由创设的，教师可以配合着教育教学内容，创设相关主题的主题墙和区角等。

（一）园内公共环境的创设

园内墙饰、走廊、楼梯口等公共空间环境对幼儿有着强烈的视觉冲击，是最能展示一所幼儿园风貌和特色的地方。因此，在公共环境的创设中除了要关注教育性、艺术性、参与性、适宜性等原则外，还要考虑环境创设的整体性、层次性、协调性和突出特色的原则，从本园的实际情况出发，遵循幼儿身心发展规律，挖掘和筛选出富有浓郁文化风格和生活气息，符合不同年龄阶段、不同性别和性格儿童的要求，深受儿童喜爱的传统节日、传统艺术、民间工艺、民俗风情等内容融入环境中，巧妙利用幼儿园墙面、门厅、楼梯间、宣传栏、家园联系地等空间，提供幼儿理解的图片、雕塑、手工作品等，分阶段、分层次布置在环境中。

1. 传统文学教育环境

中国的传统文学是中华优秀传统文化中最具影响力、最具生命力的一个方面，它极大地丰富了中华传统文化内容，也形象且深刻地反映了中华传统文化的基本精神。近年来，伴随着"国学热"，在幼儿园内，《三字经》《百家姓》《弟子规》等一些国学经典作品也被推到了一个新的高度，这不仅体现在经典诵读方面，在环境创设中这些元素也成了香饽饽。例如《百家姓》，A园是摘取了部分的片段用黑底金字布置了一个大背景，展示在楼梯间的墙面上；而C园是选取了其中的一些姓氏，做成木质大方框，摆置在楼梯间。据C园园长讲："从《百家姓》入手，目的就是让每个孩子找到自己的姓，这也可以培养孩子的民族认同感"，她还提到了"孩子们对这个环境布置都非常感兴趣，他们特别爱围在旁边，找自己和小伙伴的姓氏。""作为一个中国人，中文是我们的母语，即使幼儿园不教，生活中孩子随处都可接触到汉字，他们当然也想认识。所以我们对于汉字不是不能教，而是不要强求孩子死板地学习它，像这种方式，孩子潜移默化地就认识这些字了，而且还会对认字产生极大的兴趣。"

除了国学经典外，古诗词、成语故事、民间传说、神话等也是幼儿园环境创设最常用到的元素。其中，民间故事最为典型，用到的也最多，《孔融让梨》《孟母三迁》《老鼠嫁女》《司马光砸缸》《猴子捞月》《小马过河》《守株待兔》《曹冲称象》《闻鸡起舞》《狐假虎威》等都是幼儿园最喜欢用于布置环境的故事。比如A园的环境创设就很大程度上用到了民间故事和成语故事。A园园长提道："环境创设方面，我们中大班就是走的传统文化路线，中大班后面的那个大墙，每个班都是展示一个民间故事，比如有《孟母三迁》《孔融让梨》《老鼠嫁女》《曹冲称象》等，每个墙面我们布置出来都会给孩子讲相关故事，并谈谈故事的寓意，他们能看得懂。在幼儿园的走廊里面，我们中班是古诗词，我们几乎每个班门口都有古诗词，就是选取他们这个年龄段适合的呈现在这儿，家长带着孩子经过就会诵读一下。大班我们是通过马勺的形式展现成语故事，比如有《走马观花》《悬崖勒马》《一马当先》等。每一个故事孩子都能讲出来，他们都了解，所以我觉得环境对孩子是有影响的，应该说是时不时地就起着教育作用。"

2. 传统民俗文化教育环境

民俗文化是民间民众所创造、共享和继承的风俗生活文化，是中华民族悠久历史文化的重要构成部分，它富有极强的民族凝聚力。民俗文化与人们的生活息息相关，如传统节日、节气节令、饮食起居等。正是因为民俗文化教育内容满足了幼儿园教育需要"生活化""游戏化"的要求，使得民俗文化与幼儿教育浑然天成地融合在一起，民俗文化元素也成为幼儿园环境创设中非常重要的一部分。

俗话说"五里不同风，十里不同俗"，我国地域辽阔，每个地方在长久的历史发展中都形成了各自独具特色的风俗文化，"地域性"是民俗文化的一个鲜明特点。在环境创设中，幼儿园对于利用本地资源体现地域性这点做得比较到位。

E 教师：我们会结合地域文化来布置环境，比如你看到的学说陕西话、马勺、脸谱、秦腔，还有陕西的小吃、名胜古迹，在环境上都有体现。从认知方面来说，可以让孩子了解我们陕西的地域文化，从社会性方面看，也有利于激发孩子爱祖国、爱家乡的情感。

有的幼儿园还会考虑到文化的多样性，不仅展示汉民族文化，还展示其他少数民族文化；不仅展示中华优秀传统文化，还展示世界优秀文化。如 B 园一位教师谈道："环境创设方面我们整个幼儿园的规划是：中楼展示传统文学、民间故事、传统民俗方面的；右边这座楼展示的是多元文化，有中国的国粹，也有世界各个国家的优秀文化。""这层楼有十个班，每个班前面按一个民族的特色来布置环境，我们倡导区域共享，布置好后，大家就像旅游一样互相参观。"

3. 传统艺术教育环境

我国传统艺术遗产异彩纷呈、多姿多彩，内容包括戏曲、音乐、舞蹈、书法、绘画、建筑、雕塑、工艺等。一直以来，传统艺术以其浓郁的文化意蕴、淳厚的艺术内涵和生动的表现风格深受广大群众的欣赏与喜爱，不仅为很多设计师的艺术设计带来丰富的创作源泉，还为很多劳动人民带来审美上的愉悦。幼儿园环境创设也需要从传统艺术的元素中寻找有益的营养，挖掘传统艺术中蕴藏的精髓，从而丰富环境创设内容，提高环境创设质量。

在幼儿园公共环境的创设中，京剧脸谱、中国书法、水墨画、青花瓷作品、皮影、刺绣等元素出现的频率最高。一方面是因为这些东西是传统文化中最具代表性和最富有独特内涵的、深受幼儿喜欢的文化遗产，是中国固有文化中的精华；另一方面也是因为这些都是广大教师喜欢并且擅长的，在表现上也比较方便、生动，适合用于环境的创设。如以下教师所谈道：

D1 教师：我们传统文化中的一些东西真的是特别好，就拿京剧来说，它本来是一种老百姓喜闻乐见的说唱艺术，讲究唱腔和旋律，但它所配的脸谱艺术性很强，也有很高的审美价值,脸谱中色彩、纹样的丰富性、生动性和夸张性本身就是孩子特别喜欢的,然而它又是左右对称,色彩对比强烈的,特别能激发起幼儿探索和表达的欲望。

B2教师:我个人最喜欢的就是我们楼梯间展示的"青花瓷"系列,不仅有精美的瓷器实物,还有老师和孩子们利用废旧玻璃瓶、塑料瓶和盘子自己绘制的"青花瓷"作品,孩子们的作品都是独一无二的,把它们呈现在这,不仅很有艺术感,对孩子来说,也是一种鼓励,他们会特别有成就感,也有助于提高孩子参与创作的兴趣和热情。

D3教师:传统艺术这方面,我自己从小没有学过,也一直比较忽视这个东西,所以觉得挺遗憾的,我经常看到很多外国人都比我们了解得多,我就想我们真的应该重视一下这方面的教育,从小给孩子多熏陶熏陶,像我们中国的国粹——书法、国画、京剧……都是非常好的东西,就应该让孩子知道。

(二)班级环境的创设

班级优秀传统文化环境创设主要分主题墙和活动区域两部分,它们随着主题活动的变化不断变换和丰富。

1. 主题墙环境

幼儿园的主题活动通常是以时间为线索,按月进行,其中穿插节庆主题。主题墙是幼儿园开展主题活动最直观的体现。布置主题墙的意义不是在于教师提供给幼儿怎样的外在环境,而是在于教师如何利用布置好的这些外在环境,使得幼儿自然而然地投入到教育教学中,积极主动地吸收环境中的"营养",以此获得发展。

教师在创设主题墙时,最常用的材料便是相关主题活动时幼儿的作品和照片记录。

A园的端午节主题墙分为两部分。第一部分:传说中的五月五,展示了一些教师打印出来的端午节的传说、习俗、诗歌、人物的文字,并以香包装饰在其间。第二部分:浓浓端午情,张贴了一些关于端午节的图片——粽子、赛龙舟、雄黄酒、艾叶等,同样用五彩的香包装饰了整个画面,营造出了浓郁的节日氛围。

B园的端午节主题墙是按活动顺序分为五个部分。活动一:屈原的故事,展示了几位小朋友和家长一起完成的手抄报,其中有介绍端午节来历的,有介绍屈原人物故事的,有介绍端午节习俗的,图画和文字的完美结合,不仅给人视觉上的美感,还让人们感受到了浓浓的传统文化气息。活动二:包香包,展示了孩子们和家长、老师共同制作的承载着满满祝福的香包。活动三:赛龙舟,展示了一名小朋友画得惟妙惟肖的赛龙舟图,图画的左下角还附上一首唐代诗人文秀描写端午节的诗歌《端午》,更增添了一种"诗中有画,画中有诗"的意蕴。活动四:快乐玩水照片展,因为地域条件的限制,没有机会举行赛龙舟比赛,B园将端午节的赛龙舟活动改为玩水活动,让孩子感受过节的热闹气氛。活动五:包粽子,用照片记录孩子们亲手制作粽子的开心与满足。

两个主题墙都是关于端午节主题活动的布置,却各有特色。A园的主题墙在视觉上多姿多彩,给人以美的感受。威风的水中巨龙、五彩的祈福香包、诱人的粽子和能解毒的雄黄酒,配合着教师整理出的资料,把端午的风俗完完整整地呈现了出来,如此色彩鲜艳、生动有趣的环境创设当然会非常吸引幼儿,很好地深化幼儿对于节日文化的认知。但是在主题墙的布置中，幼儿的参与非常少，几乎都是教师完成的。教师应该让幼儿积极参与到构思、安排、创作中来，给孩子留出最大的空间，让他们主动地与环境互动。B园的主题墙充分挖掘出墙饰的价值，让幼儿、家长、教师都很好地参与到了主题墙的布置中，但是他们的主题墙更像是作品展示墙，缺少了主题墙本身的意义。

2.区域活动环境

我们经常说"好的环境是能够说话的"，因为环境对儿童的影响是潜移默化的，所以有的时候，环境的作用甚至比教师的语言更有效。幼儿园区域活动的环境创设是影响幼儿是否有兴趣主动参与活动的重要因素，同时也会影响幼儿能否在区域活动中获得自主发展。因此，在优秀传统文化教育的区域环境创设中，我们应该积极挖掘适宜的传统文化材料，营造浓郁的传统文化氛围，让幼儿主动、自愿参与到活动中，通过亲自动手操作，运用多种感官，丰富对传统文化的认知，产生对优秀传统文化的喜爱之情。

B2教师：我们班有棋区，这些象棋、五子棋、围棋都是我找来的，集中起来做了一个区角，供孩子们自由选择、自由活动。之前还做过一个茶区，因为我们之前的那个主题叫"拜访大树"，在那个主题下我们就设置了一个区域——请你来品茶，因为拜访大树就牵扯到叶子，茶叶也属于叶子。我们找了茶台、各种茶叶，还挖掘了班里的家长资源——有个家长是开茶馆的，对这方面比较擅长，他请来茶艺师给孩子介绍茶的种类：红茶、绿茶、清茶、黑茶；讲泡茶的方法，比如洗茶、冲泡；最后一人一小杯，大家一起来品茶。

B1教师：我觉得区域环境的创设，最重要的就是要提供适宜的材料，要激发孩子的兴趣。其次，要是能结合主题活动就更好了，它和课程有个互相促进的作用。我们之前有一个主题"我爱家乡"，根据这个主题，我们就设置了一个区域——"陕西小吃一条街"，孩子们特别感兴趣，今年园里做陕西文化时还专门在活动室建了一个一样的。

E教师：我们讲"老鼠嫁女"那个故事时，正好园里有个大花轿，我们就借过来弄了一个表演区，还用喇叭替代唢呐，孩子们那几天玩得可开心了。

五、活动评价

活动评价是幼儿园教育教学体系的重要组成部分，是对教学进行分析和考量，以认识到其意义、作用和相宜性的过程。幼儿园优秀传统文化教育教学评价的内容主要有四个方面：第一，对优秀传统文化教育活动本身的评价；第二，对幼儿在优秀传统文化教育活动中的表现的评价；第三，对幼儿教师的评价；第四，对幼儿园优秀传统文化教育活动环境、活动材料的评价。

通过问卷调查统计，17%的教师认为本班优秀传统文化教育教学效果非常好；62%的教师认为效果还不错，占了总数的一半多；只有21%的教师认为效果一般。而在问到是从哪些方面来评价活动时,有93.5%的教师选择了从幼儿是否积极参与,是否得到发展;84.3%的教师选择了教师对活动的组织是否成功;还有81.9%的教师选择评价教学活动是否有价值,74.7%的教师选择对活动环境、活动材料是否提供良好的支持进行评价。

A园长:我记得我当时带一个小班,3月份左右,我们带孩子们出去玩,当时我们门口的迎春花花瓣掉了一地,我们班有个两岁多的孩子看见了说:"老师,你看!'花落知多少'。"一下子把我惊呆了。两岁多的小孩能用得那么贴切,说明他对那首诗理解了。

C园长:"书读百遍,其义自见",有些东西孩子一开始不太明白那个意义,但我们当时就是放配套的音乐给孩子"灌耳",读了好多遍,孩子好像慢慢就懂这个意思了。像我姐那个孩子,妈妈说啥他就用《弟子规》里的原话立马回应出来。比如他妈妈叫他过来帮忙,他就会马上跑过来,还说"父母呼,应勿缓"。我觉得这就是教化的作用,传统文化教育就是要慢慢地内化为孩子的行为,这才算有效果,有些东西停留在表面,比如说他背了很多诗歌,但他根本不懂什么意思,那就没什么效果。

B2教师:(对端午节活动的自评)整体我觉得还是挺好的,孩子的参与度挺高,家长也比较支持,就是在活动的过程中有点乱,比如米撒在地上了。所以我在想我们当时应该多请几位奶奶,分成五个组,让每组都有家长或老师指导。在活动中我发现,有些孩子自主意识特别强,有些孩子依赖心理特别强,可能是因为不会包,就一直拿着叶子等着老师过去帮他,我觉得我们之前应该先进行相关的手工活动,拿一些类似的材料,比如纸,先让他们练练手。

六、家园合作

幼儿阶段的传统文化教育不仅仅发生在幼儿园,还常常存在于家庭、社区等场所。由于师资、场地和课程资源方面的限制,幼儿园优秀传统文化教育离不开家庭和社区教育机构的支持,特别是家庭方面,在传统文化教育教学中有举足轻重的地位,会产生较大的影响。因此,幼儿园教师必须处理好园内外各种关系,在传统文化教育方面与家长、社区进行密切联系与合作。

目前幼儿园在家园合作上形式多样、方法齐全,不仅有家园联系册、家园联系地、宣传栏、班级QQ群、微信群等沟通交往媒介,还有家长会、家长开放日、家长进课堂、家庭教育知识讲座等合作教育方式。调查发现,教师对于本班家长在优秀传统文化教育教学中配合的满意度比较高,其中有18.6%的教师认为家长非常配合;65.4%的教师认为比较配合;16%的教师认为一般配合;没有教师认为家长不配合。访谈中发现幼儿园在家园合作上的一些具体做法如下。

A教师:今年的感恩教育,我们专门请了爷爷、奶奶来园,通过爸爸、妈妈给孩子读写给爷爷、奶奶的信、孩子给爷爷、奶奶洗脚等活动内容,把感恩、敬老教育植根于幼儿园阶段。传统文化教育教学方面很多都需要家长的配合,我觉得把家长这个力量发动好，资源会大大丰富，而且把家长都带动起来以后，你会觉得不是自己一个人在做教育，做的时候也就会更加有劲。

B1教师：重阳节时我们把爷爷、奶奶请到园里来，比如让爷爷、奶奶带我们进行一些活动。这其实也是在开发我们的家长资源。我们有一次活动就是请爷爷、奶奶来教孩子编中国结、包饺子，他们参与活动的积极性特别高，那次的活动效果特别好。

C园长：家园合作方面，我们做得比较好的就是要求教师一定要把理念告诉家长。就像开放日活动，教师要先给家长讲为什么要做这个半日开放，今天展示的活动有哪些，活动的目标是什么，然后教给家长应该怎么观察孩子，一定不要横向比较，要纵向看孩子的发展，看孩子思维的调动，看孩子是怎么去学习的，跟家长说了以后，家长就不需要去跟其他孩子比较。我们园经常会培训教师，教她们怎么去跟家长沟通合作，教师素质提上去之后，家长也会觉得老师挺专业的，说得很有道理，也就愿意听、愿意合作。

C1教师：家长做得可好了，比如中秋节观赏月亮，她们觉得能跟孩子一块观察、一块记录，在这个过程中还可以搜集有关的民间传说，给孩子讲一些嫦娥奔月的故事，有的家长还跟孩子一起做一些小墙报，做得特别好。也有些家长忙，不愿意做这些，但大部分家长还是很支持的。

E教师：（爸爸、妈妈进课堂活动）家长很支持呀，因为他们觉得这些知识在家里可能不会拿出来这么系统地给孩子讲，通过我们开展的这些活动，自然而然就让孩子得以了解，丰富了孩子经验。我觉得只要家长了解了幼儿园活动的意图，认同了教育的理念，大部分都会很支持、很配合老师工作的。

七、生活活动

生活活动是幼儿园的日常活动，它具有随机性、渗透性的特点，教师要有意识地将教学活动中的相关内容融入生活活动中去，潜移默化地影响幼儿。

A园长：我们把经典诵读用在一日活动的间隙时间，这个间隙时间，你别看零碎，其实每天把零碎时间利用起来，教育效果就很不一样。我们一般是在饭前活动和离园活动，抽一二十分钟进行经典诵读。还有我们的一些传统游戏，也会放在这个间隙时间。

A教师：每天早上我们园所的广播上会有古诗词朗诵，有的配着打击乐，有的是那种说唱形式的，还有的配着像《高山流水》那样的乐曲，效果很好，孩子们特别喜欢。

B2教师：我觉得可能和教师自身的兴趣爱好有关吧，我个人对传统文化比较感兴趣，上学时就特别喜欢古诗词，所以我在日常生活活动中就会给孩子讲一些古诗词、成语故事。

D2教师：《三字经》这些我们也在做，但是这不属于我们上课时的内容，不是教育活动内容。一般是早上的谈话活动或者是课前、午饭前还有下午离园前这段时间，我们就会让小朋友来表演节目，在这个过程中，有些幼儿就会说，"我会背《三字经》"，我来给大家背",孩子们兴致比较高,第二天我就会再把这位小朋友请上来,让他当小老师教给大家,这会让小朋友自信百倍。我们不是经常说好孩子是夸出来的吗,孩子就是这样,对于他自己来说,觉得可骄傲了,可有成就感了,自己都能当小老师了。而对于其他孩子来说,他们觉得,别的小朋友都会讲,我今天回去也要学,我也要教,对他们来说就是一种鼓励。我们班就有这样的孩子,他第二天就会来找我说:"老师,我也学会了,我今天下午能不能也当一次小老师教给小朋友?"

C园长:我们最早做的就是古文化导读,我们有专门的教材,配套的音乐,每天在固定的时间段给孩子听。当时我也接受不了这个东西,觉得让孩子去学这么难的东西,但其实孩子们没有难易的观念。不管是国内的还是国外的,一些经典的东西就应该让他们耳濡目染,就跟我们现在听名曲一样。

E教师:我们小班进行的是《三字经》、中班是《弟子规》,大班是古诗词,从去年9月份到现在我们一直是这么做的,这个没有让各班老师把它系统地作为一个课程在做,就是日常里,比如早上早读的时候讲一讲,背一背。

通过与一线教师的访谈发现,幼儿园优秀传统文化教育在生活活动中的渗透主要是这样实现的:首先,教师有目的有计划地布置传统文化教育环境,有意识地引导幼儿观察物质环境创设,向幼儿讲解环境背后的传统文化知识。其次,教师利用每天的间隙时间,如晨间、课前、饭后、离园前等,带领幼儿进行经典诵读、讲述成语故事、民间故事、神话传说,或者做一些民间小游戏,渗透传统文化知识,让幼儿对其产生兴趣。最后,教师还会利用家长资源,请一些在传统小吃、传统手工艺品制作方面或者传统艺术技能方面比较擅长的家长来园,利用课余时间丰富幼儿的学习、生活,让他们多多接触传统文化。

同时,在生活活动中,几乎每个园都会或多或少地开展经典诵读,在时间上来看,所占比例也特别大。但是,内容、形式、方法都相对单一,幼儿的兴致也不是很高,仍有需要改进的地方。

八、个案研究与分析

【案例】

中秋节主题活动——自制月饼

活动班级:

D园大四班

活动领域:

社会

活动目标:

1.知道中秋节的来历、传说以及人们过中秋节的一些风俗习惯,感受传统文化的源远流长。

第四章 幼儿园优秀传统文化教育教学的现状

2.能够在老师和家长的帮助下尝试自己制作月饼，练习团、压、捏、印等技能。

3.把烤好的月饼分享给中班、小班的幼儿，体验分享带来的快乐。

活动准备：

1.制作月饼的面团、模具、案板等。

2.厨师服、厨师帽、手套、口罩。

3.视频《中秋节的来历》。

活动前：

1.幼儿的家长来到幼儿园，给每一位幼儿换上厨师服，戴上厨师帽。教师组织幼儿分组洗手，并强调"小朋友们把手洗干净后就不能乱动乱摸了，不然一会儿手上有细菌了就不能做好吃的月饼了"。

2.保育员老师在桌上摆好材料：每组两盘面团、两盘馅料、四个案板（两名幼儿共用一个），每位幼儿一个模具、一个勺子。

活动中：

1.团体律动导入

师：老师知道大家今天都特别开心，因为我们今天都成了（幼儿齐声喊"小小厨师"），但是我们的小厨师不要着急，我们马上就开始。大家做好准备了吗？（幼儿齐声喊"做好了！"）

师：好！我们一起来做准备。听音乐！（第一遍戴帽子，第二遍挽袖子，第三遍和面，第四遍切切菜，第五遍拍拍手。）

小厨师太厉害了！那我想问问我们的小厨师，今天我们要做什么呀？（幼儿齐声喊"月饼"）为什么要做月饼呀？

幼：因为要过中秋节了，就要吃月饼。

师：那什么时候是中秋节？

幼1：9月27日；幼2：八月十五。

师：哦，你们都知道了，再过两天，也就是9月27日，是中秋节，那是农历的什么时候？（齐声回答"八月十五"）那我们一起来说一遍"八月十五中秋节"。我们小朋友都知道，要吃月饼，往年都是我们去买月饼吃，但今年的中秋节，我们大四班的孩子要过一个与众不同的中秋节，因为我们要自己做月饼。你们想做吗？

幼：想！（声音特别大）

2.讲解如何做月饼

师：今天，老师给你们准备了制作月饼的材料，有模具、案板、五仁馅的馅料，还有面团。那么现在我就要教小厨师做月饼了，小厨师的眼睛看老师。首先，拿到一个小面团，把面团在你的手里这样揉一下，让它变得软一些。然后，放在手里，把面团按得扁扁的，如果说你按的这个面团还是有些小的话，我们可以像平时做彩泥一样，用手捏一下，让它变得大一些。我们把这个圆圆的面片捏得薄薄的，放在自己的掌心，另一只手拿勺子，轻轻地舀一点儿馅。有的小朋友说，老师，我就放一点点吧，行不

61

行？（不行！）那样我们做出来的月饼馅太少了，就不好吃了。所以我们放的时候尽量放得多一些，但也不能放太多。能不能把这一块都放进去？（用勺子舀起一大块）（不行！）对，放太多就包不住了。一定要放得不多也不少，让你的面片能正好包住馅，然后我们把边边轻轻地捏起来。馅还能看得见吗？（看不见！）我已经把它包起来了，然后把这个口给按上，变成一个小圆球了。你们看这个小圆球，这边是我刚封起来的口，所以这一面光滑吗？（不光滑！）那另一面外面怎么样？（光滑！）

为了让我们的月饼做出来以后又好看又好吃，现在最重要的一个环节，看好了！把我们小圆球光滑的这一面放进模具，然后把模具快速地扣在案板上。如果你不能很快的话，就用你的手先按一下，让我们的面先紧紧地贴在模具上，然后再把它扣案板上。（幼儿兴奋地喊"压！压！压！"）好了，现在你们来看我的月饼做好了没？

幼：做好了！哇！（掌声）

师：我今天的第一个月饼已经做好了，可是我们今天这么多爸爸、妈妈都想吃你们做的月饼。小朋友们准备好了吗？（准备好了！）好，在做之前听老师的要求。今天，虽然爸爸、妈妈都来了，可是我们都长大了，老师希望大家尽量自己做，如果有需要爸爸、妈妈帮忙的，可以让他们帮忙，但尽量自己来做。

现在我给爸爸、妈妈也提个要求，请大家都戴上口罩、手套，你可以站在旁边，用语言告诉孩子怎么做，也可以给孩子拍照留念。请大家尽量多动嘴，少动手。

3. 幼儿自制月饼

观察一（幼1）：妈妈在旁边指导，"再压一下""真棒""怎么出不来了？""咦，好棒！"幼儿动手能力很强，在他们小组内，他第一个做好第一块月饼。妈妈说："轩轩的月饼做好了。"他开心地笑着拍手，拿到手里欣赏自己做的月饼。妈妈说："把那个放下，再做一个，再做一个。"幼1拿起另一块面团又开始熟练地揉面。老师过来，他说："老师看，这是我的！"老师说："你太厉害了，我给你拿去烤去，好不好？"孩子开心地说："好！"

幼1在做第四块月饼了，在压的时候他没能用力压紧，模具和案板间有空隙，从空隙间压出来一小圈多余的面，幼1把月饼从模具中拿出来，看了看，可能不是特别满意，于是把多余的边边按了按，又把月饼放进模具中压，就在他轻压的时候，妈妈直接拿过月饼和模具，自己给孩子"修改"。妈妈并没有意识到她自己在不自觉地帮孩子做。

观察二（幼2）：开始时妈妈在跟前，他压面团时一旁的妈妈会上手，一边说一边帮他再往大了按一些。之后，妈妈不在身边时，他虽然做的没有其他小朋友快，也没有像其他小朋友一样全神贯注，但是能看出来每一个步骤他都记得，也能做出来。这时，旁边有个妈妈问他要怎么把月饼取出来，他说："我来吧！"特别热情地拿过模具帮助他人。一会儿等妈妈又过来的时候，正好他要把月饼团放进模具里压，因为手没有扶住模具底下，没使模具紧紧地扣在案板上，模具与案板间有空隙，所以月饼被挤出来了，整个月饼做出来成了又大又扁的形状，感觉足足比其他月饼大了一倍，孩子拿着月饼给旁边的伙伴看，两个孩子笑着，妈妈拿起月饼放在自己手里揉了起来，又放回模具重新帮孩子做了一遍。

观察三（幼3）：幼3一直一个人做月饼，她妈妈只是站在旁边看，或者给她拍拍照片，幼3心灵手巧，做出来的月饼非常漂亮。做完三块月饼后，妈妈说："做得真不错！但是妈妈给你提点建议好吗？你做的时候不要着急……"

活动后：

1. 观看视频《中秋节的来历》。

看到天上有十个太阳、射太阳、嫦娥吞仙丹、升天等时，幼儿不停地发出惊奇的"啊！啊！"声，所有的小朋友眼睛都齐刷刷地盯着视频看，看得特别认真，看到嫦娥姐姐特别有兴趣。看完之后一直喊"再看一遍，再看一遍"。第二遍还是看得特别认真。

2. 4：30左右，厨房端来烤好的月饼，幼儿端着月饼送给中四班和小四班的弟弟妹妹，祝弟弟、妹妹中秋节快乐。

3. 老师给每位幼儿分发三块月饼，用袋子装起来，贴上上午美工课上做的中秋节贺卡，请幼儿拿回家和家里人分享自己做的月饼。

中秋节是我国一个重大的传统节日，每年的中秋佳节，是孩子们观赏月亮、品尝月饼、与家人团聚、学习分享的大好时机。幼儿对民俗风情这类社会知识比较难理解，需要教师根据幼儿的特殊需求设计合适的教案，通过游戏、操作等方式让幼儿感受。月饼是幼儿非常喜爱的一种中秋节传统小吃，而大班年龄阶段的幼儿好奇、好动，他们非常希望能自己动手做月饼，鉴于此情况教师设计了此次活动，为幼儿提供丰富的材料，带领幼儿自制月饼。不仅让幼儿学到了知识，掌握了技能，而且让幼儿体验了劳动和分享带来的乐趣。

（一）创新与优点

从此次活动的整体开展情况来看，幼儿对中秋节传统文化很感兴趣，他们在制作月饼的过程中，热情之高、氛围之浓、活动效果之好是出乎意料的。首先，从教学内容上看，选择中秋节中具有代表性的传统小吃内容，既能够展现出传统节日的特色，又满足了幼儿的心理，符合了幼儿的兴趣需求；从教学目标上看，教师从知识、技能、情感三方面制定了合适的目标，注重了个体差异性，在课程结束的时候幼儿基本上都学会了制作月饼的技能，体验到了劳动、分享的乐趣；从教学组织形式上看，采用了家园合作、师幼互动、集体教学和分组教学相结合的方式，合理地利用了家长资源，大大方便了教育教学；从活动评价上看，教师对幼儿的作品进行了肯定，将月饼分享给弟弟、妹妹，并拿回家与家人一起分享，极大地满足了孩子的成就感。

其次，活动中材料的使用非常到位，除了做月饼需要的工具等之外，教师还专门借来厨师服，极大地激发了幼儿对于活动的兴趣，烘托出浓郁的节日氛围。厨师服和开始部分的律动导入也很好地融为一体，活动结束时分发月饼与上午做贺卡活动结合起来，整个活动的整合性、系统性非常好。

教师在教学中语气亲切、教姿教态非常好，对于幼儿因过于兴奋而引起的吵闹，教师并没有以严厉禁止的方式打击幼儿的积极性,而是采取巧妙的方式促进教学的深入。如活动开始时,有些幼儿好奇地动模具,教室里吵吵闹闹,保育员老师看见后说:"别动!谁动我就没收了。"而主班老师看见后却说:"老师知道大家今天都特别开心,因为我们今天都成了(幼儿齐声喊'小小厨师'),但是我们的小厨师不要心急,我们马上就开始。"不仅巧妙地维持了秩序,而且还自然地引出了主题。再比如教师在讲解如何做月饼时,有一个小朋友擅自动了模具,并把盖子弄掉了,小朋友们大声地笑,教师并没有批评任何人,而是趁机说:"如果这个盖子掉出来,要把它轻轻地放回去,一定要认真才能放回去。"

同时,教师在讲解做月饼的过程中,运用了示范法和范例法,语言和动作相结合使表达更加形象、生动,"团""压""捏""印"等动词的应用强化了幼儿对词语和相应动作的理解。

最后,教师能以幼儿为主,注重能力的培养。幼儿是幼儿园教育的主体,是学习的主人,教师理应考虑幼儿的兴趣与需要,理解、支持幼儿,成为他们学习的支持者与指导者。案例中,教师从儿童的兴趣出发,注重幼儿的能力发展,尤其注重幼儿动手操作能力、独立意识的培养,在教学中,反复强调希望幼儿能自己亲手制作,在需要爸爸、妈妈帮忙的时候再请他们帮忙。同时,还要注重和家长的沟通,希望与家长保持教育目标的一致,共同促进教育教学效果。

(二)缺点与不足

首先,本次活动的环境布置没有表现出节日的气氛,导致节日氛围不够浓郁。如果能布置一些相应的环境,比如月亮、月饼、嫦娥奔月等,相信幼儿对于节日的感受、体验会更加深刻一些,了解得也会更多一些。

其次,本次活动对于传统文化内涵挖掘得不够深,比如教师问为什么要吃月饼,幼儿说是因为要过中秋节,教师只是继续讲了中秋节在什么时候,此处教师还应该延伸到中秋节的习俗是全家一起边吃月饼边欣赏月亮,月饼是圆的,代表全家团圆的意思。

最后,教师在活动中,虽然利用了家长资源,但是利用效果却没有很好地发挥出来,家长只是在活动中看着幼儿做,或者帮助幼儿,而活动的设计、评价等环节都没有参与进来。同时,在幼儿操作中还发现,有些家长相对来说,更重视活动的结果,忽视幼儿在活动过程中的情感体验和态度,就比如幼1妈妈,在孩子兴奋地拿着做好的月饼时,只是一直说再做一个、再做一个,忽视了和孩子的情感共享。在观察中发现,我们现在总是提倡在探究中学习、在操作中学习,好像现在的幼儿园、老师、家长也确实在这么做,给孩子提供丰富的材料,让孩子动手操作,可是从活动中来看,探究的成分到底有多少?教师和家长总是告诉孩子正确的方法后,再让孩子去做,孩子做的过程中只要有一点不对,就立刻纠正他,甚至直接上手接过"烂摊子",家长没有给孩子机会,让他们自己去寻求解决的办法,而他们也都意识不到自己正在这么做。

第二节　幼儿园优秀传统文化教育教学中存在的问题

开展优秀传统文化教育教学是一件十分重要而复杂的工作。目前，幼儿园的优秀传统文化教育仍处在不断摸索的过程中，有以下几方面问题需要引起我们的重视。

一、教师对优秀传统文化教育了解和重视程度不够

优秀传统文化由于其内容的丰富和经典，长久以来一直作为我国教育体系的重要组成部分而存在并得以发展。然而近代来，复杂的国内、国外形势对传统文化教育大背景产生了严重的破坏，以至于很多教师对传统文化并没有建立起正确而深刻的认识。许多教师对"文化、传统文化"的概念含糊不清，不明白传统文化的基本特点、主要内容，更没有深刻意识到优秀传统文化对民族生存、社会发展、幼儿身心发展的深远意义和重大影响。在调查中了解到，虽然有34.2%的教师认为优秀传统文化教育非常重要，52.6%的教师认为比较重要，几乎占据了90%的比例，但是在实际的教育教学中，很多教师的观念还是没有跟上，有些教师认为教育应该与时俱进，要现代化、西方化，而传统文化的很多内容已经过时；有些教师认为传统文化深奥、复杂，幼儿年龄小、知识经验少，难以理解；还有些教师认为学学《弟子规》、背背《论语》就是传统文化教育了。他们没有深层次地挖掘传统文化的内涵意义，对传统文化在认识上缺乏深度，因而也不能很好地重视优秀传统文化教育教学。

二、注重讲授知识，轻视阐释内涵的现象比较严重

虽然近些年，教育部已明确规定禁止幼儿园教育"小学化"倾向，但是在实际的教育教学中，幼儿园难免还是会以应试教育为导向。部分教师教育观念没有更新，在教学中侧重对幼儿进行知识点的灌输，简单地让幼儿记忆一些传统文化常识，而缺乏对优秀传统文化中蕴藏的优良传统品质、高尚审美情操、深厚文化底蕴的深层次挖掘和阐释。就像访谈中一位教师说的，"我感觉我们幼儿园只是有这个意识，让孩子接触国学，但是在方法上还真的没有去钻，到底应该怎么给孩子教，我看到的大部分老师只是拿着书，给孩子一句句地念，孩子跟着一句句念，念完之后，给孩子讲一下什么意思，让孩子知道一下就完了"。

在幼儿园美术教学活动——水墨画的活动观察中，发现由于教师缺乏相关方面的专业知识和教育教学指导技巧，没有深层次地理解到传统的水墨画讲究"气韵生动""以形写神"，而不拘泥于物体外表的形似。因此，在教学过程中注重用固有的技法给幼儿画好范例，教幼儿临摹，这严重限制了幼儿的"写意"，失去了水墨画教学的独特意义。

轻视内涵阐释的另一方面表现就是幼儿园的优秀传统文化教育很多都是注重形式

多于注重内容，比如给幼儿穿汉服却没有进行相应的汉文化介绍。甚至有的幼儿园为了举办"礼"文化教育，花了很大一笔资金在幼儿园门口雕了一个很大的孔子雕像，但是真正的"礼"文化内涵却没有渗透给幼儿。优秀传统文化教育不能只是讲究形式，而是要以孩子能够接受的方式潜移默化地渗透到生活、行为中，教师要有目的、有意识地引导幼儿，而不是注重形式，做一些给领导、给家长看的表面功夫。

三、家园合作不够完善，家长功利思想十分坚固

在优秀传统文化教育教学中，虽然教师普遍重视家园合作共育工作，重视利用家长资源，但是开展优秀传统文化教育的主体还是教师，家长只是应邀参与少部分活动的活动过程中，而没有积极主动地参与到活动的设计、评价等环节，以至于有些家长对于幼儿园优秀传统文化教育教学的认识很不到位。在一次访谈中听到一位家长抱怨："幼儿园是想培养全能的家长，我们经常得帮孩子做好多作业、手工，还要讲故事，学这个学那个。我们一天比老师还累。"

此外，有些家长成才心切，对于教育的功利思想十分坚固，只想让孩子学习"有用"的知识，并且要马上见到效果，他们更看重孩子的知识、技能、身体发展，而忽视了孩子情感、态度、价值观的正确形成。家长的这种思想观念对优秀传统文化教育教学造成了一定的影响，有教师就谈道："我们班一些家长总是建议我教孩子认汉字、背古诗，说邻居家孩子在其他幼儿园上学，早都把拼音全部学会了，还能背好多首古诗。"甚至有教师说他们班有个孩子考某所小学，面试题目就是背《三字经》《弟子规》，孩子的妈妈专门请了两天假，在家里给孩子教。家长的这些观念势必会影响一部分教师的判断，使优秀传统文化教育往急功近利方向发展。

四、对教育资源挖掘、利用、整合的程度不够

有园长谈到，几乎每个园都或多或少的一直在做优秀传统文化教育，也看到一些成效，但还是不够系统，没有形成一个体系。此外，很多年轻教师没有经验，对优秀传统文化教育内容缺少系统规划，对教学环节缺乏整体设计。她们往往没有办法串联各个活动，使教育内容呈现孤立化、碎片化，教学方案呈现明显的随意化现象，教学效果也因此大打折扣。

当前的新课改中非常强调幼儿园应该具备创新意识，提倡幼儿园根据本园情况开发适合自己的地方课程、园本课程，但是很多教师还是相对习惯于使用现成的教材，缺少自己的判断、思考，对适合于自己班级教学的班本课程挖掘、利用和整合的程度远远不够。在幼儿教育阶段，开展情况比较好的优秀传统文化教育内容主要有经典诵读、国画、京剧、传统节日等，一提到传统文化教育，大部分幼儿园都会想到这些，这些固然很好，但传统文化中还有很多的精华，比如地方音乐、舞蹈、民族精神等也可挖掘出来对幼儿进行教育，我们应该将这些美好的、符合幼儿需要的东西整理出来，丰富教育教学内容。

五、幼儿园在管理方面存在问题

首先，优秀传统文化教育教学师资缺乏。在我国教育体系中，由于传统文化教育长期处于缺失状态，很多教师的传统文化素养积淀不足，难以胜任优秀传统文化教育教学的工作。调查发现有专门从事优秀传统文化教育教学的师资，主要集中在美术、音乐、舞蹈等领域，开设的课程比较少。其他带班教师多半都没有接受过系统的传统文化教育，她们自身对传统文化一知半解，也没有太大兴趣和精力去了解、学习。而开展优秀传统文化教育教学又跟教师的个人文化素养有非常大的关系，教师怎样理解传统文化内涵、选取什么样的内容、用什么样的方式，对于优秀传统文化教育教学都至关重要，如果教师缺失丰富的知识经验和深厚的文化积淀，其教学的效果必然大打折扣。因此，幼儿园在师资的配备和培训方面应该考虑得更加周全些。

其次，优秀传统文化教育教学在幼儿园小班阶段极其欠缺。很多幼儿园管理者认为小班阶段主要任务就是帮助幼儿适应幼儿园生活，进行常规教育，对于优秀传统文化教育教学，小班幼儿年龄尚小，理解能力差，应该等到了中大班再开始接触。只有部分幼儿园在小班阶段进行经典诵读活动，而在一些传统节庆活动以及民俗活动中，小班幼儿也极少有机会能参与到活动中来。

再次，幼儿园管理者在遇到困难时，经常习惯性地规避风险，而不是想办法更好地解决。在问及传统节日活动时，其中一位教师回答："包粽子、做月饼等我们幼儿园以前也在做，但是现在不太涉及了，就只是下载一些视频让孩子们看看。因为现在食品安全抓得可严了，啥都不能带到幼儿园，连药都不能在幼儿园吃，所以限制多，我们有时候都无所适从，本来有很多想法，但是园长从安全方面考虑，可能就会畏难而退，选择一些相对安全的活动，简化活动过程。"食品安全问题是全社会的问题，但是不同幼儿园有不同做法，这与园长管理、决策有非常大的关系。幼儿园管理者在出现问题时，应该组织教师一起讨论，找到合适的应对策略，而不是一味删减教育内容，简化活动过程。

第三节　幼儿园优秀传统文化教育教学的建议

一、总结优秀传统文化教育教学中的经验

优秀传统文化教育在我国教育体系中历时已久，在现代学前儿童教育中也占据着越来越重要的位置。在长期的教育实践中有问题，也有经验，寻找教育中出现的问题，解决问题固然很重要，但总结教育中的成功经验同样不可忽视。许多幼儿园在优秀传统文化教育活动过程中做出了许多有益的探索，如通过环境的创设营造学习氛围；注重教育教学内容的选择；利用间隙时间将文学经典的教育贯穿于幼儿一日生活和游戏

中等。很多教师在优秀传统文化教育中认真思考，用心实践，活动的效果也非常好，可是活动过后就直接结束了，没有注重经验的总结，没有将活动加以系统整理。幼儿教师和幼儿园的管理者要经常进行活动的经验总结，应该在活动结束后就立即进行反思，以免时间长了之后，记忆和感受都变得模糊。

幼儿园可以定期举办经验交流总结会，加强教师自我评价与总结能力，教师将教育过程中的有益经验讲出来，供年轻教师学习借鉴，对于存在的问题，大家集思广益来解决。同时，还可以鼓励教师将自己好的教学设计以及实施心得写出来，幼儿园管理者按照活动的类型进行分类，将同一系列的活动进行整理，装订成册，放在园所的教师图书馆内，供教师之间相互学习。册子每页的边沿应该空出大量的空间，其他教师阅读时可补充自己的想法和建议。除此之外，优秀传统文化教育教学过程中用到的材料，用完之后也应该进行归纳、整理，方便下一次使用。一方面，可以有效节省幼儿园的经费、人力和物力，另一方面，经过归纳整理，反而会使材料更加丰富多样，利于教师的教育教学。

二、加强优秀传统文化师资队伍的建设

教师在幼儿园教育教学中起着重要的影响作用，要提升优秀传统文化教育教学，首先就要加强教师队伍的建设。具体措施主要有以下几方面内容。

1. 解决优秀传统文化教育师资缺乏的问题

解决师资缺乏问题是加强教师队伍建设的有效方式之一。一方面，我们可以从每个幼儿园寻找一些热衷于优秀传统文化教育工作，具有强烈民族责任感，丰富传统文化知识、技能的优秀教师，加入优秀传统文化教育行列中来。另一方面，我们可以通过各种渠道，聘用一些在传统文化方面有研究的专家、教师、民间艺人等加入幼儿园教育中。比如，在进行国粹京剧的教学时，我们可以请专业的京剧化妆师及京剧演员来园，与教师一起交流、合作、研究、挖掘出适合于幼儿的传统文化课程。再比如聘用热爱教育事业的民间工艺艺人，专门开展民间工艺系列课程，不仅锻炼了幼儿的动手操作能力，而且有助于民间工艺的传承。

2. 建立有效的教师培训机制，促进幼儿教师专业发展

教师培训是提升教师教育教学能力的有效途径和方法，是促进教师专业发展的关键保障。为了提高优秀传统文化教育教学，国家和幼儿园应该组织有效的教师培训，为教师提供学习交流的机会。

优秀传统文化教育培训必须在理念、目标、内容、途径、方法、评价等方面进行深入研究，制定合理的课程培训政策，生成培训机制，有目的、有计划地开展；应该采取专家讲座，与专家、名师交流、结对，追踪指导、示范课、观摩课、教研活动等多种形式分层、分类对教师进行培训。培训内容主要涉及知识型课程（如传统文化知识）、实践型课程（如课程实施策略、方法与指导）、综合型课程（如课程观、儿童观、教师观、课程管理与领导等）。应尊重培训教师的意愿，适应培训教师的个性、学习方

式和学习风格,针对新手型、成熟型、专家型等不同专业成长阶段的教师选择不同的内容进行培训。

此外,幼儿园要根据自身特点和需要建构有效的园本培训机制。园本培训强调教师之间的交流合作,是教师解决教学中存在问题的重要方式,是促进教师提高自身素质、成为研究型教师的重要途径。目前,园本培训的主要方式是园本教研,是幼儿教师围绕教学的实际需要而展开的。在园本教研中,幼儿教师要积极地参与其中,互相交流教学经验,提出教学中存在的问题与困难,大家一起进行讨论研究,寻找一种解决问题的最好方式,并且园本教研中还可以适当请一些幼教专家与学者,他们有着丰富的理论和实践知识,可以对教师提出的问题进行很好的解答。通过这样的方式,教师在互相碰撞中产生火花,在交流经验的同时还提高了自身的专业素养。

3.教师要注重终身学习和自主性学习,掌握相关的专业知识和技能

教师要通过多种途径和方式加大对优秀传统文化知识的学习,增强其自学的能力,养成主动学习的好习惯。幼儿教师应该充分利用闲暇时间学习优秀传统文化内容,增加其知识储备。教师学习得越多,对传统文化的理解就越深入、全面,也就越能为优秀传统文化教育教学加入新的内容,注入新鲜的血液。同时,教师对知识的学习不能只停留在表面,要理解知识背后的深层内涵,还要思考有哪些价值意义、是否可以运用到教学当中、对幼儿发展有哪些积极作用等。比如,教师选择神话传说进行学习时,不仅要知道神话传说的故事内容,还要清楚地认识到它的表现手法、艺术形式、创作意识以及背后的深刻寓意,思考如何在幼儿教育中运用,以何种方式呈现,选择哪些作品运用到课程中,会有怎么样的教育价值等。所以只有深入地学习这些方面的知识,才能从中找出其课程价值,在学习的过程中,教师自身的文化修养与专业素质才能得到一定的提高。

三、完善家园交流与合作

家园合作是现代社会对学前教育提出的客观要求。对于幼儿来说,他们平时接触最多的就是教师、同学和家长,因此,幼儿的教育不仅仅是要依赖于教师,还要有家长的参与,调动家长的积极性,利用一切能够利用的资源。在开展优秀传统文化教育教学活动时,幼儿园教师也需要取得幼儿家长的密切配合,这样才能确保教学活动顺利、有序的进行,发挥和巩固教育教学效果。具体可以采取以下形式加强与完善家园合作。

1.教师可以通过问卷调查与家访等形式,全面系统了解家长的具体情况。比如家长的职业、经历、兴趣爱好、特长、民族信仰以及家长对幼儿学习优秀传统文化的态度等,这些都能够帮助幼儿园进行某一方面的优秀传统文化教育教学活动。教师也可以向家长发放幼儿园优秀传统文化教育的相关资料,通过邀请家长到园中听课,向他们介绍教育的基本理念与教育教学方法,让他们对传统文化教育有所了解。

2.通过开展亲子活动等各类活动,让家长参与到优秀传统文化教育教学的活动中

去，在具体的教育教学实践中增加家长对幼儿教育的了解与认识，促进有效沟通，使家长明确教育内容与要求，了解活动的开展情况，提高参与教育活动的积极性，取得对幼儿园教育教学的认可与配合。同时，家长还可以对教学活动提出意见与建议，利用自己的职业优势，提供一些课程资源，使教学活动开展得更加科学有效。

3.幼儿的优秀传统文化教育是一个长时间的、需要坚持的过程。家长要多和幼儿教师交流、沟通，配合幼儿园开展优秀传统文化教育。平时在家中也要有意识地引导幼儿，重视家庭教育与幼儿园教育目标的一致性、连续性。

四、合理开发地方文化课程资源

课程资源的开发与利用是一项需要长期关注的任务，我国优秀传统文化资源极其丰富，各个地区根据不同的地理环境和生活习惯，孕育出各自独具特色的地方文化，因此，在幼儿园进行优秀传统文化教育教学理应从中充分、合理地挖掘资源、整合资源，将其自然地转化为当前教育的内容。

1.教师应树立开发利用课程资源的意识

开发利用地方文化课程资源是丰富课程内容、提高教育教学质量的重要组成部分，任何课程的实施都需要开发和利用大量的课程资源，明确课程资源开发利用的重要性对于课程教学具有重要的意义。因此，教师要树立课程开发利用的意识，在进行教育教学时，根据教育教学目标和幼儿身心发展特点，机动地利用周围的地方文化资源，对教材进行筛选、整合，为幼儿发展提供更为实际、更为真实、更为丰富的学习情境。

2.利用家长资源，让家长成为课程资源开发的帮手

幼儿家长是幼儿园教育中最得力的帮手。让家长参与到课程资源的开发利用中，不仅能让家长了解幼儿园的教育教学，有利于转变他们的教育观念，还可以极大地丰富优秀传统文化课程资源，更好地实施教育教学。例如，具有教育价值的名胜古迹，蕴含着中华民族几千年来最优秀的文化精华，可为幼儿带来美的享受、艺术的享受和文化的享受。可以利用家长资源，让家长带领幼儿或者请家长参与组织幼儿参观附近的历史古迹、文物，简单介绍中国历史，并配以图片、故事、录像，激发孩子的民族荣誉感和文化使命感，从小树立为国争光的理想。

3.教师间团结协作，发挥各自特长

俗话说"尺有所短，寸有所长"，教师因为专业、喜好等的不同也会有不同的特长，比如有些教师擅长国画，有些教师擅长中国武术，有些教师擅长棋类，还有些教师擅长工艺。在进行传统文化教育教学时，教师应该团结协作，发挥各自特长，开展相关的传统文化课题的研究与应用，形成开发利用地方文化课程资源的合力，共同为传统文化教育教学而努力。

五、发挥园长的带头引领作用

园长是幼儿园的领导核心，对本园的各项教育教学工作实施领导。园长在传统文

化教育中应该把握幼儿教育发展的大趋势,根据本园的实际情况,制定相关的计划,开展适合本园的传统文化教育。

首先,园长要有良好的传统文化教育理念,为幼儿园制定长期的发展计划。在制定计划时,园长应该保持头脑清醒、认识恰当,清楚幼儿园今后的发展方向,知道什么样的教育是适合本园的。同时,还应该分析幼儿园的实践情况,广泛采纳幼儿教师和家长的意见与建议,了解教师对于教育的期望与信念,获得家长和社区的理解、支持与配合。

其次,园长应该加强与幼儿园外部的交流与合作,积极主动地利用园外的资源,为幼儿园优秀传统文化教育教学创造良好的外部环境。

此外,园长还应该在教育资源的提供方面发挥积极作用。教育资源是幼儿园教学活动开展的物质基础与前提,幼儿园教学水平也会受到教育资源丰富程度以及开发程度的制约。因此,园长应该充分发挥在课程开发中的领导作用,关注教师在教育教学中存在的问题与困难,为他们提供更多的支持与帮助。

第五章 古诗词主题教学活动中幼儿诗词欣赏活动研究

幼儿诗词作为儿童文学的体裁之一，是幼儿接受文学教育不可或缺的精神食粮。幼儿诗词讲究韵味和意境，相比于其他文学样式更易给予幼儿以心灵与情感的陶冶。在幼儿园开展幼儿诗词欣赏活动，能够有效发挥幼儿诗词对幼儿成长的多元价值，引领幼儿树立健康的审美趣味，塑造幼儿的健全人格。但是，当前幼儿园并未对幼儿诗词欣赏活动给予足够的重视，并且在实施中存在着诸多问题。基于此，本章综合运用问卷调查法、访谈法以及案例分析法对幼儿诗词欣赏活动的现状进行全面考察，明确当前幼儿诗词欣赏活动存在的问题并对其进行原因分析，在此基础上提出可行性策略，为幼儿教师提供借鉴。

第一节 幼儿诗词欣赏活动的价值

一、相关概念

欣赏是指用喜爱的、高兴的心情聆听、阅读、观看以领会客观对象。在文学领域，欣赏是读者对于文学作品的接触、接受活动，包括读者对文学作品的感受和体味、理解与认识。幼儿诗词属于文学的一种体裁，幼儿诗词欣赏即读者以幼儿诗词作品作为接触的对象，通过感知、理解、想象等一系列心理形式的积极作用接收幼儿诗词作品信息，体会与品味幼儿诗词作品中所包含的形象、意境和思想内涵的一种高级的精神活动。

学龄前期的幼儿不具备识字能力，对幼儿诗词的欣赏具有"间接性"和"受动性"的特点，这需要教师作为幼儿与幼儿诗词之间的中转站，为幼儿选择适宜的幼儿诗词引导他们欣赏。因此，在幼儿园中，幼儿诗词欣赏多以教育活动的模式出现，一般由教师发起组织。在活动中欣赏什么作品，怎样欣赏，欣赏需要什么样的环境，欣赏要达到什么目标等都由教师选择和设计，具有明确的规定性，体现出很强的教育特点。同时，幼儿诗词欣赏本身也是一种审美活动，幼儿诗词所特有的意境美、情感美、语言美等使得幼儿在欣赏过程中能够自然地获得审美的愉悦性，满足幼儿的审美需求。

综合上述分析，本章将幼儿诗词欣赏活动界定为：教师根据幼儿身心发展特点，为幼儿选择合适的幼儿诗词，有目的、有计划地引导幼儿对所选幼儿诗词进行感知、理解、想象和表达的一种审美教育活动,以提高幼儿文学素养,增强幼儿审美能力,促进幼儿身心全面发展。按照幼儿园教育活动性质与组织形式的分类,幼儿诗词欣赏活动倾向于由教师设定教育活动目标、提供活动环境和材料,并有计划地实施指导,多以集体欣赏教学活动的形式呈现。

二、幼儿园开展幼儿诗词欣赏活动的独特价值

(一)有助于传承中华民族"诗教"的文化传统

我国是一个诗的国度,拥有着几千年的诗歌历史。有了诗之后,诗歌教育也随之产生。《尚书·舜典》中记载:"命汝典乐,教胄子,直而温,宽而栗,刚而无虐,简而无傲。诗言志,歌永言,声依永,律和声。"其中的"诗言志"表明在远古时期就已经有了关于诗的教育活动,只是没有形成系统的诗教理论与内容,其目的仅限于培养贵族子弟中正守礼的性格。诗教理论完善于孔子,在礼崩乐坏的春秋战国时期,孔子首创私人办学,以《诗》《书》来教化弟子。孔子重视诗的作用,在《论语》中记载了很多有关孔子诗教的言论,如"兴于诗,立于礼、成于乐""诗三百,一言以蔽之,曰:'思无邪'""小子何莫学夫诗?诗可以兴,可以观,可以群,可以怨,迩之事父,远之事君,多识于鸟兽草木之名"等,这些反映出诗教具有"思无邪"的道德教育功能、"多识鸟兽草木之名"的知识教育功能以及"兴、观、群、怨"的社会功能。关于诗教的目的,孔子以"温柔敦厚"言之,即通过诗对人们的教化,使其性情得到陶冶和感化,培育平和、理性和通达的人格,经由个人上升至国家,达到和谐社会的目的。不过,孔子所言诗教中的"诗"仅仅指的是《诗经》,宋代以后,诗教的含义泛化,"诗"突破了《诗经》的限制,扩展至所有的诗歌作品。

诗教不仅是教化成人之为,古代也十分重视对儿童进行诗教。儿童一般在识字之后,便开始读一些诗歌,这是蒙学教育中的一个重要内容。蒙学教育担负着启蒙儿童的重要任务,其内容离不开对儿童良好日常生活习惯的养成教育以及基本的道德伦理规范教育,诗教自然地承担起了这部分内容。除了规训和道德教育,传统儿童"诗教"也培养着儿童良好的审美情趣,因为提供给儿童学习欣赏的蒙学诗歌读本不仅知识内容丰富,而且大多审美纯正、情趣雅致,如《千家诗》《神童诗》《唐诗三百首》等,在接受认知训练和伦理道德教育的同时,儿童自能从中受到审美熏陶,促使人格得到完善。

然而,当今社会忽视诗歌教育的重要性,严重挤压了诗歌在教育中的空间,使其处于边缘地位,受到冷落。在幼儿园开展幼儿诗词欣赏活动,既可以重拾"诗教"对儿童发展重要性的认识,又可以在当今社会赋予其新的内涵。尤其是现在的幼儿诗词已不再偏向教化训诫,而更多的是以儿童为本位,抒发儿童情感,反映儿童生活,注重对儿童心灵进行培育,凸显其审美价值,这是新时代背景下对传统儿童"诗教"的批判性继承。

(二)有助于构建幼儿童真的、充满诗意的精神世界

当今社会日新月异,技术的快速发展突破着时间与空间的限制,严重侵占了人们

的精神世界，过度娱乐化的社会使得人文精神逐渐沦落，儿童也不可避免地受到影响。尼尔·波兹曼（Neil Postman）曾就这一问题发出"童年消逝"的警告，但社会发展的大浪潮催促互联网与多媒体技术不断发展，儿童获取信息的便捷性史无前例，未经筛选的各类娱乐信息包裹着儿童的世界，无节制的娱乐化遮蔽了儿童的精神成长，在这样的大环境下亟须为幼儿构建诗意的精神空间，还他们一个原初的、美好的童真世界。

所谓"诗意"，在教育学界通常指一种合理的、感性的、人文的状态，这是对"诗意"概念的客观描述。丁来先教授的解释似乎更为贴切，他认为：所谓的诗意是指人在生命存在中与'意义''深长意味'相遇、相伴、相交时的体验与感觉，并且常常在自由、和谐、旷远与宁静的情境中神秘地显露，此时我们被某种难以言传的'灵韵'所笼罩、所包围，其核心指向人类内在心灵中圆满、充实、理想的一面。[①]以此来看，诗意的存在对充实人的内在心灵与澄明精神遮蔽有着不容忽视的作用。幼儿诗词是极富诗意的，与其他儿童文学样式相比，它更讲究意境和韵味，最能直接作用于儿童的心灵和情感。也正是由于这样的特点，幼儿诗词强调品味，即欣赏，通过欣赏获得的意蕴和情味，能够提升幼儿的精神修养。韦苇曾说："在接受上强调意会的诗，虽在接受上对幼儿不那么便捷，但它是断断不可以被放逐出我们的幼儿园的。它的不可替代性决定了：缺了它，人在审美修养中就缺了一种必要的元素。而一个精神健全的人是不可以不拥有这种元素的。"[②]因此在幼儿园开展幼儿诗词欣赏活动是必不可少的一项教育活动，它以一种诗性的方式为幼儿构建诗意的精神世界，使幼儿在这个充满诗意的精神世界中保持着童真与童趣，获得心灵与生命的诗意成长。

（三）有助于促进幼儿语言、情感、想象等能力的发展

1. 欣赏幼儿诗词精致优美的语言能提升幼儿的语言品位

英国翻译学家彼得·纽马克（Peter Newmark）根据语言学家卡尔·比勒（Karl Bühler）和雅各布森（Arne Jakobson）的理论定义了语言的六大功能，即表达功能、信息功能、祈使功能、人际功能、审美功能和元语言功能，其中审美功能指某些语言本身在形式上具有艺术性和形象性，能给人以强烈的美感。该功能通过语言的声音效果和隐喻得以表现，其中以诗歌语言的审美功能表现最为明显。幼儿诗词作为诗的一个分支，在语言上同样表现出较强的审美功能。幼儿时期是学习语言、丰富语言的关键时期，对于成人来说，语言是表达与交流思想的工具，但对于幼儿而言，语言既是使用的工具，同时也是学习的对象，所以，在这一时期为幼儿提供良好的语言学习范例非常重要。幼儿诗词音韵和谐、抑扬顿挫，措辞生动讲究，是经过锤炼的、优美的文学语言。在欣赏富有诗意的幼儿诗词时，其语言的审美功能向幼儿释放，促使幼儿感受文学语言的魅力，激发他们对语言艺术的兴趣，培养对文学语言的意识，进而提升其语言品位。

---

① 丁来先.诗意人类学[M].北京：中国社会科学出版社，2005：1.
② 李莹，肖育林.学前儿童文学[M].上海：复旦大学出版社，2014：44.

2. 欣赏幼儿诗词真挚饱满的情感能丰富幼儿的情感体验

幼儿诗词作为一种抒情艺术，最容易表达强烈的情感。儿童文学家金波说："诗是情感的营养品，它能从情感上打动儿童，使他们在感动之中不知不觉地接受教育。"由于幼儿的情感具有易感染性的特点，他们非常容易受审美客体情绪特征的影响，因此在欣赏幼儿诗词时，幼儿极易与幼儿诗词所蕴含的各种各样美好情感产生交流和共鸣，从而给予他们以温暖、亲切等内心体验，润泽他们的心灵。此外，幼儿处于社会化的初级阶段，他们的情感体验比较匮乏，而幼儿诗词蕴含的情感类型是多样的，有欢快的、温馨的；也有激昂的、悲痛的。教师通过开展幼儿诗词欣赏活动，为幼儿选取不同情感类型的幼儿诗词作品，引导幼儿充分体验多种情感的不同表现，能够丰富幼儿的情感体验，健全幼儿的情感世界。如欣赏幼儿诗词《关不住的爱》（陈念慈）："妈妈的爱/像我家的水龙头/关紧了/它还是流/一滴水/看不见/两滴水/也看不见/水满了/我看见了/我看见了妈妈的爱/妈妈的爱好深哟。"这首诗运用生动形象的比喻，将妈妈的爱比喻为关不紧的水龙头，使抽象的母爱变得具体可感。在欣赏这首幼儿诗词时，教师首先引导幼儿把握这首诗的感情基调，唤起幼儿自身的生活体验，让幼儿回忆并表达妈妈的爱表现在哪些方面，以此激发幼儿的情感共鸣，深化幼儿对母爱的体会；在感知体验过后，让幼儿充分想象妈妈的爱在他们看来像什么，鼓励幼儿用自己喜欢的方式表达。幼儿对妈妈的爱在感知、体验与表达中得到了丰富和发展。

3. 欣赏幼儿诗词丰富奇特的想象能发展幼儿的想象力

根据皮亚杰的认知发展理论，学龄前期的幼儿心理正处于前运算阶段，具有自我中心倾向和泛灵主义的特征。幼儿的自我中心倾向使他们在认知上存在主客体不分的情况，他们常常将自己置于世界的中心，以自我意识投射于客观事物，因而万事万物在幼儿眼中都被赋予了主体的生命特征，有了主观意识和情感特征。而泛灵主义的思维特征则使幼儿模糊了有生命与无生命事物之间的区别，常把人的意识和情感投射到无生命的事物上。这些特点表明幼儿时常沉浸在自己的幻想当中。"儿童文学是'准依儿童心理的创造性地想象与感情之艺术'（郭沫若语），具有幻想的内核，特别是童话与幼儿诗词，其基本内涵性元素是幻想。"在幼儿园开展幼儿诗词欣赏活动，通过为幼儿提供蕴含幻想特质的幼儿诗词作品，引导幼儿对幼儿诗词蕴含的奇妙想象进行充分地感受与体会，使幼儿置身于诗人构筑的奇幻世界里，领略想象所带来的独特魅力，这不仅契合幼儿喜爱幻想的心理，并且通过充分地感知与体验，幼儿能够积累起丰富的形象材料，扩充想象的主题，拓展想象的空间，从而促使幼儿想象力得以发展。如幼儿诗词《妹妹的红雨鞋》（林焕彰）："妹妹的红雨鞋，/是新买的。/下雨天，/她最喜欢穿着/到屋外去游戏。/我喜欢躲在屋子里，/隔着玻璃窗看它们/游来游去，/像鱼缸里的一对/红金鱼。"这首幼儿诗词把下雨天妹妹穿着的红雨鞋想象为鱼缸里的红金鱼，这样的想象既奇妙生动又合情合理，使人感觉趣味十足。在欣赏活动中，教师引导幼儿想象妹妹穿着红雨鞋在屋外游戏的画面，并调动幼儿关于金鱼在鱼缸中的游来游去的经验，使幼儿头脑中的表象跟随诗人的描写产生新的加工与改造，接着鼓励幼儿大胆想象，妹妹的红雨鞋还像什么，引发幼儿积极思考与联想，以此促进幼儿想象力不断发展。

第二节 幼儿诗词欣赏活动的现状调查

笔者结合幼儿诗词欣赏活动的特性，依据对幼儿园教育活动设计中的目标与内容、环境与资源、组织与指导、活动评价等几个方面的分析，设计了问卷，问卷由两部分内容组成，第一部分为基本信息，包括教师所在幼儿园的性质、班级以及教师的教龄、学历、职称等情况；第二部分为幼儿诗词欣赏活动的现状调查，从教师对幼儿诗词和幼儿诗词欣赏活动的认识情况、幼儿诗词欣赏活动的实际开展情况、幼儿诗词欣赏活动的条件支持情况三个维度进行调查。问卷共包括5道基本信息题和19道正式问题，题型为单选题、多选题和主观开放题（附录一）。根据研究需要，随机选取某市5所幼儿园的教师发放调查问卷140份，除去无效问卷，共回收133份有效问卷，有效率为95%。

本书采用半结构式访谈，根据提前设计好的访谈提纲（附录二），对某市A、B、C三所幼儿园的9位教师（每所幼儿园大、中、小班各选取1位，编码为A1—A3，B1—B3，C1—C3）进行访谈，深入了解一线教师对幼儿诗词的认识，对开展幼儿诗词欣赏活动的态度，以及对幼儿诗词欣赏活动的设计与实施等情况，从中发现问题并分析原因。

一、教师对幼儿诗词及幼儿诗词欣赏活动的认识情况

（一）教师对幼儿诗词的认识情况

1. 教师对幼儿诗词概念的认识

如图5-1所示，在133位教师中，认为自己对幼儿诗词概念非常了解的教师有18人，所占比例为总数的13.53%；选择了解的教师有41人，比例为30.83%；选择一般了解的教师占比最多，为42.86%；选择不了解和非常不了解的教师共占比12.78%。

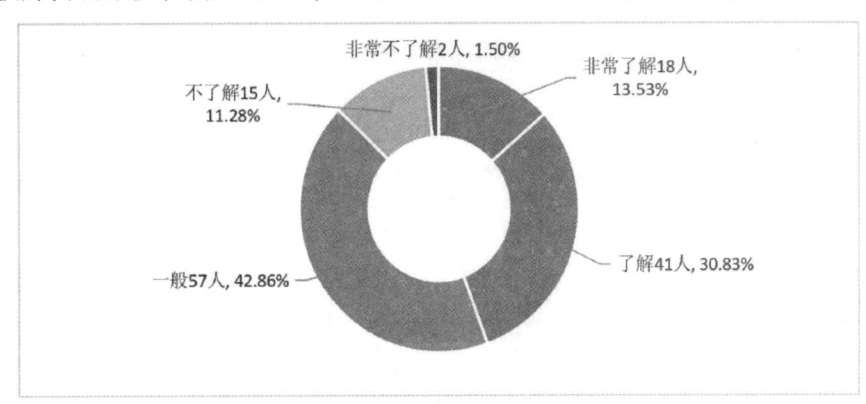

图5-1 教师对幼儿诗词概念的了解程度

为了更全面地了解教师对幼儿诗词概念的认识情况,笔者就这一问题对教师进行了访谈,教师的回答如下:

A3:我认为幼儿诗词就是适合给儿童读的诗,诗一般都富有意境,语言优美,幼儿诗词也具有这样的特点。

B1:幼儿诗词是诗歌的一种吧,较有韵律,读起来朗朗上口,适合幼儿念唱。不过,幼儿诗词和儿歌有什么区别吗?有时候我们分不清哪些是儿歌,哪些是幼儿诗词,所以对幼儿诗词准确的概念我不是太清楚。

C2:是儿童写的诗吗?在幼儿园,有时候孩子会说出一些比较有诗意的话,我们老师会帮他们记下来,然后整理成文字,这应该算是幼儿诗词。

综合问卷与访谈的结果可以看出,教师对幼儿诗词概念的理解比较片面,有些教师虽然能说出幼儿诗词的一些内涵,如"给儿童读的诗""诗歌的一种""比较有诗意的话",但表述都较为零散,不够系统和全面。还有些教师不能很好地区分幼儿诗词与儿歌的概念,笔者在问卷中也设置了这一问题以了解教师对幼儿诗词与儿歌文体区别的认识,从而更好地掌握教师对幼儿诗词概念的了解情况。调查结果显示,在133位教师中,有14人表示非常了解幼儿诗词与儿歌的区别,占比为10.53%,35人表示了解,占比为26.32%,44.36%的教师表示一般了解,17.29%的教师认为自己不了解幼儿诗词与儿歌的区别,还有2位教师表示非常不了解,该数据说明教师对幼儿诗词与儿歌区别的认识并不深入,同时也反映出教师对幼儿诗词概念的了解程度普遍不高。

2. 教师对幼儿诗词特征的认识

幼儿诗词相较于其他文体有其自身的独特性,教师只有全面深入地了解这些特征才能把握幼儿诗词的欣赏价值,开展有意义的幼儿诗词欣赏活动。表5-1反映了教师对幼儿诗词特征的认识情况:

表5-1 教师对幼儿诗词特征的认识

	选中人次	百分比(%)
情感纯真饱满	104	78.20
意象生动鲜明	83	62.41
想象丰富奇特	96	72.18
节奏韵律明快	112	84.21
语言精致优美	119	89.47
构思富有童趣	77	57.89
其他	3	2.26

由表 5-1 可知，在对幼儿诗词特征的认识上，"语言精致优美""节奏韵律明快"获得的教师认同度最高，分别为 89.47% 和 84.21%；其次为"情感纯真饱满"和"想象丰富奇特"，各为 78.20% 和 72.18%；最后为"意象生动鲜明"和"构思富有童趣"，所占比例为 62.41% 和 57.89%。这说明，大部分教师能够认识到幼儿诗词所表现出来的"节奏感""音乐性"等外在特征，但对于"形象性""童趣性"等内在特征的认识有所欠缺。

（二）教师对开展幼儿诗词欣赏活动的认识情况

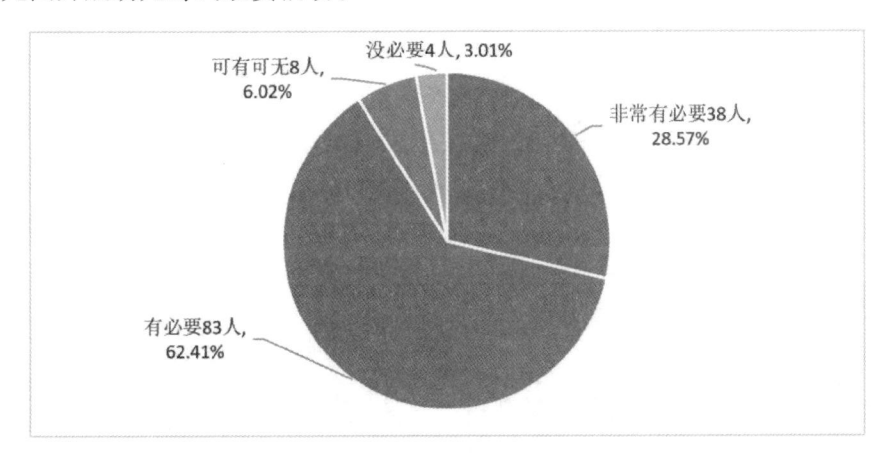

1. 教师对开展幼儿诗词欣赏活动必要性的认识

如图 5-2 所示，在对开展幼儿诗词欣赏活动的认识上，90.98% 的教师认为"非常有必要"和"有必要"，9.03% 的教师认为"可有可无"和"没必要"，没有教师认为"非常没必要"。该数据表明，绝大多数的教师对开展幼儿诗词欣赏活动持积极态度，赞成在幼儿园开展幼儿诗词欣赏活动。

图 5-2 教师对开展幼儿诗词欣赏活动必要性的认识

2. 教师对开展幼儿诗词欣赏活动价值的认识

为了解教师对开展幼儿诗词欣赏活动的价值认识情况，笔者设置了娱乐价值、审美价值、语言价值、品德价值、认知价值和其他六个维度，通过调查可知（图 5-3），认为开展幼儿诗词欣赏活动具有语言价值的教师最多，占比为 91.73%，接着依次为审美价值、认知价值、品德价值，占比分别为 80.45%、76.69%、56.39%，认为具有娱乐价值的教师比较少，所占比例仅为 36.09%。大部分教师都能认识到幼儿诗词欣赏活动具有语言价值和审美价值，但对其具有品德价值和娱乐价值认识相对不足，由此可见教师对开展幼儿诗词欣赏活动的价值认识并不全面。

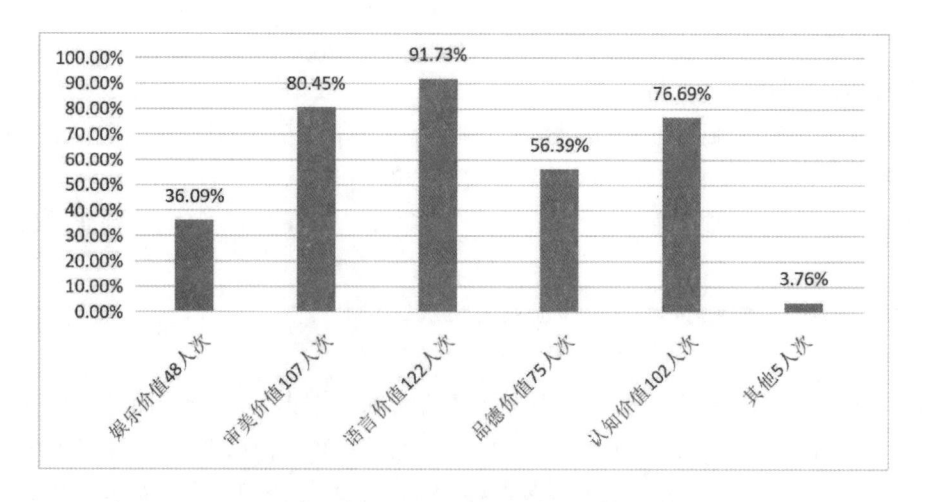

中国传统诗词中的幼儿诗词及教学

图 5-3　教师对开展幼儿诗词欣赏活动价值的认识

3. 教师对开展幼儿诗词欣赏活动困难点的认识

如表 5-2 所示，84.21% 的教师认为开展幼儿诗词欣赏活动的困难在于幼儿兴趣的激发，75.19% 的教师认为困难在于活动情境的创设，认为困难在于活动内容的组织、活动方法的运用以及幼儿诗词选择的教师不相上下，分别为 56.39%、54.89%、54.89%，认为困难在于活动秩序的维持的教师有 46 人，比例为 34.59%，还有 3.01% 的教师认为困难在于其他方面。通过访谈得知，教师自身对幼儿诗词了解不够、活动目标把握不准等是教师对幼儿诗词欣赏活动开展困难认识的其他方面。

表 5-2　教师对开展幼儿诗词欣赏活动困难点的认识

	选中人次	百分比（%）
幼儿诗词的选择	73	54.89
幼儿兴趣的激发	112	84.21
活动方法的运用	73	54.89
活动情境的创设	100	75.19
活动秩序的维持	46	34.59
活动内容的组织	75	56.39
其他	4	3.01

二、幼儿诗词欣赏活动的开展情况

（一）教师一学期开展幼儿诗词欣赏活动的次数

通过调查得知（图 5-4），教师一学期开展幼儿诗词欣赏活动的次数大多为 1～3

次，所占比例为36.10%，其次为4～6次，占比为27.07%，没有开展过的教师有21人，占比为15.79%，开展过10次以上的教师仅占总数的9.78%。该数据表明教师一学期开展幼儿诗词欣赏活动的次数整体偏少，基本在6次及以下。另外，选择没有开展过的教师人数与图5-1所显示的对幼儿诗词概念了解程度为不了解和非常不了解的教师人数相当，说明教师对幼儿诗词的了解程度影响着开展幼儿诗词欣赏活动的次数。

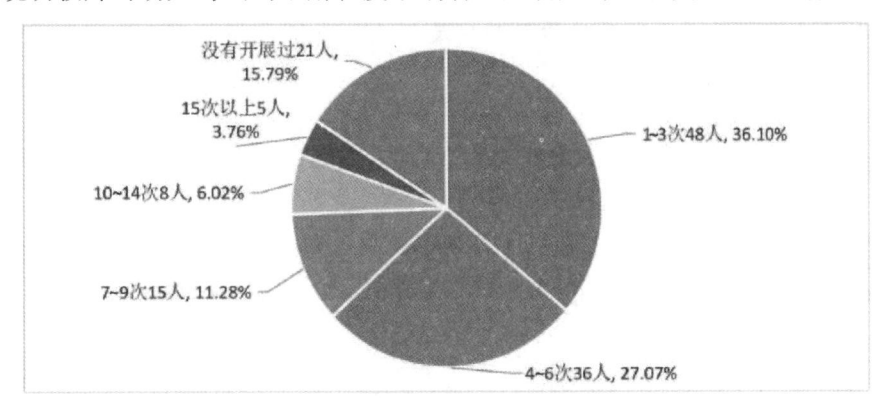

图5-4　教师一学期开展幼儿诗词欣赏活动的次数

由于问卷接下来的内容是了解幼儿诗词欣赏活动的具体设计与实施情况，笔者在此设置了跳题逻辑，选择没有开展过的教师将跳转至最后一题作答，因此接下来的有效问卷数量为112份。

（二）幼儿诗词欣赏活动的设计情况

1. 教师制定幼儿诗词欣赏活动的目标依据

由表5-3可知，根据幼儿的年龄特点和身心发展水平制定幼儿诗词欣赏活动目标的教师人数有94人，比例达83.93%，以幼儿诗词文体特点为目标依据的教师比例为62.50%，以主题活动总目标和幼儿园文学教育目标为目标依据的教师比例分别为49.11%和45.54%。

表5-3　教师制定幼儿诗词欣赏活动的目标依据

	选中人次	百分比（%）
幼儿园文学教育目标	51	45.54
幼儿的年龄特点和身心发展水平	94	83.93
幼儿诗词的文体特点	70	62.50
主题活动总目标	55	49.11
没有依据	2	1.50

可以看出，教师在制定幼儿诗词欣赏活动目标时比较关注幼儿与幼儿诗词这两个要素。通过对教师的访谈也呈现这样的结果：

A1：主要是依据当前主题活动的要求并结合幼儿的年龄特征和幼儿诗词特点来制定活动目标。

B3：我一般是在语言领域开展幼儿诗词欣赏活动，因此会参考《幼儿园教育指导纲要（试行）》和《3～6岁儿童学习与发展指南》中语言领域的目标，然后结合不同幼儿诗词去确定具体的目标。

C3：根据幼儿现有的欣赏水平和能力以及幼儿诗词的内容去制定活动目标，有时也会借鉴一些优秀活动案例的目标制定。

2. 教师选择幼儿诗词欣赏活动的内容依据与来源

通过表5-4可以看出，教师在选择幼儿诗词欣赏活动的内容时，最注重的是幼儿诗词是否符合幼儿的年龄特点和身心发展水平，所占比例为85.71%，接着依次为幼儿诗词的价值丰富、符合主题活动的需要、幼儿园安排的任务和教师的个人喜好，分别占比为70.54%、62.50%、28.57%和11.61%。与制定幼儿诗词欣赏活动的目标依据相似，教师在选择幼儿诗词欣赏活动的内容时，最为关注的同样是幼儿和幼儿诗词这两个要素。

表5-4　教师选择幼儿诗词欣赏活动的内容依据

	选中人次	百分比（%）
教师个人喜好	13	11.61
符合幼儿年龄特点和身心发展水平	96	85.71
幼儿园安排的任务	32	28.57
幼儿诗词价值丰富	79	70.54
符合主题活动的需要	70	62.50
其他	4	3.57

在内容选择的来源上，由图5-5可知，教师所选幼儿诗词来源于幼儿园教材的占比最多，达86.61%；其次是相关书籍，比例为60.71%，来源于网络的比例为53.57%，以自编或自创幼儿诗词为活动内容的较少，比例仅为18.75%。选择幼儿园教材、相关书籍和网络的教师人数均超过了一半，这表明教师选择幼儿诗词欣赏活动内容的来源较为丰富，并不局限于单一渠道。

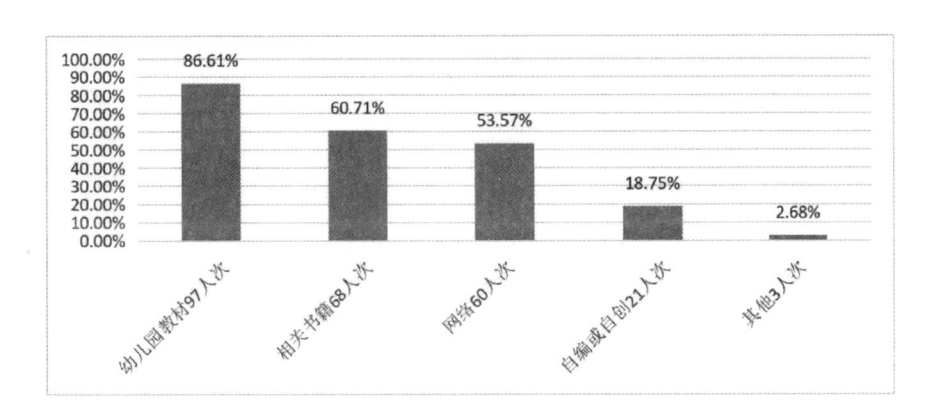

图 5-5　教师所选幼儿诗词的来源情况

（三）幼儿诗词欣赏活动的实施情况

1. 教师开展幼儿诗词欣赏活动的侧重点

通过图 5-6 可以看出，在 112 名教师中，75.89% 的教师开展幼儿诗词欣赏活动侧重于引导幼儿体验幼儿诗词的意境，63.39% 的教师侧重于让幼儿理解幼儿诗词内容，58.93% 的教师侧重于让幼儿掌握语音词汇，侧重于让幼儿感受节奏韵律和领会情感意蕴教师比例分别为 44.64% 和 41.07%，侧重于让幼儿学习品德知识的教师则最少，仅占 8.04%。

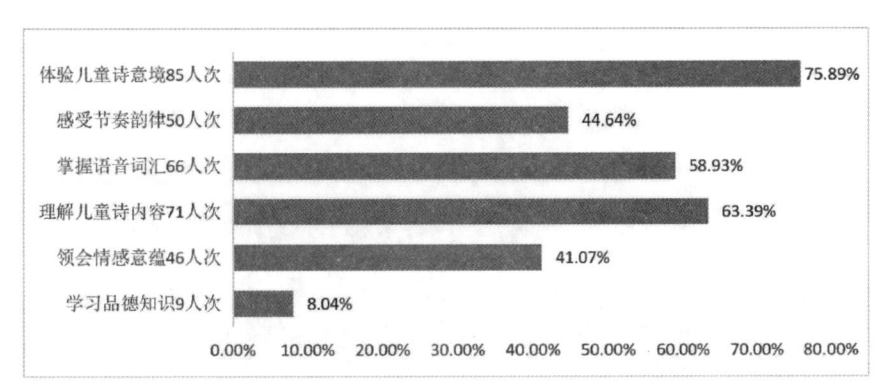

图 5-6　教师开展幼儿诗词欣赏活动的侧重点

2. 教师开展幼儿诗词欣赏活动的方法与手段

如图 5-7 所示，采用朗诵法开展幼儿诗词欣赏活动的教师最多，选择人次为 83；其次是讲解法，这是指教师通过生动形象的语言去解释幼儿诗词内容或词语以帮助想象、理解的一种方法，所占比例为 66.96%；接着是表演法，占比为 62.50%；采用提问法与游戏法的教师相对较少，所占比例均不到 50%。经访谈教师了解到，由于幼儿诗词形式与内容具有独特性，采用朗诵法能较好地凸显这种独特性，这有利于加强幼儿对幼儿诗词文体的感知，因而大多数教师都会采用朗诵法来开展幼儿诗词欣赏活动。

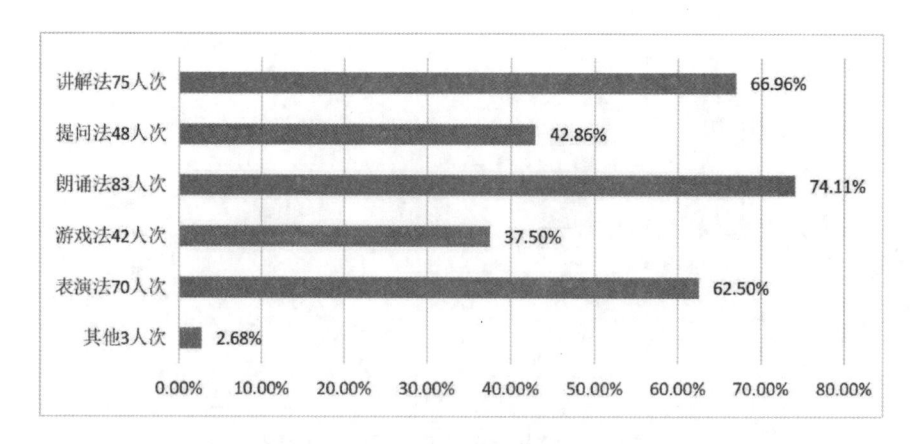

图 5-7　教师开展幼儿诗词欣赏活动的运用方法

在运用辅助手段上，如图 5-8 所示，92.86% 的教师选择"寻找相关视频、音频或图片"，68.75% 的教师选择"制作 PPT 放映"，53.57% 的教师选择"运用直观道具"，"利用配套绘本"和"结合游戏"的选择率相对较低，分别为 43.75% 和 40.18%。数据之间的较大差距说明教师采用的辅助手段集中于运用视频、音频或图片，方法比较单一。

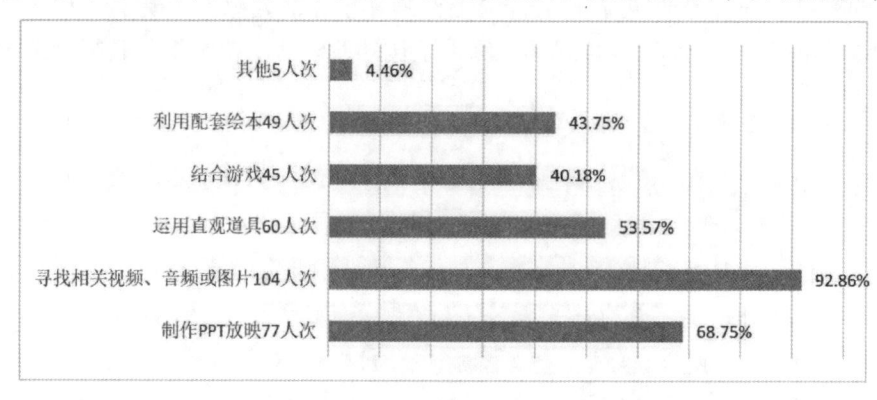

图 5-8　教师开展幼儿诗词欣赏活动的辅助手段

（四）幼儿诗词欣赏活动的延伸与反思情况

1. 教师开展幼儿诗词欣赏活动的延伸情况

如图 5-9 所示，在幼儿诗词欣赏活动结束后的延伸设计上，7.14% 的教师表示每次都会进行相应的延伸设计，表示经常进行延伸设计的教师有 38 人，所占比例为总数的 33.93%，表示有时进行延伸设计的教师与经常进行延伸设计的教师人数相当，比例为 33.04%，很少和从不进行延伸设计的教师共占比为 25.89%。总的来看，选择"每次"和"经常"的教师总人数还不足一半，这表明教师对幼儿诗词欣赏活动结束后的延伸设计并不重视。

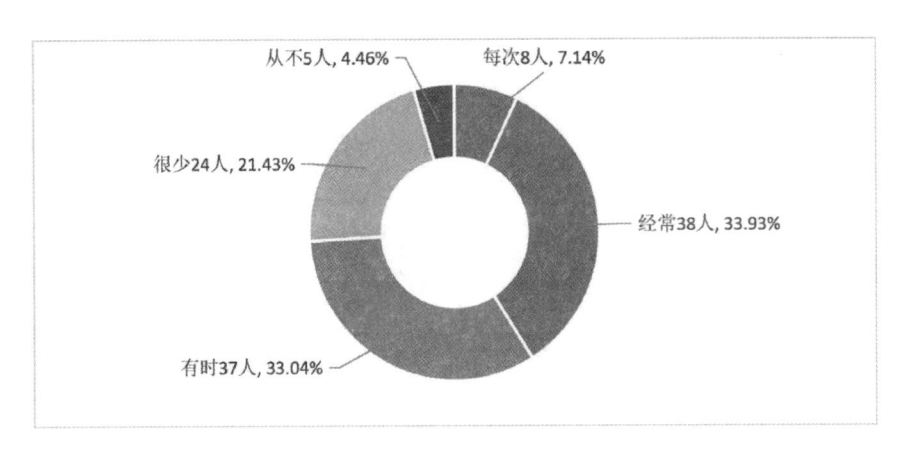

图 5-9　教师开展幼儿诗词欣赏活动的延伸情况

2. 教师对幼儿诗词欣赏活动的反思情况

通过表 5-5 可以看出，教师主要对活动内容是否符合幼儿年龄特点和身心发展水平进行反思，选择该项的教师人数比例为 86.61%，这从侧面反映出教师对幼儿诗词选择适宜性的重视；其次为幼儿是否积极参与以及幼儿情绪是否愉悦，分别占比为 80.36 和 75.89%，最后为活动目标的达成度和活动过程是否流畅，比例分别为 66.07%、50.00%。可以看出，教师对幼儿主体地位的意识较强，重视幼儿在幼儿诗词欣赏活动中的感受和体验。

表 5-5　教师对幼儿诗词欣赏活动的反思情况

	选中人次	百分比（%）
活动目标的达成度	74	66.07
活动内容是否符合幼儿年龄特点和身心发展水平	97	86.61
活动过程是否流畅	56	50.00
幼儿是否积极参与	90	80.36
幼儿情绪是否愉悦	85	75.89
其他	3	2.68

三、幼儿诗词欣赏活动的支持情况

（一）环境创设情况

关于幼儿诗词欣赏活动的环境创设情况（图 5-10），有 42 名教师认为非常重要，所占比例为总数的 37.50%，认为重要的教师所占比例为 50.00%，认为一般和不重要的教师共占比例为 12.50%，没有教师认为环境创设非常不重要。由此可知，教师们普遍认同环境创设对于开展幼儿诗词欣赏活动的作用。具体到实践中（图 5-11），有 8.04% 的教师在开展幼儿诗词欣赏活动时每次都进行环境创设，33.04% 的教师经常进行环境创设，选择有时的教师人数最多，所占比例为 51.79%，很少或从不进行环境创设的教师共占总数的 7.15%。结合图 5-10 与图 5-11 显示的结果可以看出，教师的认识与实践之间存在着差距，即大部分教师虽然能够认识到环境创设对于开展幼儿诗词欣赏活动的重要性，但仅有不到一半的教师能较好地将其落实到具体实践中。

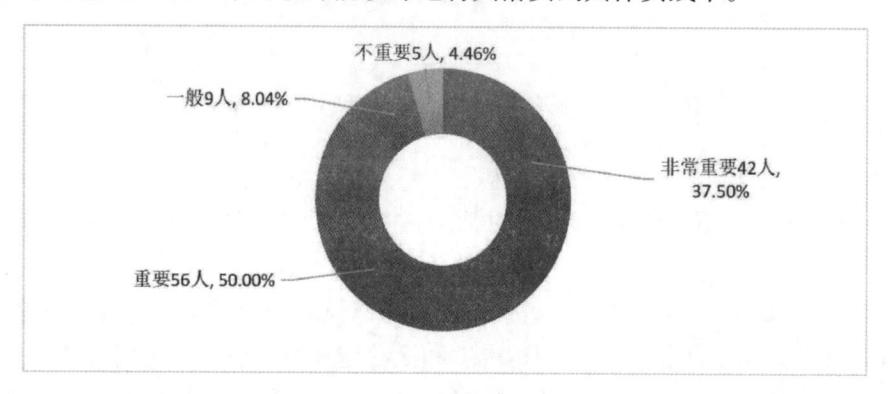

图 5-10 教师对开展幼儿诗词欣赏活动环境创设的认识情况

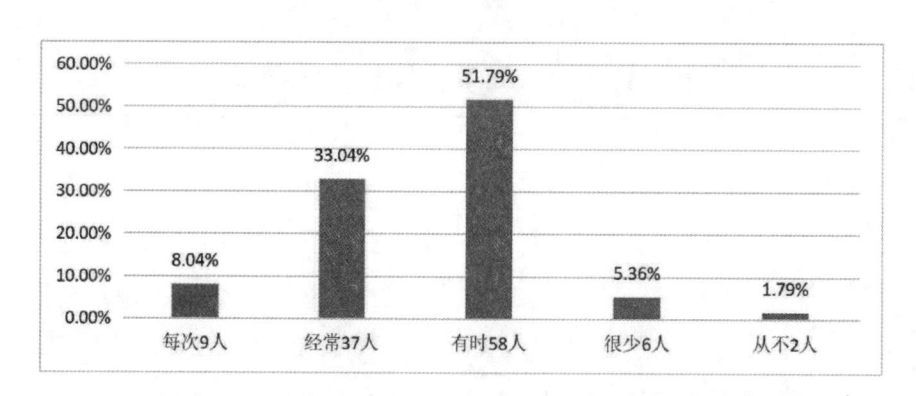

图 5-11 教师开展幼儿诗词欣赏活动的环境创设情况

（二）幼儿园提供的资源情况

如图 5-12 所示，在 112 位教师中，表示幼儿园未提供帮助的教师有 33 人，所占比例为 29.46%；表示幼儿园为其提供教学科研和园所培训的教师人数相对较多，所占比例分别为 52.68% 和 48.21%；表示幼儿园提供资金、物资和外出学习的教师人数较少，分别占比为 35.71% 和 18.75%，可见幼儿园还需为教师提供更多的资源才能保障幼儿诗词欣赏活动的开展实施。

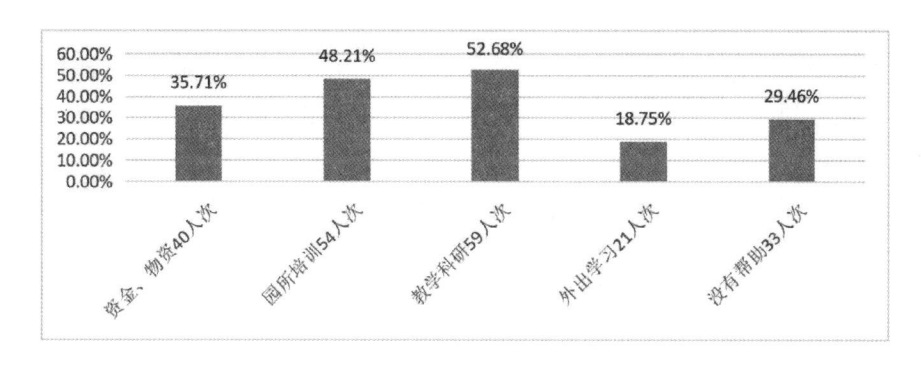

图 5-12 幼儿园提供的资源情况

第三节 幼儿诗词欣赏活动存在的问题及原因分析

一、幼儿诗词欣赏活动存在的问题

（一）教师对幼儿诗词欣赏活动认识不足

1. 教师对幼儿诗词的了解不充分

作为幼儿诗词欣赏活动组织者和实施者的教师，他们对幼儿诗词的认识程度直接影响着欣赏活动的开展及效果。为保证幼儿诗词欣赏活动顺利开展并取得良好成效，教师应充分了解幼儿诗词，合理把握幼儿诗词的特点及价值。然而通过问卷与访谈发现，教师对幼儿诗词了解并不充分。具体表现在：

（1）教师对幼儿诗词的概念了解不到位。根据图 5-1 呈现的结果可以得知，教师对幼儿诗词概念的了解程度普遍不高，表示"非常了解"和"了解"幼儿诗词概念的教师人数还不足 50%，并且通过访谈，没有一位教师能够全面说出幼儿诗词的具体概念，大多数只能凭借已有经验或表面含义给出自己的理解，表述较为零散，缺乏系统性。另外，部分教师混淆幼儿诗词与儿歌的概念。虽然幼儿诗词与儿歌可以统称为"诗歌"，二者之间的联系也较为密切，但在儿童文学理论中，通常将其作为两种不同的体裁来介绍。首先，在语言运用上，儿歌比较顺口自然，幼儿诗词除了追求明白晓畅之外，还比较注重"雅趣"；其次，在语体形式上，儿歌注重节奏韵律，追求外在形式上的音乐感，被称为"半格律诗"，而幼儿诗词则比较自由，拘束较少，人称"自由体"；再次，在表达方式上，儿歌往往以叙述、白描、说明等方式描述事物现象，偏重于明白地展示，幼儿诗词在表达上则往往比较含蓄，更注重于情感的抒发及意境的营造；最后，在功能价值上，儿歌具有娱乐和实用的特质，适用于歌唱游戏，能够愉悦幼儿身心，幼儿诗词则重在对幼儿进行精神或情感陶冶以及高尚情操的培养。教师不能很好地区分幼儿诗词与儿歌之间的区别，将其混为一谈，也说明了教师对幼儿诗词概念认识的不到位。

（2）教师对幼儿诗词的特征了解不全面。由表5-1可知，在对幼儿诗词特征的认识上，大多数教师认同其外在形式上的独特性，如"韵律节奏明快""语言精致优美"，但对幼儿诗词内在特征的认识较为不足，"想象丰富奇特""意象生动鲜明""构思富有童趣"是幼儿诗词相对于其他文体，也相对于成人诗的内在特征，但这三项的选择率都不太高，反映出教师对幼儿诗词特征的了解不全面。

2.教师对开展幼儿诗词欣赏活动的价值理解较为片面

楼必生、屠美如在《学前儿童艺术综合教育》中指出，以文学作品向幼儿进行的教育具有多元价值，首先是审美价值：语言美、形象美、心灵美、意境美；其次是多功能的其他认识价值：科学认识的、人际关系的、行为品质的；第三是娱乐价值：引起美感享受，愉悦身心；第四是促进想象力、创造力、情感体验等审美心理发展的价值。幼儿诗词欣赏活动作为一种文学审美教育活动，同样具有上述多元价值。根据问卷调查的结果得知（见图5-3），大多数教师认同开展幼儿诗词欣赏活动具有语言价值和审美价值，但对其娱乐价值与品德价值认同度较低，为具体了解教师对开展幼儿诗词欣赏活动价值的理解，笔者对教师进行了访谈。

研究者：您认为幼儿园开展幼儿诗词欣赏活动有哪些价值？

A2：幼儿诗词语言精练优美，在篇幅上也比较适合幼儿接受，在幼儿诗词欣赏活动中通过让幼儿诵读能够帮助他们积累优美词汇，培养良好的语言表达能力。

B3：幼儿诗词比较有意境，是一种美的文学，开展幼儿诗词欣赏活动能够让幼儿接受文学的熏陶，培养他们对文学的兴趣，同时也能陶冶幼儿的情操。

C3：幼儿诗词的语言比较讲究，与儿歌的通俗口语化不同，我认为开展幼儿诗词欣赏活动可以让幼儿感受语言的艺术美，并且有利于培养他们对书面语言的感知。

结合问卷和访谈的结果可看出，大部分教师肯定开展幼儿诗词欣赏活动具有价值，也认为有必要在幼儿园开展幼儿诗词欣赏活动，但教师对其价值的理解主要集中在"培养幼儿良好的语言表达""积累优美词汇""陶冶幼儿情操"等方面，较为片面，且对语言价值的肯定超过了其他方面的价值，这是对以审美价值为本体的幼儿诗词欣赏活动的认知偏颇。

3.教师开展幼儿诗词欣赏活动的频率较低

由图5-4可知，教师一学期开展幼儿诗词欣赏活动的次数大多在1~3次和4~6次左右，没有开展过的教师比例也达15%，也就是说，约79%的教师一学期开展幼儿诗词欣赏活动的次数在6次及以下。

研究者：您在幼儿园开展幼儿诗词欣赏活动吗？开展的频率怎样？

A3：会开展，大多是根据主题活动来进行，一次主题活动一般会组织一个诗歌活动，但也需要看具体情况，从总体上来说的话差不多一月一次。

B2：开展，但次数不是很多，因为我们园基本上都是按照园本课程来组织有关教育活动的，这里边关于幼儿诗词的内容比较少，所以我们也就很少开展这样的活动。不过，有时候在公开课上有些老师会选择开展诗歌欣赏活动，平常时候我们还是按照园本课程来组织相应的活动。

C1：偶尔开展，主要是我觉得幼儿诗词欣赏活动很难组织，它不好把握，不像绘本或者故事之类的有东西给幼儿讲，对于诗来说，我们去组织的话，也就是给幼儿讲讲读读，让他们跟着朗诵，能够背下来最好，这样也算掌握了一点知识，回家还能给家长朗诵朗诵，让家长知道孩子在幼儿园里学到了东西。

C2：没怎么开展过，我对幼儿诗词了解不多，一般不选择幼儿诗词开展活动。

根据以上访谈内容得知，部分教师由于缺乏对幼儿诗词的了解，或对幼儿诗词欣赏活动的组织把握不足而较少，选择开展幼儿诗词欣赏活动，部分教师由于园本课程的内容限制，幼儿诗词所占比例较少，因此组织幼儿诗词欣赏活动的次数也就较少。笔者在幼儿园的实际观察中也发现，教师组织的有关幼儿文学的内容基本以绘本、童话故事和儿歌为主，以幼儿诗词为内容的教育活动相对较少。总的来说，幼儿诗词欣赏活动的开展频率较低。

（二）幼儿诗词欣赏活动的目标制定与内容选择缺乏科学性

1. 幼儿诗词欣赏活动的目标制定不合理

大多数教师在制定幼儿诗词欣赏活动目标时能够考虑到幼儿的年龄特点和身心发展水平，以及幼儿诗词的特点，具有一定的科学性。但通过观察教师组织的欣赏活动以及查阅教师设计的活动教案发现，教师制定的活动目标与其表露出的意识之间存在着误差，即教师虽在意识上对制定活动目标的依据较为清楚，但实际制定出的活动目标却仍然存在着问题。

（1）活动目标的制定过于宽泛，缺乏针对性

通过表5-6所呈现的案例可以看出，教师制定的幼儿诗词欣赏活动目标比较宽泛，缺乏针对性，没有剖析出不同幼儿诗词所具有的独特性，更多的是从幼儿诗词的共性特征出发，在一个较为宏观的层面上去制定欣赏活动的目标。可以说，这三个欣赏活动的目标即使互换也并无不妥。活动目标缺乏针对性反映了教师忽视不同幼儿诗词内容与价值不同，容易导致幼儿诗词欣赏活动流于形式。

表5-6 教师制定的幼儿诗词欣赏活动目标

活动名称	活动目标
活动一：《家》	1. 理解诗歌内容，感受诗歌的画面美和语言美。 2. 发挥想象力，尝试仿编诗歌。
活动二：《我喜欢》	1. 欣赏诗歌，初步感受诗歌优美的语言和意境。 2. 理解诗歌的内容，能表达自己对诗歌的感受。 3. 能跟随教师有感情地朗诵诗歌。

续 表

活动名称	活动目标
活动三：《假如我是一片雪花》	1. 感受诗句的优美。 2. 能展开丰富的想象表达自己的想法。 3. 理解幼儿诗词内容，尝试仿编句子。

（2）活动目标的制定偏重于认知与能力目标，忽视情感目标

当前，教师一般按照布鲁姆（Bloom）的教育目标分类理论以及《幼儿园教育指导纲要（试行）》，从"认知""技能"与"情感态度"三个维度制定教育活动目标。但对于文学活动来说，主体情感的活跃水平是衡量一个文学活动是否成为"生命运动"的重要标志。能否产生深远的影响，关键在于每一次的文学活动是否产生心灵的碰撞，作为情绪经验得到积淀。情绪经验的积淀一是指形成文学欣赏的情趣和态度；二是指主体的原始情绪、生活情绪和情感受到越来越多的高级情感的调节和整合，向着积极、丰富、健康、平衡的方向发展和升华。因此幼儿诗词欣赏活动的目标制定应侧重于情感方面，但从当前教师设计的活动教案来看，教师更加重视认知与能力目标，反而忽视情感态度目标。如A1教师制定的幼儿诗词欣赏活动《阳光》的目标：1. 理解"爬""笑""流""亮"的意思；2. 能用好听的声音朗诵诗歌；3. 发挥想象力，继续仿编诗歌。目标1为认知目标，目的在于让幼儿理解诗中字词的意思，目标2和目标3为能力目标，要求幼儿能够朗诵诗歌和仿编诗歌，对于情感态度目标，教师则没有设置。还有些教师虽然制定了情感态度目标，但多数如前所述的那样较为空洞、宽泛，如"感受诗歌的画面美和语言美""愿意欣赏诗歌，喜欢参加诗歌活动"等，并且在实际活动的开展中没有很好地落实，教师的实施重点仍然放在达成认知目标与能力目标上，这说明教师开展幼儿诗词欣赏活动时存在目标错位的问题。

2. 幼儿诗词欣赏活动的内容选择单一，缺乏经典作品的欣赏

活动内容的选择对整个幼儿诗词欣赏活动至关重要，它是活动开展的材料基础和前提条件。由表5-7可知，在选择幼儿诗词欣赏活动的内容时，大多数教师依据的是幼儿的年龄特点、身心发展水平，为具体了解教师选择幼儿诗词的情况，笔者搜集并查阅了被访谈教师一学期所选的幼儿诗词作品，呈现如下：

表5-7 教师选择的幼儿诗词作品

班级	幼儿诗词作品
小班	《家》《阳光》《鸡妈妈的翅膀》
中班	《秋天的颜色》《我喜欢》《云彩和风儿》《美丽的祖国》《月亮对我笑》
大班	《落叶》《绿色的和灰色的》《摇篮》《风在哪里》《会长大的鞋子》《树真好》《妈妈的眼睛》

结合教师选择的幼儿诗词作品以及对教师的访谈发现，幼儿诗词欣赏活动内容选择存在以下问题。

（1）所选幼儿诗词类型及形式单一

幼儿诗词按照表达方式通常可划分为抒情诗和叙事诗两大类。但幼儿诗词的涵盖范围比较广，在诗的外表下，通常包含着儿童文学其他内容和样式。因此，幼儿诗词又可以分为抒情诗、生活故事诗、童话诗、散文诗、寓言诗、讽刺诗、科学诗、题画诗等，它们既有诗的共性，同时又兼有各自的特性。通过对教师所选幼儿诗词作品的归纳分析发现，教师所选幼儿诗词类型较为单一，集中于抒情诗与散文诗，表5-7中除《绿色的和灰色的》为童话诗外，其余均为抒情诗与散文诗。同时，在查阅所选幼儿诗词作品之后发现，这些作品的形式结构也较为相似，在手法上大多使用"阅兵法"（即把不同的事物和现象罗列出来表达同一个主题），除《鸡妈妈的翅膀》《月亮对我笑》《绿色的和灰色的》《会长大的鞋子》之外，其余幼儿诗词均运用了该手法进行内容表现，这使得所选幼儿诗词在形式结构上也显得单一乏味。教师选择幼儿诗词类型及形式的单一容易造成幼儿对幼儿诗词的刻板印象，不利于幼儿对幼儿诗词的整体感知，限制了幼儿对幼儿诗词的认识范围与审美视野。

（2）所选幼儿诗词中经典作品不足

开展幼儿诗词欣赏活动，为幼儿选择优秀的幼儿诗词作品十分重要，它关系着幼儿美好心灵与健全人格的塑造。优秀的幼儿诗词总是与幼儿的身心发展特点和审美心理相契合，能够有效地激发幼儿的欣赏兴趣，使幼儿充分地调动感受、理解、想象与情感等心理因素，实现欣赏过程中的心理建构。经典作品是优秀幼儿诗词的典范，在时间的磨砺中凸显出丰富的文学价值与审美价值，应成为幼儿诗词欣赏活动作品选择的重点。笔者对教师所选的幼儿诗词作品进行了查阅，发现有多篇幼儿诗词没有作者信息，具体出处也无从考证，就其呈现内容来说，文学与审美价值有待进一步的考究。

研究者：您选择幼儿诗词欣赏活动的作品来源于哪里？是否注意所选作品的经典性？

A2：我主要是从省编教材中选择幼儿诗词作品来开展活动，这里边的幼儿诗词应该都是比较经典的吧。

B1：根据主题活动的需要在幼儿园教材中选择作品，有时也会在网上找一些跟主题活动相关的幼儿诗词，至于作品的经典性问题我没太注意，主要考虑作品的内容是否适合幼儿欣赏，还有就是是否和主题活动相关。

C1：一般都是在教材和教师参考用书中选择幼儿诗词，因为我自己读的幼儿诗词并不多，所以对经典幼儿诗词作品不太了解。

通过访谈得知，教师选择幼儿诗词作品的渠道基本来自幼儿园教材、教师参考用书以及网络，但在选择过程中教师缺乏对经典幼儿诗词作品选择的意识，缺少对经典幼儿诗词作品的了解，由此导致所选幼儿诗词作品中经典作品较少。有些教师认为幼儿园教材中的幼儿诗词都是经典之作，但经笔者查阅发现，在教材中出现的幼儿诗词也存在着作者未知、出处不详的情况，如省编教材中的《秋天的颜色》《美丽的祖国》等，其经典性无从考究，这令人对当前幼儿诗词欣赏活动的选文质量感到担忧。

（三）幼儿诗词欣赏活动的组织实施与延伸设计不合理

1. 幼儿诗词欣赏活动的组织高结构化，压制幼儿自由欣赏的空间

由于幼儿受限于识字能力不足，不能自主阅读幼儿诗词，因此需要教师作为中介，为幼儿选择合适的幼儿诗词并引导他们欣赏，但这并不意味着幼儿处于被动的接受地位。文学欣赏是一种能动的反映活动，在欣赏过程中主体能够通过想象，将符号化了的形象——语言文字重新还原为意象世界，这是主体对作品的"二度创造"。幼儿虽不具备识字能力，但在欣赏的过程中同样伴随着想象活动，能对幼儿诗词产生自己的理解，教师应充分尊重幼儿在欣赏活动中的主观能动性，给予幼儿充足的自由欣赏空间，让他们在充分倾听的条件下自由地感知和体验幼儿诗词，发挥丰富的想象力，实现他们对幼儿诗词的"二度创造"。但目前教师对幼儿诗词欣赏活动的组织呈现高结构化倾向，即教师通常以预设的活动目标为导向，按照预设的活动流程把控幼儿诗词的组织实施，给幼儿留有较少的生成活动空间，由此导致幼儿的自主想象和表达被压制，体验感较差。

【观察案例1】

大班幼儿诗词欣赏活动——《如果我能飞》

活动目标：

①大胆想象，体验"如果我能飞"的乐趣。

②能为诗歌加上动作并有感情地朗诵。

③理解诗歌内容，尝试进行仿编诗歌。

活动过程：

①出示魔法棒，激发幼儿兴趣，导入本次活动。

C3：小朋友，老师今天带来了一个神秘的礼物，看看是什么？

幼：魔法棒。

C3：老师的这个魔法棒有一种神奇的力量，只要碰到你，你就会长出翅膀，变成会飞的小天使（老师用魔法棒碰每一位小朋友）。现在，你们都成了会飞的小天使了，让我们一起飞翔吧！（请幼儿闭上眼睛想象飞翔的乐趣）

②引出幼儿诗词，引导幼儿欣赏幼儿诗词的内容。

（C3配乐并辅以动作朗诵幼儿诗词，有些幼儿看到C3的动作后，也跟着做相应的动作。）

C3：这首诗歌好听吗？

幼：好听。

C3：那我们再来欣赏一遍，现在请小朋友安静认真地听，先不要跟着老师做动作，一会儿再让你们自己加动作表演。

③出示PPT画面，分句欣赏幼儿诗词。

C3：如果我能飞，我要飞到蓝天上，变成一颗小星星，闪闪发光。

这时幼儿1站起来说道："我妈妈告诉我，天上还有流星呢，对着流星许愿能实现愿望，如果我飞到天上，我要变成流星，这样可以帮助很多人实现愿望。"

（其他幼儿听到幼儿1的话后，也说自己想变成流星。）

C3：现在还没让你们说想变成什么呢，我们先把这首诗欣赏完，然后老师再请你们说好吗？

接着C3解释第一句诗歌的内容，向幼儿描述"闪闪发光"的意思，并请幼儿用动作表示。幼儿所做的动作并不一致，最后教师按照自己先前设计的动作进行了统一。

剩下的两句同样如此。

……

④请幼儿朗诵幼儿诗词并加上动作。

C3：现在请小朋友们站起来按照我们刚才设计好的动作，跟着音乐一起朗诵这首诗。

⑤进行幼儿诗词仿编活动。

C3：好了，现在可以请小朋友来说一说你们想飞到哪儿，变成什么了，要像我们刚才朗诵的那样去说。

……

在该案例中，教师预设的流程为：活动导入—配乐朗诵，初步欣赏—分句欣赏—幼儿朗诵表演—进行幼儿诗词仿编。教师严格按照这一流程组织幼儿诗词欣赏活动，当幼儿出现与预设环节不符的行为和语言时，教师很快对幼儿进行了制止。如在倾听幼儿诗词时，有些幼儿会跟着教师一起做动作，但教师认为幼儿这时应认真倾听、感受，在后续的环节中会让幼儿用动作表达，于是阻止了幼儿的模仿行为；在分句欣赏时，幼儿1由第一句幼儿诗词联想到了"流星"，这是幼儿基于幼儿诗词的自由想象与表达，而教师却认为这是仿编环节所进行的内容，没有对幼儿表示肯定，而是继续讲解幼儿诗词。由此可见，教师过于重视预设的流程，忽视幼儿在活动中的理解、体验和情感表达，如此高结构化的组织实施压制了幼儿自由欣赏的空间，降低了幼儿参与的积极性和主动性。

问卷调查结果显示，多数教师在幼儿诗词欣赏活动后的反思较为关注幼儿参与的积极性以及情绪情感的愉悦程度，但实际案例的呈现却表明教师仍然占据欣赏活动的绝对主导位置，并未将幼儿处于活动的主体地位真正贯彻落实，这就说明，教师的观念与具体实践不相符，存在脱节现象。

2.幼儿诗词欣赏活动实施的侧重点有所偏颇，忽视幼儿诗词特质的欣赏

诗歌的基本属性为思想内容高度集中，常以生活的片段和侧面构成形象，想象特别丰富，感情特别强烈，形象具有跳跃性，节奏韵律感强。这些决定了诗歌不像一般的叙事文学作品那样侧重于内容的客观性、情节的完整性、形象描写的细致性，而是依靠情感逻辑的力量把外在的片段、细节融合起来，塑造出情景相融的艺术形象。幼儿诗词与一般诗的基本属性是相同的，只不过在语言、内容和意境等方面切合了儿童

中国传统诗词中的幼儿诗词及教学

的接受特点，以便儿童欣赏。教师在开展幼儿诗词欣赏活动时，应把握幼儿诗词区别于叙事文体的独特性，以增强幼儿对幼儿诗词文体的感知能力，使幼儿从中获得幼儿诗词欣赏的独特审美体验。通过观察幼儿诗词欣赏活动发现，教师常常忽视幼儿诗词特质，未能对幼儿诗词欣赏采取个性化的实施方式。

【观察案例2】

中班幼儿诗词欣赏活动——《秋天的颜色》

活动目标：
①感受秋天的多姿多彩，喜欢亲近大自然。
②能认真聆听散文诗，知道词语"绚丽多彩"的意思。
③能按照散文诗的句式结构进行仿编。

活动过程：
①出示图片谈话导入。

A2：小朋友们，今天老师给你们带来了一幅美丽的图片，你们看，这是什么季节呀？

幼：秋天。

A2：那你在秋天里都看到了哪些颜色？

幼：黄色、红色。

A2：今天老师带大家来欣赏一首优美的散文诗，名字叫作《秋天的颜色》，小朋友们仔细听，看看诗里的秋天是什么样的。

②教师配乐朗诵散文诗，幼儿欣赏。

A2：小朋友们，你们听完这首诗歌心里是什么感觉？

幼：很开心、很温暖。

A2：谁还记得诗歌的名字是什么？

幼：《秋天的颜色》。

③教师再次完整朗诵，针对幼儿诗词的内容进行了细节性提问。

A2：散文诗中都有谁告诉了我们秋天的颜色？

（1）小草是怎样说的？它为什么说秋天是黄色的？它是用什么语气告诉我们的？

（2）枫叶是怎样说的？它为什么说秋天是红色的？枫叶说话的语气是什么样子的？

（3）菊花说秋天是什么颜色的？菊花的语气是什么样子的？

（4）松树说秋天是什么颜色的？它用什么样的语气？

（5）大地说秋天是什么颜色的？为什么是绚丽多彩的？大地是什么样的语气？

④教师和幼儿共同朗诵散文诗。

A2：秋天有这么多颜色，它可真漂亮呀，咱们一起把这首散文诗朗诵一遍吧！

⑤出示葡萄、白云的图片，让幼儿用散文诗的句式进行仿编。

A2：那除了散文诗中的颜色，秋天还有什么颜色呢？你们能把它们编进诗歌里吗？

幼：我问葡萄，葡萄甜甜地告诉我，秋天是紫色的。

幼：我问白云，白云轻轻地告诉我，秋天是白色的。

这首幼儿诗词运用第一人称，选取"小草""枫树""菊花""松树"和"大地"为意象，并将其拟人化，通过与"我"的一问一答，为幼儿呈现了一幅绚丽多彩的美丽秋景图，抒发着"我"对秋天的喜爱之情。教师在实施过程中应重点引导幼儿调动已有经验去感受和体会幼儿诗词所描绘的秋景之美，增进幼儿对大自然的热爱之情。然而在组织过程中，教师却将重点放在了引导幼儿理解记忆幼儿诗词内容上，设置了一系列封闭式提问让幼儿回答其中的信息，这一环节冗长且趣味性不足，幼儿虽能积极举手参与，但无暇感受幼儿诗词整体构造的画面和意境，将大部分注意力放在了如何回答教师的问题上，幼儿诗词的审美特质被忽视。

3. 幼儿诗词欣赏活动中教师运用的方法单一

从问卷调查呈现的结果可以看出，教师在开展幼儿诗词欣赏活动时运用最多的方法就是朗诵法、讲解法和表演法，而对于辅助手段的选择也主要以呈现相关图片、视频或音频为主，略显单一。以下是对教师的访谈：

研究者：您在幼儿诗词欣赏活动中常用的方法有哪些？

A1：比较常用的方法是配乐朗诵，在朗诵时加上音乐更能让幼儿体会诗歌描绘的优美意境，他们很容易沉浸其中，我觉得这种方法比较实用。

A3：对于诗歌来说，我在让孩子们欣赏的时候经常会配上相应的图画，以便他们理解诗歌的内容，而且加上图画之后，能够引起孩子们的兴趣，不至于让这个欣赏活动太枯燥。

C3：基本上通过制作PPT课件来引导孩子们欣赏，这样很方便。

综合问卷调查结果与教师的回答可知，教师在开展幼儿诗词欣赏活动时运用的方式方法基本都是配乐配图，对其他方法的应用探索不够。由于每首幼儿诗词的语言形式、意境营造、情节结构等是不同的，以一种方法贯穿所有幼儿诗词欣赏活动的做法不利于幼儿对幼儿诗词的充分感受、理解和想象，也易使幼儿诗词欣赏活动模式化。

4. 幼儿诗词欣赏活动的延伸设计不足

教师对幼儿诗词欣赏活动的延伸设计不足，仅有不到一半的教师会在幼儿诗词欣赏活动后进行相应的延伸设计。幼儿诗词欣赏不是一次活动就可完成的，需要多次与之接触才能加深幼儿对幼儿诗词的品味和领会，尤其是当某情某景恰好与欣赏过的幼儿诗词相映时，教师若能在这时设计延伸活动引导幼儿回想，不仅可以深化幼儿对幼儿诗词的理解与体会，还能给幼儿留下持久的审美印象。但大多数教师对此意识不足，缺乏相应的延伸活动设计。

研究者：您在幼儿诗词欣赏活动结束后，会组织相应的延伸活动吗？

A2：这要看情况，如果有足够的时间的话就会组织，但如果时间很紧的话一般就不会再组织延伸活动了。

B1：有时候让幼儿欣赏完整首幼儿诗词已经很不容易了，再设计延伸活动他们很难做到投入其中。

C3：大多时候欣赏完之后就结束活动了，没有专门再去组织延伸活动，因为幼儿园安排的活动都挺紧密的，很少能有空余时间留出来，再者我们教师的精力也有限，没有那么多时间和精力花在延伸活动上。

（四）幼儿诗词欣赏活动的开展缺少资源支持

1. 环境创设缺失

由于幼儿处于身心发展的初级阶段，他们的欣赏心理水平较低，因此对幼儿诗词的欣赏不能像成人那样可以直接通过与文字的接触进行品味，而是需要创设与幼儿诗词相应的环境将抽象的文本信息变得直观具体，当他们身处与幼儿诗词背景相似的环境中时，便能较为容易地进入幼儿诗词的情境，进而获得真切的感受和体验。通过问卷调查得知，虽然大部分教师认为开展幼儿诗词欣赏活动环境创设是比较重要的，但在实际开展过程中教师环境创设的情况却并不那么乐观，表示"经常"或"每次"创设环境的教师还不足一半。笔者在幼儿园也观察到，教师在开展幼儿诗词欣赏活动时很少会根据幼儿诗词的特点进行相应的环境创设，最多就是利用PPT播放与幼儿诗词内容相符的图片，或者利用挂图展示，可见幼儿诗词欣赏活动环境创设的缺失。

2. 家园合作较少

除幼儿园之外，家庭也是幼儿接受教育的重要场所，在幼儿成长中同样扮演着重要的角色。任何教育活动的开展都需要家庭的支持、配合才能发挥教育合力，尤其是幼儿诗词欣赏这样重在潜移默化和持久开展才见成效的活动，更需要幼儿园和家庭共同合作，为幼儿营造良好的诗意氛围。笔者在与幼儿教师的访谈中了解到，家长对于诗的理解局限于古诗，他们普遍认为让幼儿学习背诵古诗是有益的教育活动，即使幼儿园没有开展关于古诗的教育活动，有些家长也会要求幼儿朗读背诵，而对现代幼儿诗词表示不了解。当教师布置亲子阅读任务时，绝大多数家长选择图画书或童话故事，几乎没有家长选择幼儿诗词这一文体，这反映出幼儿诗词处于边缘地位以及家长对幼儿诗词的忽视态度。在问及幼儿教师是否就幼儿诗词欣赏活动开展过家园合作时，大多数教师表示几乎没有进行过此项活动。

研究者：您是否就幼儿诗词欣赏活动进行过家园合作？

A3：欣赏活动之后的延伸会让幼儿回家与父母一起进行，比如挑选类似的幼儿诗词欣赏朗诵，或者给欣赏过的幼儿诗词配画等。

B1：还没有进行过，不过有这个打算，近期我们组织亲子阅读活动，可以让家长在家里为幼儿选择一些好的幼儿诗词读一读，如果有特别好的幼儿诗词，就可以在班级里组织集体欣赏活动。

B2：没有，但有些家长会要求孩子背诵、学习古诗，有时候给孩子们上古诗欣赏课，有的孩子在课堂上都已经会背了。

C1：这个倒没有，都是在幼儿园开展完了就结束了，最多也就是让幼儿学会了之后回家给爸爸、妈妈朗诵一下。

二、对存在问题的原因分析

（一）幼儿教师对于幼儿诗词的文学素养不高

儿童文学素养是幼儿教师素养中的重要组成部分，它包括教师对儿童文学的理解及态度、对儿童文学学科的认识、阅读儿童文学经验的积累、组织儿童阅读活动的能力与技巧等。教师对于幼儿诗词的文学素养不高主要体现在教师的幼儿诗词教育理念存在偏颇、教师的幼儿诗词知识储备不足和教师的幼儿诗词传达能力偏低三方面。

1. 教师的幼儿诗词教育理念存在偏颇

《幼儿园教育指导纲要（试行）》中指出要"引导幼儿接触优秀的儿童文学作品，使之感受语言的丰富和优美，并通过多种活动帮助幼儿加深对作品的体验和理解"，这说明幼儿文学教育应注重发挥文学作品的本体性价值，而不是将其作为知识技能的工具载体。然而当前教师的幼儿诗词教育理念却与之背离，呈现一种"功利化"倾向。文学的审美作用与教育作用、认识作用绝不是并列的、处于同一平面上的，文学的作用，首先的必然是审美作用，只有经历了审美的过程，只有在审美过程中获得了内心的悸动和愉悦，这种心理变化才有可能转化为其他。只有以审美作用为中介，其他教育作用与认识作用才能实现。因而幼儿诗词欣赏应是一种侧重于幼儿感性体验的审美欣赏活动，教师要引导幼儿多通道感知和体验幼儿诗词精致生动的语言美、诗情画意的意境美、丰富奇特的想象美、纯真饱满的情感美，并鼓励幼儿用自己喜欢的方式大胆表现所感、所知、所想。但在实际的幼儿诗词欣赏活动开展中，教师却将实施重点放置于利用幼儿诗词作品的外在形式，让幼儿进行背诵、仿编或让幼儿学习理解某些字词、句式，仍然把幼儿诗词作为幼儿习得知识与技能的载体，凸显对幼儿诗词工具性价值的认同与推崇，忽视幼儿诗词本身的审美价值，由此可见教师对幼儿诗词教育理念存在偏颇。

其次，教师对幼儿主体地位的意识淡薄。由于幼儿不具备识字能力，不能自主阅读幼儿诗词，只能通过成人把幼儿诗词转化成其他形式接受，因此，幼儿对幼儿诗词的欣赏离不开成人的指导和帮助。但幼儿欣赏幼儿诗词又具有相对的主动性，他们的思维和想象十分活跃，情感参与也十分积极，很容易把作品和自己的经验联系起来进行想象，并进一步加工和再创造，为作品增添新形象，是主动感知、体验的过程。但在幼儿诗词欣赏活动中教师却常常忽视幼儿欣赏的主观能动性，把幼儿视为欣赏活动的被动接受者，一味地按自己的预设流程组织幼儿欣赏，不断地要求幼儿进行背诵和仿编的训练，忽视幼儿主动感知幼儿诗词的整体形象和生动细节，遏制幼儿在欣赏中的审美想象与体验，这极大地挫伤了幼儿对于幼儿诗词内在体验和纯真童趣的追求与感受，降低了幼儿参与幼儿诗词欣赏活动的积极性。

2. 教师的幼儿诗词知识储备不足

丰富的幼儿诗词知识储备是确保幼儿诗词欣赏活动开展的重要条件，教师只有具备丰富的幼儿诗词知识储备，才能为幼儿选择优秀的幼儿诗词作品开展欣赏活动，使幼儿能够尽情投入到幼儿诗词欣赏中，满足幼儿的审美情趣及想象需求，获得丰富的情感体验。但通过调查发现，大部分教师的幼儿诗词知识储备不足。一方面，教师的幼儿诗词理论知识积淀较少，在平时很少进行幼儿诗词理论知识的学习。如 B2 表示："对这方面关注不多，很少阅读关于幼儿诗词理论知识的书籍。"C3 表示："关于幼儿诗词知识的学习机会较少，幼儿园基本上不怎么开展关于幼儿诗词相关的培训，我们私下也很少接触这一方面的知识，所以对幼儿诗词理论知识了解程度不深。"教师缺乏对幼儿诗词理论知识的学习，对幼儿诗词认识不足，不能对其内涵、价值等形成清晰而全面的认识，进而影响着幼儿诗词欣赏活动的开展及实施效果。另一方面，教师缺少丰富的幼儿诗词作品阅读经验。大多数教师表示除了使用幼儿园教材，或有所需要到网上查找幼儿诗词之外，其余时候很少主动搜集优秀幼儿诗词作品进行阅读。阅读量的匮乏限制了教师对欣赏活动内容的选择，将幼儿对幼儿诗词的欣赏固定在了一个有限的范围内，不利于幼儿对丰富多彩的幼儿诗词的探索，且由于教师没有大量幼儿诗词作品的阅读积累，很难对幼儿诗词形成敏锐的审美感知，因此对其解读和欣赏的水平有限，这也影响着幼儿对幼儿诗词的感知与理解。

3. 教师的幼儿诗词传达能力偏低

幼儿的思维以直觉行动性与具体形象性为主，认识与理解事物离不开具体的动作和形象，文学欣赏水平比较低，欣赏方式有其特殊性。"儿童的文学欣赏偏重于直观感受，仅靠一种朦胧的、整体的心理感受，善于模糊解读，因而他们对文学的理解总是一知半解，停留在感性的表层"，这就决定了成人在幼儿文学欣赏中的重要作用。为了使幼儿获得更好的幼儿诗词欣赏体验，教师应具备良好的传达能力。所谓良好的传达能力既包括教师的口头传达能力，即将幼儿诗词所蕴含的情感与意境、音韵与节奏恰如其分地展现给幼儿，也包括教师通过适宜的环境创设、有趣的活动环节和贴切的方式方法帮助幼儿欣赏幼儿诗词。

研究者：您在组织幼儿诗词欣赏活动中遇到的困难有哪些？

A1：很难去传达诗歌所要表现的意境或情感，不知道如何引导幼儿去欣赏。

B3：困难是幼儿诗词这种文体可讲的内容太少，有的诗就那么几句话，除了让幼儿听听念念，就没别的了，总不能像教小学生那样去让孩子学词语、学生字吧。

C3：我觉得困难的地方在于不能把诗歌那种优美的意境诠释出来，在活动中，有时也想让幼儿体会诗歌的优美，但在组织过程中总是不知道如何把握，只能把重点放在对内容的理解上，或者让幼儿学会背诵。

结合对教师的访谈以及笔者的观察发现，在具体的活动实施过程中，大部分教师能够表现出良好的语言表达能力，在示范诵读幼儿诗词时，能抑扬顿挫地将其节奏韵律表现出来。但在引导幼儿感知幼儿诗词内在意蕴上，教师的能力有所欠缺，对此感到难以下手，不能运用合适的方式方法加以组织，由此导致教师只能以固定模式或流程开展幼儿诗词欣赏活动，使幼儿诗词欣赏活动陷入僵化。

（二）幼儿园对幼儿诗词欣赏活动的支持力度不够

德国教育家雅斯贝尔斯（Jaspers）说："教育是人的灵魂的教育，而非理智知识和认识的堆集。"然而当今社会竞争日益激烈，"教育改变命运"的传统观念根深蒂固，使得教育逐渐走向了功利化的道路，一味强调其实用性与工具性，而忽略了对人的心灵以及德行的培养。这种功利化的倾向也蔓延到了幼儿园教育中，为了不让幼儿"输在起跑线上"，对幼儿的教育过分关注知识与技能的获得，而重在培养幼儿美好心灵与良好情操的幼儿诗词欣赏活动自然得不到幼儿园的重视。

一方面，幼儿园缺少支持幼儿诗词欣赏活动开展的资源。通过在园观察发现，幼儿园有关幼儿诗词的书籍与资料远远低于绘本、童话等，这使得教师在选择幼儿诗词欣赏活动内容时往往局限于从教材与教参中选择，从而导致幼儿诗词欣赏活动的内容选择范围狭窄，而活动资源的不足也降低了教师开展幼儿诗词欣赏活动的频率。

另一方面，幼儿园缺少为教师提供相关培训的机会。对于教师来说，参加幼儿园组织的培训能够更新幼儿诗词教育理念，增加幼儿诗词知识储备，提高组织幼儿诗词欣赏活动的能力。但通过访谈教师得知，幼儿园对此方面的重视度不够，基本没有组织过有关幼儿诗词的培训活动。A2："组织过幼儿早期阅读方面的培训，但基本上都是围绕绘本开展的，幼儿诗词的培训还没有。"C1："这方面的培训还没有，主要是幼儿诗词在幼儿园用的也比较少，一学期可能也就安排几次，而且可以按照省编教材中的教案开展，所以也没必要专门去培训。"幼儿园对幼儿诗词欣赏活动的培训缺失，加之教师主动学习的意识不足，导致教师缺乏设计，实施幼儿诗词欣赏活动的理论素养和专业能力，只能凭借自己已有的经验去开展，因而使得当前幼儿诗词欣赏活动存在诸多问题，无法调动与维持幼儿的兴趣，使原本带给幼儿审美愉悦与精神满足的幼儿诗词欣赏活动陷入空洞、单调的境地。

第四节　幼儿园组织与开展幼儿诗词欣赏活动的策略

一、树立科学的幼儿诗词教育观

（一）尊重幼儿主体地位，树立科学的幼儿诗词教育观

首先，教师要充分尊重幼儿的主体地位。《幼儿园教师专业标准》中将"幼儿为本"作为教师应遵循的首要基本理念，要求教师"尊重幼儿权益，以幼儿为主体，充分调动和发挥幼儿的主体性"，因此教师要及时转变自身角色，充分尊重幼儿在幼儿诗词欣赏活动中的主体地位，调动他们参与的兴趣和热情。在幼儿诗词欣赏活动开展前，教师要从幼儿视角出发，为幼儿选择适宜的幼儿诗词作品，根据幼儿的身心发展特点去制

定活动目标；在幼儿诗词欣赏活动开展过程中，教师要意识到幼儿对诗词的欣赏并非一种线性因果关系的被动反应，而是能动地对幼儿诗词进行再创造的过程，因此，要充分赋予幼儿个性化感知的机会以及想象与创造的自由，引导幼儿敢于并乐于表达自己对幼儿诗词的感受与体验；在幼儿诗词欣赏活动开展后，要及时听取幼儿的想法和评价，结合幼儿的意见设计延伸活动。只有真正将幼儿置于欣赏活动的主体地位，才能保证幼儿从中获得审美愉悦与满足。其次，教师要摒弃"功利化"的教育观念，正确对待幼儿诗词的"工具性"价值。幼儿在欣赏文学时表现出的典型特征为非功利性，即他们常常以游戏的心态阅读文学，追求的是一种身心愉悦的快感，他们不会为了达到成人规定的所谓教育目的，如丰富知识、规范行为等而去欣赏文学，只是单纯地被文学作品吸引而全身心地投入其中，因而文学欣赏活动首先应是给予幼儿身心愉悦的审美活动。幼儿诗词外在的、欢快的音韵节奏与内在的、幽默的童真童趣契合幼儿追求快乐的天性和本能，其蕴含的丰富情感引发幼儿的共鸣与移情，涌动的奇特想象满足幼儿喜爱幻想的心理。在开展幼儿诗词欣赏活动时，教师应首先关注幼儿诗词的审美价值所带给幼儿的身心愉悦，引导幼儿在欣赏过程中充分感知与体验，在此基础上再发挥幼儿诗词的"工具性"价值，使幼儿诗词的工具性价值与审美价值趋向融合，促进幼儿全面发展。

（二）提升解读与欣赏幼儿诗词的水平，挖掘幼儿诗词的价值

通过调查，反映出多数教师对幼儿诗词的认识较为片面、零散，不成体系，甚至将幼儿诗词与儿歌混为一谈，由此导致幼儿诗词欣赏活动出现开展频率较低、选材不恰当等问题。为了更好地开展幼儿诗词欣赏活动，教师要充分了解幼儿诗词，提升解读与欣赏幼儿诗词的水平。

首先，教师要通过多种渠道、多种形式学习幼儿诗词理论知识，如积极参加幼儿园组织的相关培训或其他学术机构组织的讲座、会议，或从书籍、报刊或网络上汲取有关的儿童文学理论知识，以明确幼儿诗词的概念、类型和特征，把握幼儿诗词在幼儿园教育中的教育价值，深入了解幼儿诗词的独特性，提高对开展幼儿诗词欣赏活动必要性的认识。在理论知识学习的同时，教师还要增加幼儿诗词的阅读量以增进对具体幼儿诗词作品的了解。除了幼儿园提供的有限幼儿诗词作品之外，教师可以通过儿童文学网站、图书馆或相关的微信公众号等途径涉猎优秀的幼儿诗词作品来增加自身的阅读量，同时还应阅读一些有质量的幼儿诗词作品评论，以提高对幼儿诗词的鉴赏能力。

其次，教师要深入挖掘幼儿诗词与幼儿身心的契合之处，实现幼儿诗词对幼儿成长发展的价值。幼儿诗词作为儿童文学的一种体裁，具有纯真饱满的情感、丰富奇特的想象和鲜明的音韵节奏等特点，而处于人生初级阶段的幼儿，通常以诗性逻辑来认识和理解世界。诗性逻辑是维柯（Vico）在《新科学》中提出的一种人类文化学概念，是与逻辑思维、知性思维以及科学思维相对应，并通过直觉、想象与隐喻的方式来认识和描述对象世界的思维方式，具有想象性、情感性和具体性的特点。幼儿的诗性逻

辑特征与幼儿诗词的特征具有高度一致性，因而幼儿诗词与幼儿有着天然的、恰到好处的联系。教师应从幼儿的身心特点出发，深入浅出地将幼儿诗词的特征及价值传达给幼儿，开展适宜的幼儿诗词欣赏活动，使幼儿在欣赏幼儿诗词中得到情感与心灵的陶冶。

二、教师要提升开展幼儿诗词欣赏活动的实践能力

（一）合理制定幼儿诗词欣赏活动的目标

活动目标是指通过欣赏活动所要达到的预期效果，对活动的实施具有指导作用。活动目标的合理性决定了幼儿诗词欣赏活动的有效性，合理地制定活动目标，是开展幼儿诗词欣赏活动的首要前提。

首先，活动目标的制定要全面。幼儿诗词欣赏需调动主体的感知、理解、想象、情感等心理要素与幼儿诗词产生互动，以实现对幼儿诗词从形式到内容的全方位欣赏。其中，感知包括对幼儿诗词语言形式和语义内容的双重感知，前者如音韵、词语、表现手法、形式结构等，后者包括意象、主题等；理解是对感知到的形式和内容及深层意义进行思考、分析、综合和判断；想象是对幼儿诗词描绘的形象与场景的复现，或者以此为中介进行的联想与创造性想象；情感是主体对幼儿诗词产生情感体验、情感转移、情感匹配、选择和表达等。通过这一系列心理功能的积极作用，幼儿才能达成对幼儿诗词的节奏韵律、形象、意境和思想内涵等的体会与品味。在制定幼儿诗词欣赏活动目标时，教师要将心理功能这一层次的要求外化为活动目标，并置于认知、技能与情感态度领域之中，以发挥幼儿诗词对幼儿的多方面价值，促进幼儿全面发展。

其次，活动目标的制定要具体。幼儿诗词欣赏是一种文学审美教育活动，其目标一般包含在语言领域或艺术领域中，体现着幼儿诗词所应给予幼儿的审美与教育要求。具体到每一次的欣赏活动时，教师应将领域目标的要求细化，使其具有针对性和可操作性。因此，教师要从不同幼儿诗词形式与内容独特性出发去制定活动目标，以使幼儿在欣赏每一首幼儿诗词时有所侧重。参考楼必生、屠美如关于"学前儿童文学教育目标"三个层次的阐释，幼儿诗词欣赏活动《我喜欢》的目标可以制定如下：

【案例】

中班幼儿诗词欣赏活动——《我喜欢》

活动目标：

①感受幼儿诗词描绘的美好情境，萌发对生活的热爱之情。
②懂得诗中运用的"反复"手法，能用"我喜欢……"的句式进行创编。
③能有感情、有节奏地朗诵幼儿诗词，并为自己的朗诵配上动作。

这首幼儿诗词以"第一人称"为叙述口吻，运用优美、富有童趣的语句描写了孩子生活中快乐和有趣的场景，洋溢着对生活的热爱之情。该活动目标的制定既涵盖了对幼儿诗词感知、理解、情感创造的要求，同时也切合了这首幼儿诗词的特点，如诗中

描写了一些欢快、温馨的场景，通过让幼儿想象、体会，能萌发幼儿对生活的热爱之情；其次，该诗运用了反复的修辞手法增强抒情色彩，可以引导幼儿迁移已有的生活经验，运用诗中反复的句式去表达自己喜欢什么，这也是幼儿对幼儿诗词的个性化创编；最后，诗中描绘的"快乐地翻跟头""慢慢地荡秋千""踩出朵朵小水花"等动态画面，可以让幼儿结合肢体动作去表现，使幼儿体会大胆表现的乐趣。有针对性的活动目标制定既让教师对整个活动有较为清晰的把握，也能使幼儿深入感受幼儿诗词的审美特性。

（二）丰富、完善幼儿诗词欣赏活动的内容

1. 选择不同类型的幼儿诗词作品，丰富幼儿整体感知

幼儿喜爱带有叙事元素的文学作品，童话诗和生活故事诗都是具有一定故事情节的诗，既能契合幼儿心理，同时又能给予幼儿美的熏陶。童话诗将幼儿喜爱的幻想因素融入诗中，摒弃功利目的与教育意义，为幼儿营造了一个充满灵动诗意的童话情境，欣赏童话诗能解放幼儿心灵，满足幼儿天生喜好幻想的需求，如《小老虎逛马路》（鲁兵）、《雪狮子》（鲁兵）、《小老鼠吱吱的皮鞋》（张秋生）、《笨耗子的故事》（马尔夏克）、《石头伸开四只脚》（楚科夫斯基）、《竹林奇遇》（圣野）等都是适合幼儿欣赏的童话诗；生活故事诗则主要围绕幼儿的现实生活或游戏场景来构建诗歌内容，具有一定的故事情节，注重刻画人物形象。欣赏生活故事诗能够拉近幼儿与诗的距离，激发幼儿对于幼儿诗词内容的认同与共鸣，这类幼儿诗词有《小弟和小猫》（柯岩）、《雨后》（冰心）、《手影》（金波）、《不说话》（方素珍）等。寓言诗是以诗的形式来表达寓言内质的诗歌，寄寓着一定的哲理，能使幼儿从中获得启发。欣赏寓言诗不一定要求幼儿即时明白或深刻理解其中寓意，应通过拟人化的植物或动物以及它们演化而来的故事使幼儿潜移默化地接受寓意的指导，这类幼儿诗词有《迎春花和夜莺》（刘饶民）、《会拉关系的蜗牛》（张秋生）、《乌鸦和狐狸》（张晓楠）、《帽子和鞋子的争吵》（程宏明）等；科学诗是将有关科学的内容融入幼儿诗词中，幼儿在欣赏的同时可以获得一些科学知识，如林良的《从小事情看天气》、张继楼的《夏天到来虫虫飞》、何腾江的《牵着蜗牛去散步》《带着蜻蜓去飞行》等诗集中都有一些适合幼儿欣赏的科学诗；讽刺诗是针对幼儿生活中的不良现象或其自身的坏习惯而进行规劝或批评的诗，诙谐调侃中又带有善意、温和的讽刺，欣赏这类幼儿诗词能使幼儿在欢笑中进行自我审视，从中受到启示并自觉接受其中的劝告与批评，如《强强穿衣服》（任溶溶）、《下巴上的洞洞》（鲁兵）、《半个喷嚏》（张秋生）等。

教师要选择不同类型的幼儿诗词，充分发挥幼儿诗词在审美、娱乐、认知等方面的价值，使幼儿接受全方位的熏陶，丰富幼儿对幼儿诗词的整体感知。

2. 立足于经典幼儿诗词作品，保证活动内容的质量

《幼儿园教育指导纲要（试行）》中明确提出要"引导幼儿接触优秀儿童文学作品"，因此，教师必须要精心选择给幼儿欣赏的幼儿诗词作品。王泉根指出幼儿诗词本体应有两个尺度：诗的尺度与儿童的尺度。诗的尺度是指诗的美学精神、诗的文类秩序与

诗的艺术章法；儿童的尺度是根据幼儿诗词体的接受对象提出来的，即幼儿诗词要契合儿童心理，从儿童视角出发，反映他们能够理解的生活及幻想的世界，表现他们的内心情感及愿望，能为儿童欣赏与理解。幼儿诗词的这两种尺度在本质上规定了一首幼儿诗词作品是否具有被幼儿欣赏的价值。但并不是所有幼儿诗词作品都能将二者完美结合。或缺少儿童视角，不能真切地站在儿童角度创作幼儿诗词；或照顾了儿童特性，但对诗性的要求降低了标准，这些幼儿诗词都不能称之为合理、优秀的幼儿诗词。经典幼儿诗词往往能够将"儿童性"与"诗性"恰如其分地结合起来，使其经由时间的检验和历史的沉淀依然留存至现在，具有丰富的文学与美学价值。因此，教师在选择幼儿诗词作品时，不能拘泥于教材、教参或是从网络上随意选择，而应站在幼儿视角以成人的经验将那些幼儿诗词中的经典挑选出来，以供幼儿欣赏。当然，对经典作品的选择也要考虑其适用性，要结合本班幼儿的实际情况加以选择，不能盲目地崇尚"经典"，否则会导致走向"唯经典"论的极端。

（三）优化幼儿诗词欣赏活动的组织实施

教师在组织幼儿诗词欣赏活动时，要分析、把握幼儿诗词的审美结构，以此为切入点开展幼儿诗词欣赏活动。审美结构是吸收中国古典文论的"言、象、意"说和西方现象派美学关于作品"层次"说而形成的一种作品构成论，它从审美接受主体出发，强调对作品进行整体上的由浅入深、由表及里的审美层次把握。一个儿童文学文本的结构可以区分出三个基本的层次：语音层、语象层、意味层。简单地说，语音层是作品语言的声音层，语象层是语言符号所对应的形象内容，意味层则是上述内容所承载的意味。不同儿童文学体裁的文本审美结构表现存在差异，教师要根据幼儿诗词审美结构的独特性去组织欣赏活动。一般来说，幼儿诗词文本审美结构通常表现在节奏、韵律、意象、情感、意境等方面，这与音乐、美术、舞蹈等艺术形式是相生的，与幼儿的视觉、听觉、动觉及语言等感官亦是相互联通的。因此，从审美经验和艺术形式上来说，幼儿的诗词欣赏应是联通式的、综合式的。

1. 诗乐同构：幼儿诗词语音层的欣赏

语音层来自声音的整体效果，来自声音的排列组合。它既是文学作品审美效果不可分割的部分，又具有独立的审美意义。诗既是文学艺术也是音乐艺术，通过声音传递诗人的情绪情感是诗的特质。因此，对诗来说，语音这种独立的审美意义表现特别突出，它是表达感情旋律的音响形式，是一种通过音响产生的直觉情感。处于学前阶段的幼儿听觉能力发展较为迅速，能够区分音高、音响和声音的持续时间，对声音有较强的识别能力，并且常常对于富有音乐性的节奏、韵律等表现出浓厚的兴趣。幼儿诗词在语音层面能够为幼儿提供乐趣，幼儿诗词依靠重复节奏和特定文字被言说的特定顺序而产生的重复韵律创造了一种独特的声音样式，很多时候，幼儿并不懂得大人或自己吟咏的诗的意义，却仍然津津有味地沉浸在语言的声韵游戏中，这就是幼儿诗词语音层所具有的独立的审美意义。在品味幼儿诗词的"象"与"意"之前，首先通过"言"来感知幼儿诗词的节奏、音调和声情，以激发幼儿生理上的乐趣。幼儿诗词的节奏、音调等要素与音乐有着密不可分的关系，作为"皆本于心"的艺术形式，幼儿诗词与音乐在幼儿审美欣赏过程中有着高度契合性。教师在开展幼儿诗词欣赏活动时，应充分尊重幼儿的接受心理，连接幼儿诗词与音乐的共通性，在诗乐同构中引导幼儿感受幼儿诗词语言的节奏美与音韵美，形成幼儿在幼儿诗词语音层面的审美经验积累。

【案例】

大班幼儿诗词欣赏活动——《夏日音乐厅》

活动目标：

①体会动物音乐会活泼、欢快的感情。

②理解诗中拟声词所代表的意思，想象画面并描述场景。

③感受幼儿诗词明快的韵律，并能根据节奏用乐器将诗表达出来。

活动准备：

经验准备：幼儿认识并演奏过打击乐。

物质准备：乐曲《森林狂想曲》、打击乐器（响木、节奏棒、双响筒、铃鼓、沙槌、串铃、碰铃、三角铁、大镲、军鼓、手鼓）、音条乐器（木琴、钢片琴、钟琴）。

活动过程：

①以找声音游戏导入，激发幼儿兴趣。

教师启发幼儿找一找生活中的声音并用拟声词模仿，如下雨的声音、刮风的声音、走路的声音、闹钟的声音等。

②初步欣赏幼儿诗词，理解幼儿诗词内容，感受幼儿诗词整体意境。

a. 教师朗诵幼儿诗词，并向幼儿提问听到了哪些内容。

b. 引导幼儿想象幼儿诗词所描绘的场景，并说一说。

师：你们觉得诗里的"唧唧唧""啾啾啾""咕咕咕""蝈蝈蝈""吱吱吱""咯咯咯"都是谁发出来的声音呢？它们在说些什么呢？

c. 找一找诗中描写的声音变化，初步理解对比。

③播放音乐《森林狂想曲》，结合音乐帮助幼儿想象诗歌的画面，并体会幼儿诗词活泼、欢快的感情。

④运用乐器替换诗中拟声词，跟随节奏用音乐表达幼儿诗词。

a. 准备好打击乐器和音条乐器，让幼儿试着找一找哪些乐器与哪些拟声词贴合。

b. 幼儿选择好乐器之后，教师与幼儿一起寻找幼儿诗词的节奏规律。

c. 确定幼儿诗词的节奏后，引导幼儿运用手中的乐器表达幼儿诗词。

师：打开／耳朵／安静／听——××／××／××／×（幼儿敲打乐器声音）／这边／响／那边／静／（后两段同样如此）。

d. 注重诗中描绘的声音变化，示意幼儿用乐器表现出这种变化。

⑤活动结束，教师总结。

师：今天我们欣赏了一首有趣的诗，听到了诗中的声音，跟随小动物们聆听了一场好听的音乐会，小朋友们回家后可以把这场音乐会带给爸爸、妈妈听。

2. 诗画同构：幼儿诗词语象层的欣赏

语象是凭借语言所呈现的物象、事象、场景、画面、气象与景境等，由形、神所统辖的多种客体再现因素交互作用形成的有机动态结构系统。不同文体的文本语象层有着不同的构成要素和构成方式，对幼儿诗词来说，其节奏、韵律比儿歌更加宽松自由，比成人诗单纯、明快，在注重节奏的明朗、音韵的和谐的基础上，力求内在的感情起伏和外在的音响节奏声情相应，由此构成了幼儿诗词以意象为主要元素的语象。幼儿诗词人金波曾指出："当你为幼儿构思一首诗的时候，你要考虑到伴随着'声音之流'展现出一幅一幅连贯的画面，组成'声音的图画'。"因此，在语象层面的欣赏上，教师要引导幼儿关注幼儿诗词生动鲜明的意象及其所营造的画面，体会被文字唤醒的乐趣。在组织实施中，教师一方面可为幼儿诗词配画，将幼儿诗词所描绘的画面生动直观地展示给幼儿。由于幼儿理解能力较低，生活经验不足，对幼儿诗词的某些意象及画面难以在脑海中还原，为幼儿诗词配以相应的图画不仅符合幼儿具体形象的思维特征，帮助幼儿感知理解，同时图画的鲜艳、生动及形象性的特点符合幼儿的审美趣味，能够有效激发幼儿的欣赏兴趣。另一方面，教师也要尊重幼儿审美主体地位，发挥幼儿的主观能动性，引导他们以绘画的形式表达幼儿诗词。在欣赏幼儿诗词时，幼儿能够通过想象复现幼儿诗词文本所表现的形象及场景，甚至创造性地再现自己从未亲身体会过的形象或情境，但由于幼儿的语言表达能力有限，很多时候不能将脑海中复现的意象或画面有条理地说出来，因此，可借助绘画的形式引导幼儿表达。在绘画的过程中，幼儿通过幼儿诗词文字符号的指示，在头脑中呈现相关意象，达成对幼儿诗词语象层的欣赏。

3. 诗境同构：幼儿诗词意味层的欣赏

意味层是潜藏于作品深层的心理蕴含和人生精义，是一切形式的优秀儿童文学作品所必备的结构要素。幼儿诗词的意味通常隐含于意境之中，意境是中国诗学传统中的一个重要概念，它指诗人真挚强烈的思想感情和生动独特的客观事物相互交融，在艺术表现中所创造的那种既不同于生活的真实，又可感可信，并且情景交融、形神兼备的艺术境界。"意"通常指诗人在他们创造的画面中所表达的主观思想感情，包括"情"和"理"；"境"是诗人所创造的，看得见、感觉得到的具体的生活画面，兼指事物的"形"和"神"。意境是情理形神的和谐统一，它能使读者从诗歌所提供的有限画面中感受到形象之外更深刻、更丰富的含义。欣赏幼儿诗词的意味层要紧扣幼儿诗词的意境。对幼儿来说，他们的语言接受以及转换能力有限，单凭流动的语言信息较难对幼儿诗词的意境进行体会。因此，教师在组织幼儿诗词欣赏活动时要善于创设情境，以调动幼儿多种感官，引发幼儿积极的想象和情感体验，引导他们进入幼儿诗词的意境，品味幼儿诗词内涵。

教师一方面可以利用真实生活或自然场景去创设幼儿诗词的情境。正如陈鹤琴的"活教育"课程论所主张的"大自然、大社会都是活教材"，在引导幼儿欣赏幼儿诗词时，也要注重真实、自然情境的创设，让幼儿亲自到大自然中去感受、体验，与大自然中的景物直接接触与沟通，从而将对大自然的审美经验迁移到对幼儿诗词的欣赏中，有了真实的经验基础，幼儿便能较为容易地体会幼儿诗词的意境。比如欣赏关于秋天的幼儿诗词时，可以带幼儿到户外去观察和感受关于秋天的一切，如秋天的景色，秋天的天气……让他们积累起相关的生活经验，然后使幼儿带着真切的生活经验再去欣赏幼儿诗词，就能自然而然地将他们引入到幼儿诗词所描绘的诗意秋景中，生活经验与审美经验的融会使幼儿真切地体会来自幼儿诗词的意境传达。

另一方面，教师还可以通过环境布置或多媒体技术来创设情境。环境布置是教师利用物质材料为幼儿创设与幼儿诗词有关的场景，让幼儿在欣赏幼儿诗词时有身临其境之感，以便幼儿进入幼儿诗词所营造的意境和氛围。多媒体技术能综合处理声音、文字、图片等信息，集"声、色、画、乐"于一体，可以有效地激发幼儿的欣赏兴趣，调动幼儿参与欣赏活动的积极性。在欣赏活动中，教师可以适当运用多媒体来创设幼儿诗词所需的情境，以文字、动画和声音相结合的方式，为幼儿再现幼儿诗词优美的意境，这种动态的、直观的情境创设，能够促使幼儿很快地入情、入境。如组织小班幼儿欣赏幼儿诗词《小雪花》时，教师可运用多媒体将静态的诗歌画面变为直观生动的情境：一片片的雪花慢慢地从天空中飘落下来，有些落在水里，有些落在地面上，有些落在树梢上……随着风儿的吹动，小雪花飘到了窗前，发出沙沙的声音……在展示画面的同时加以舒缓的音乐，这样的情境创设，充分调动了幼儿的多种感官，使幼儿在欣赏过程中目观其景、耳听其声，顺利进入幼儿诗词的优美意境中，加深对幼儿诗词的感受与体验。

（四）有效设计与开展幼儿诗词欣赏活动的延伸

延伸活动是指在具体的教育教学活动结束之后，教师为巩固幼儿所学到的内容，更好地实现教学目标所设计的一切活动。它通常包含两个方面的含义，一从时间角度来看，延伸活动多指教师在正式的教学活动结束后，采用多种形式实施的具有延伸价值的活动；二从幼儿知识经验积累的角度来看，延伸活动则多指教师为巩固和深化幼儿的知识经验而采取的行为和活动的总和。有效的幼儿诗词欣赏活动延伸能够深化幼儿对幼儿诗词的理解、丰富幼儿对幼儿诗词的体验，教师在欣赏过后应重视多样化的延伸活动设计与实施。幼儿诗词欣赏活动的延伸方式多种多样，如制作幼儿诗词绘本，引导幼儿将充满意境的幼儿诗词通过绘画表现出来，选取较好的绘画作品装订成册，投放在班级中让幼儿时常翻阅回味；还可组织幼儿诗词朗诵表演比赛，引导幼儿通过吟唱诵读去体会其中的韵味，由于幼儿具有爱表演的天性，在活动中可以充分发挥自主性，将其对幼儿诗词的感受、体验以声音动作表达出来，这也是幼儿对幼儿诗词的"二度创造"。当然，延伸活动不一定在欣赏活动结束后立即实施，也可以在日后适当的场景中进行，如案例2《秋天的颜色》，在秋季户外活动时教师可再次让幼儿欣赏，这样结合真实情景的再度呈现，能够给予幼儿真切的感受与体验。幼儿诗词的延伸活动其实就是对幼儿诗词的多次品鉴与回味，通过反复的欣赏，幼儿的感受更为深刻，欣赏水平及审美情趣会逐渐得到提高。

（五）针对不同年龄幼儿开展适宜的幼儿诗词欣赏活动

幼儿诗词欣赏需要调动感知、理解、想象与情感等心理要素去体会与品味幼儿诗词作品中所包含的形象、意境和思想内涵。对不同年龄阶段的幼儿来说，他们在欣赏时的感受、理解、想象、情感等心理功能的发展特点是存在差异的，因此教师在开展幼儿诗词欣赏活动时要充分考虑不同年龄阶段幼儿的接受特点，提出不同的欣赏要求，选择适合各年龄阶段幼儿的幼儿诗词进行组织。

1. 小班幼儿诗词欣赏活动的开展

（1）小班幼儿的文学欣赏特点

小班幼儿在感知方面通常对意象、意境的感知不完整，但对声音、色彩等形式美属性的感知较为敏感；在理解方面，能在已有经验的基础上理解作品主要形象的意义，但对作品蕴含的社会意义理解较差；在想象方面，以再造想象为主，基本没有创造想象的成分，在欣赏过程中有时会脱离作品产生无关想象；在情感方面，情感认知水平和情感共鸣水平都比较差，只能对作品的主要人物产生同情。

基于小班幼儿的欣赏特点，在活动目标的制定上要着重于培养其对幼儿诗词欣赏的兴趣以及对幼儿诗词外在形式上的节奏、韵律等的感受能力，在理解幼儿诗词的内容、意义以及对幼儿诗词展开想象等方面的要求要放低；在活动内容的选择上，选择的幼儿诗词篇幅要短，语言浅显易懂，韵律性和节奏感要突出，意象要贴近生活，便于小班幼儿感知，在情感美的类型上尽量选择优美的作品；在活动方法的运用上，小班幼儿的思维形态以动作思维为主，喜欢伴有动作的表演，模仿性强，常常通过模仿掌握经验，言语带有情境性的特点，因此要多采用吟唱、朗诵的方法，辅以动作并创设情境，将幼儿诗词的表达具象化，以适应小班幼儿的身心特点。

（2）小班幼儿诗词欣赏活动案例

小班幼儿诗词欣赏活动——《小小的船》

作品分析：

这首幼儿诗词以生动的语言、形象的比喻描绘了一幅活泼有趣的孩童赏月图。在语言上运用"弯弯""小小""闪闪""蓝蓝"等叠词，并以"an"押韵，长短句的错落表现出独特的韵律；在内容上，将月亮比喻为小船穿梭在夜空之中，想象奇特，有利于激发幼儿遨游太空的兴趣和愿望。

活动目标：

①理解月亮和小船之间的关系，体会想象的快乐。
②在欣赏诵读中感受幼儿诗词的音韵美。
③能用轻快的声音朗诵幼儿诗词。

活动准备：

物质准备：月亮剪影三幅（圆圆的月亮、半圆的月亮、弯弯的月亮）、夜空图一幅、背景音乐、幼儿诗词音频。

经验准备：幼儿见过不同形态的月亮。

活动组织：

①创设情境，激发幼儿兴趣。

a.以"月亮"为主题谈话导入，调动幼儿已有的经验。

师：小朋友们，你们见过月亮吗？月亮是什么样子的呢？

（根据幼儿的回答，分别出示圆圆的月亮、半圆的月亮以及弯弯的月亮的剪影。）

b.将弯弯的月亮剪影放在夜空图中，引出本次欣赏活动的幼儿诗词。

②播放带配乐的幼儿诗词，幼儿初步欣赏。

a.请幼儿说一说听完之后的感受。

b.再次播放，引导幼儿跟读，感受幼儿诗词明快的节奏和韵律。

③开放式提问，引发幼儿想象。

师：a.弯弯的月亮像什么？

b.如果你坐在小小的船上你可以做什么？

c.坐在小小的船上除了星星和蓝天你还能看到什么呢？

d.弯弯的月亮除了像小船还像什么呀？

④表演幼儿诗词，丰富幼儿体验。

a.请幼儿按照自己的理解为幼儿诗词加上动作。

b.播放背景音乐，幼儿边做动作边朗诵幼儿诗词。

活动延伸：

请幼儿画一画自己对这首诗的想象。

2.中班幼儿诗词欣赏活动的开展

（1）中班幼儿的文学欣赏特点

中班处于小班与大班的过渡阶段，幼儿在感知方面，能初步感受作品语言用法的押韵、双声、叠词以及作品的句式情节的重复变化；在理解方面，较小班幼儿有所发展，能在形象的基础上理解作品的社会意义，且能简单地理解作品蕴含的隐喻；在想象方面，无意想象减少，基本能围绕作品产生想象，并有了初步的联想能力；在情感方面，能初步感受和识别作品中常见的社会情感，并能产生同情、交流和共鸣。

针对中班幼儿的欣赏特点，教师在活动目标的制定上可提出感受幼儿诗词外在形式、理解幼儿诗词内在意蕴的多方面要求，如能较有节奏地朗诵幼儿诗词，能理解幼儿诗词的内容和意义，能对幼儿诗词塑造的形象或意境产生初步的想象并自由表达，能体会幼儿诗词抒发的感情等；在活动内容的选择上，选择的幼儿诗词篇幅可长可短，主题可涉及自然、家庭、成长等多方面，意象要生动鲜明，能使幼儿产生初步的联想和想象，情感类型较小班幼儿丰富一些，除优美的幼儿诗词作品外还可增加诙谐、忧伤等基调的作品；在活动方法的运用上，中班幼儿思维的直观形象性增强，认知范围扩大，活泼好动，动作能力增强，可通过游戏法、视听结合法等引导中班幼儿欣赏幼儿诗词。

（2）中班幼儿诗词欣赏活动案例

中班幼儿诗词欣赏活动——《捉迷藏》

作品分析：

这首幼儿诗词运用了拟人的修辞手法，将黑夜、太阳、颜色等比拟为一群可爱的娃娃在玩捉迷藏，用"黑夜用长长的手帕，把太阳的眼睛蒙起来了"表示天黑，"解开手帕"表示天亮，想象奇特有趣；全诗运用朴实、浅显的语言勾勒了一幅绚丽多姿的自然风景图，"蒙""躲""挤""解"等词运用形象、准确，富有儿童情趣，适合中班幼儿欣赏。

活动目标：

①感受大自然的丰富多彩，增进对大自然的喜爱之情。

②理解诗中运用想象描写的昼夜交替现象以及色彩之间的关系。

③能在游戏中按照诗中的排比句进行仿编。

活动准备：

物质准备：绿、黄、白、蓝、红颜色的图标各一个；树叶、小草、菊花、天空、云朵、玫瑰的图片各一张。

经验准备：幼儿有玩捉迷藏游戏的经验。

活动组织：

①教师带领幼儿玩捉迷藏游戏，引出本次活动。

师：小朋友们玩了捉迷藏的游戏很快乐，现在太阳也想玩一玩这个游戏，它会和谁玩呢？接下来让我们一起欣赏幼儿诗词《捉迷藏》吧。

②分段欣赏幼儿诗词，理解幼儿诗词的内容。

a. 教师朗诵第一段，对幼儿进行提问。

师：谁把太阳的眼睛遮住了？太阳和谁在玩捉迷藏？

b. 教师朗诵第二段，引导幼儿感受其中排比句式的整齐。

③完整欣赏幼儿诗词，运用颜色图标与树叶、小草、天空、云朵、玫瑰的图片让幼儿根据幼儿诗词的内容加以匹配。

④玩不一样的"捉迷藏"游戏，并在游戏中进行创造性仿编。

a. 教师讲解游戏规则。每个幼儿选取一个自己喜欢的颜色，来扮演"颜色宝宝"，教师扮演"太阳"。当教师问到"××颜色宝宝在哪里"时，相应颜色的宝宝要回答"××颜色宝宝在××里"，要和别人说得不一样，否则就被淘汰。

b. 进行游戏，教师扮演的"太阳"与幼儿扮演的"颜色宝宝"互相问答。

c. 游戏结束后，幼儿在自己的颜色卡上画出刚才所回答的内容。

⑤教师在游戏结束后，再次朗诵幼儿诗词，加深幼儿的印象。

活动延伸：

利用户外活动时机寻找各种颜色的景物仿编幼儿诗词。

3.大班幼儿诗词欣赏活动的开展

（1）大班幼儿的文学欣赏特点

大班幼儿在欣赏文学作品时，对形象、意境等感知完整，能感受和识别作品中的语词、句子、段落的对称及重复变化等；在理解方面，能在形象和词语的基础上理解作品的内容以及社会意义，并能对作品进行讨论和评价；在想象方面，创造想象有了一定的发展，能对作品的画面及意境完整地想象并就作品的"空白"进行填补；在情感方面，情感认知水平和情感共鸣水平得到了迅速提升，不仅能对作品情感产生交流、同情，还能做到情感匹配与移情。

针对大班幼儿的欣赏特点，教师在活动目标上提出的欣赏要求要高一些，要让其从整体上对幼儿诗词进行较为深入的了解，如能够有节奏地、富有感情地朗诵幼儿诗词，能理解幼儿诗词的内容及意义，并表达自己的主观感受，能就幼儿诗词表达的感情产生移情等；在活动内容的选择上，幼儿诗词的篇幅可长一些，题材更为广泛，情感类型上优美、崇高、喜剧、悲剧等都可涉及，画面感要强烈，能使大班幼儿产生联想和想象，并填补一定的空白；在活动方法的运用上，大班幼儿抽象思维有了一定的发展，能进行初步的推理，语言的讲述能力提高，能清楚连续地表达自己的想法，表现欲较强，可采用讨论法、表演法等组织大班幼儿欣赏幼儿诗词。

（2）大班幼儿诗词欣赏活动案例

大班幼儿诗词欣赏活动——《绿色的和灰色的》

作品分析：

这是一首童话诗，以森林为背景环境讲述了灰色的狐狸与小白兔之间的有趣故事，情节虽短但富有戏剧性，角色形象塑造鲜明，语言精练留有较大空白，适合大班幼儿展开想象进行欣赏。

活动目标：

①知道幼儿诗词中"绿色"和"灰色"所表示的含义。

②能叙述幼儿诗词的情节经过，并发挥想象填补情节空白。

③愿意参加表演活动，并在表演中体会小白兔和狐狸的心情变化。

活动准备：

物质准备：狐狸头饰1个、翠鸟头饰1个、小白兔头饰若干。

经验准备：幼儿有进行过戏剧表演的经历。

活动组织：

（活动开始前，布置"森林"环境，营造幼儿诗词欣赏的氛围。）

①谈话导入，引发幼儿欣赏的兴趣。

师：小朋友们，你们最喜欢什么颜色呢？今天我们来欣赏一首诗，它跟颜色有关系，名字是《绿色的和灰色的》，我们来听一听为什么是"绿色的"和"灰色的"吧！

②教师朗诵幼儿诗词，幼儿初步了解幼儿诗词的内容。

③分段欣赏幼儿诗词，以开放式提问帮助幼儿梳理幼儿诗词情节，并填补空白，初步体验情感。

a. 欣赏第一段，想象幼儿诗词描绘的森林场景并感受环境的清新优美。

b. 欣赏第二段，感知狐狸和翠鸟的形象。

提问：灰色的狐狸为什么要躲进草丛呢？这时它的心里在想些什么呢？翠鸟向小鸟们报告了什么秘密？它是怎样和小兔们说的呢？小兔们知道后是什么心情呢？

c. 欣赏第三、第四段，感知小白兔的形象。

提问：小白兔是怎么想出解决办法的？它们都经过了哪些地方呢？

d. 欣赏第五、第六段，感受并体会狐狸失望的心情。

提问：狐狸为什么叹气呢？它会说些什么呢？你们有没有过失望的时候呢？

④请幼儿完整地说一说幼儿诗词的整体情节，并组织表演活动，进一步体验情感。

a. 带领幼儿梳理幼儿诗词的情节，创编角色之间的对话。（如果幼儿有合理的情节想象，可以增加到表演活动中。）

b. 请幼儿带上头饰分组表演幼儿诗词，体会各自角色的心情变化。

表演后请幼儿说一说自己的感受并做出评价。

活动延伸：

为幼儿诗词增添新情节，并在表演区进行表演。

三、幼儿园要加强对幼儿诗词欣赏活动的重视与支持

（一）提供幼儿诗词欣赏活动的资源保障

通过对几所幼儿园的调研发现，幼儿园普遍存在着幼儿诗词资源缺乏的问题，除了在教材中有一些幼儿诗词之外，其他地方难寻其踪影。有些教师虽然会在网络上选择一些幼儿诗词开展欣赏活动，但这些幼儿诗词的质量得不到保证。因此，为提高幼儿诗词欣赏活动的开展频率以及确保幼儿诗词欣赏活动的质量，幼儿园应不断丰富有关幼儿诗词的资源。首先，幼儿园要精选一些优秀的、适合幼儿欣赏的幼儿诗词结集成册，投放到班级里，使教师在选择幼儿诗词时不必局限于教材。其次，建立网络资源库，除了精选的幼儿诗词作品，还要吸纳相关的活动资源，如背景音乐、诗意图画等。在资源库中，还可以放入一些优秀的幼儿诗词欣赏活动案例，以供教师观摩参考，这有利于拓宽教师思维，优化自身的组织方式。

环境构成了教育活动的时空场域，在某种程度上体现着教育方式和教育水平，教育的实施总是在某一环境下进行的。从心理学角度来说，环境是指在人的心理、意识之外，对人的心理、意识的形成产生影响的全部条件，包括个人身体之外存在的客观现实，也包括身体内部的运动与变化。幼儿诗词欣赏是一种人文教育，目的在于对幼儿心灵与精神进行诗性熏陶与感化，幼儿诗词欣赏活动的开展更需注重诗意环境的营

造,这有利于唤醒幼儿的诗性情绪,使他们较快、较深入地进入到诗境中。除教师在组织幼儿诗词欣赏活动时的微观环境创设之外,还需幼儿园在宏观上营造诗意的环境,如在自然环境的构设上,要秉持诗意美的构造理念,使园所整体环境带给幼儿悦目舒心的感觉;在人文环境的营造上,应追求"本真、唯美、超然"的教育内涵,秉持"以生命为本"的教育生命观、"以诗心化育幼儿"的师生观,为幼儿打造良好的诗意人文环境。

(二)通过多种途径提高教师的文学素养

首先,幼儿园要对教师进行定期培训。可通过邀请专家学者来园举办幼儿诗词知识讲座的培训形式,让教师学习关于幼儿诗词的理论知识,增加教师对于幼儿诗词概念、特征和价值的认识,提高教师的理论素养。幼儿园也可以派送骨干教师外出学习,参加有关幼儿诗词的讲座或会议,学习后在园开展交流分享会,将所学经验分享给全园教师,提升教师开展幼儿诗词欣赏活动的能力。

其次,组建教研团队,围绕幼儿诗词欣赏开展一系列教研活动。如组织探讨活动,对幼儿诗词欣赏活动目标的总体设置、内容的选择、方法的运用等进行商定;组织观摩活动,以公开课的形式请教师互相观摩幼儿诗词欣赏活动的实践,在此过程中互相学习、互相评课;组织交流活动,请教师分享自己开展幼儿诗词欣赏活动的经验或者遇到的困惑,大家相互研讨,共同解决实践中遇到的难题;组织研习活动,通过观看优秀的幼儿诗词欣赏活动案例,学习优秀教师对幼儿诗词欣赏活动的组织实施等。通过一系列教研活动的开展,能够有效地提升教师的理论知识和实践水平。

最后,广泛开展幼儿诗词朗诵、表演、读书会等文学实践活动。文学实践活动不但可以丰富教师的知识,还可以提高教师传授文学知识的能力。如组织教师开展幼儿诗词朗诵会,教师通过对幼儿诗词的诵读,能够感受声律,体会幼儿诗词语言的精妙,捕获幼儿诗词生动的艺术形象,体悟幼儿诗词的思想感情,领略幼儿诗词的韵味意境,由此提高对幼儿诗词的认识,并且通过反复的训练,教师逐渐对朗诵的语调、语速、情绪转换等有了熟练的把握,在开展幼儿诗词欣赏活动时,教师便能以富有感染力的诵读将幼儿诗词的韵律、节奏、情感等恰如其分地传递给幼儿,使幼儿获得美的享受;幼儿诗词还和音乐、美术、戏剧等艺术形式有着密切的联系,通过开展艺术联通式的幼儿诗词实践活动,有利于促进教师对幼儿诗词的"二次创作",丰富幼儿对幼儿诗词的多样化体验;除此之外,教师之间进行幼儿诗词作品讨论会、专题辩论会等,相互之间发表意见、观点,也能有效地丰富教师对幼儿诗词的认识,提高教师素质和能力。

(三)创造条件促进家园合作,发挥教育合力

家庭是幼儿重要的成长环境,它无时无刻不在发挥着教育的功能。而且,由于亲子之间不可替代的血缘、情感关系,以及家庭影响的先导性、持久性等特点,家庭影响力在某些方面甚至超过幼儿园。《幼儿园教育指导纲要(试行)》明确指出:家庭是幼儿园重要的合作伙伴。应本着尊重、平等、合作的原则,争取家长的理解、支持和主动参与,并积极支持、帮助家长提高教育能力。作为幼儿生活、学习的主要场所,家

园合作可以使幼儿从这两种场所所获得的学习经验更具一致性、连续性、互补性：一方面，幼儿在园获得的经验能够在家庭中得到延续、巩固和发展；另一方面，幼儿在家庭获得的经验能够在幼儿园学习过程中得到运用、扩展和提升。因此，开展幼儿诗词欣赏活动需要家庭的支持与配合。佩里·诺德曼（Perry Nodelman）指出："特别重要的一点是孩子身边要有喜欢诗的成年人尽可能经常地给他们读诗。这既会丰富孩子关于诗歌的知识集，增长他们对诗之可能性的了解，还会让孩子们体验到诗歌的一种重要乐趣：每当朗读一首有趣的诗，诗人精心谱写的声响乐曲就会显现出来。"[1]家长是幼儿最亲近的人，要号召家长积极参与到幼儿诗词欣赏活动中来，以帮助幼儿持续感受幼儿诗词所带来的乐趣。首先，应帮助家长认识幼儿诗词对幼儿发展的价值，摒弃唯古诗有用论的诗歌教育观念，改变一味让幼儿机械背诵古诗的教育行为，幼儿园可以通过举办幼儿诗词知识讲座、印发资料、向家长推送幼儿诗词理论文章和优秀的幼儿诗词作品等途径增加他们对幼儿诗词内涵与价值的认识。其次，应就幼儿诗词欣赏活动的实践展开合作，如幼儿园与家庭共同创设诗意环境，围绕幼儿诗词作品与幼儿共同赏读，联合举办幼儿诗词表演活动等，这些举措有助于幼儿诗词欣赏活动的有效开展，使幼儿在诗意的浸润下得到成长。

幼儿诗词是饱含爱与美的一种文学样式，最能直接作用于幼儿的心灵与情感。幼儿诗词的语言美、情感美、意境美等艺术特征与幼儿的形象性、情感性和好模仿的心理特点相契合，因而，幼儿诗词可以成为幼儿文学欣赏的合适体裁。在幼儿园开展幼儿诗词欣赏活动，可以有效地发挥幼儿诗词在培养幼儿审美能力、提升幼儿语言品味、丰富幼儿情感以及激发幼儿想象力等方面的独特价值，促进幼儿健全发展，培育幼儿美好心灵。

本章通过对幼儿诗词以及幼儿诗词欣赏进行理论梳理，结合幼儿的身心发展特点、幼儿的审美接受能力以及幼儿诗词的审美特征与功能等，探讨了幼儿园开展幼儿诗词欣赏活动的独特价值。综合运用问卷与访谈从教师对幼儿诗词以及幼儿诗词欣赏活动的认识情况、幼儿诗词欣赏活动的开展情况以及幼儿诗词欣赏活动的支持情况三方面考察了当前幼儿诗词欣赏活动的现状，分析其中存在的问题及原因，并在此基础上提出解决问题的针对性和可操作策略，以期为一线幼儿教师开展幼儿诗词欣赏活动提供实质性帮助。

---

[1] 吴正阳.论优秀儿童诗的可能标准[J].河北民族师范学院学报,2016,36(04):39-47.

第六章　古诗词融入幼儿园音乐教育活动实践探索

古诗词作为我国优秀传统文化的缩影，作为我国古代人民生活的写照，幼儿有学习与了解的必要，而通过音乐活动的形式能让幼儿更好地接受与理解，也有利于幼儿表达对古诗词的理解。古诗词也因其独特的写作特点、语言特点提高幼儿的音乐整体素质。本章通过古诗词融入幼儿园音乐教育活动的实践探索，找到二者相结合的契合之处。

第一节　古诗词融入幼儿园音乐教育活动

将古诗词融入幼儿园音乐教育活动，能够让幼儿在欣赏美、表现美的艺术活动中体会中华诗词声之美、韵之美、节奏之美。古诗词中的内容包罗万象、涉及广泛，在进行音乐教育活动的同时能够不断地促进幼儿非智力因素的发展。《幼儿园工作规程》第五条中明确指出要"培养幼儿初步感受美和表现美的情趣和能力"。我国古典诗词意象深远、情感浓郁、语言生动、文字凝练、音韵优美、朗朗上口，让幼儿接触古诗词，有利于幼儿审美心理的发展。在音乐教育活动中融入古诗词，让幼儿在歌唱优秀经典古诗词的同时体验情感美、欣赏音色美、感受音律美、领略结构美。

一、古诗词内容符合幼儿认知发展需求

中国古诗词博大精深，题材极为广泛，花草树木、鸟兽鱼虫、田园山川、民风民俗、军事政治、文化艺术、亲情、乡情、爱情、友情等，涉及社会的方方面面，可以说是一部百科全书。并且古诗词在写作形式上语言精练，富有概括性，往往一字一词一句就可把人、物刻画得栩栩如生、呼之欲出，将古诗词融入幼儿园音乐教育活动是幼儿进行词汇积累、语言学习的有效方式。

古代诗人、词人在写作之初就是以生活中的现象、景物变化作为描写内容，或写物特征、或写景表现、或写人物活动、或写事件来由……有些内容是现在的幼儿无法看到、无法接触到的，通过古诗词方能感知其一二。将这些古诗词融入幼儿园音乐教育活动，让幼儿在唇齿间，在低吟浅唱中认识多姿多彩的物化世界。认识梅花"不经一番彻骨寒，怎得梅花扑鼻香"的傲雪凌霜迎风开放的性格，了解其"不要人夸颜色

好，只留清气满乾坤"般的高洁端庄、幽独超逸、高风亮节的内在气质；通过"天街小雨润如酥，草色遥看近却无"体会春已近却又远；在"连雨不知春去，一晴方觉夏深"中感受春夏之际交替无痕；在"山明水净夜来霜，数树深红出浅黄"中感受秋高气爽的怡人之感；在"千山鸟飞绝，万径人踪灭"中感受冬雪之际、天地之间的纯洁寂静、一尘不染、万籁无声；在"笑歌声里轻雷动，一夜连枷响到明"中体会农民丰收时的劳动场面；在"千门万户曈曈日，总把新桃换旧符""千门开锁万灯明，正月中旬动帝京""清明时节雨纷纷，路上行人欲断魂""不效艾符趋习俗，但祈蒲酒话升平""七夕今宵看碧霄，牵牛织女渡河桥""但愿人长久，千里共婵娟""独在异乡为异客，每逢佳节倍思亲"……这些佳节之作中了解我国传统节日独特的意义及传统的民风民俗。

现如今幼儿自出生就很少有接触大自然的机会，在孩子们周围充斥的大都是手机、电脑、电视等电子科技产品，孩子们没经历过春生夏长秋收冬藏，不知为何会说春雨贵如油、瑞雪兆丰年；生活在和平的信息化时代不能理解家书值万金的分量……而这些或多或少地在古诗词中出现过，幼儿在轻吟浅唱、韵律舞蹈、声势节奏的同时亦会对其中表达的意思有所知，同样在潜移默化的过程中体会这些离他们有些许距离的事物，感知这变化万千的大千世界。

二、古诗词格律符合幼儿音乐认知要求

音乐和诗词具有艺术上的共同性。诗词有自己的节奏和音律特点，写作时很注重押韵，而古诗词中押韵和与音乐中的音调旋律有同样的艺术效果。押韵的目的就是为了声韵的和谐，同类的乐音在诗句的同一位置上重复，构成声音回环的美。音乐的旋律在起伏变幻迂回曲折之中，构成动静、松紧、快慢的艺术情感。二者虽形式不同，但有着相似的艺术效果。

（一）古诗词声韵符合幼儿的歌唱需求

幼儿期歌唱活动首先需要咬字清晰，才能保证用自然好听的声音来唱歌，古诗词在用字上声调铿锵，不论用来吟诵或是演唱都是平仄和谐。并且有很多著名作曲家根据古诗词声韵特点为其谱曲，适应幼儿声带发育，适合幼儿演唱。

1. 古诗词声韵特点符合幼儿发音与咬字要求

幼儿的歌唱能力包括歌唱中的姿势、呼吸、发声、咬字和表情等几个方面，古诗词对幼儿歌唱能力的影响主要体现在发音与咬字上。古诗词在写作之时用字以委婉、含蓄、优美为主，其用声要求自然柔美，行文起势要求平仄交错、错落有致，具有高低长短的变化，曲调时而柔和、时而悠扬、时而婉转、时而低沉，变化无穷，符合幼儿的歌唱要求。选择古诗词作为歌唱活动的内容，让幼儿在歌唱时咬字归韵，依字行腔，就会有明亮、美好、富有感染力的歌声。幼儿唱歌应与说话一样自然。在结构方面来说应该是简单的词汇句子，句子与句子之间在长度、结构、节奏方面相同或相似，并且幼儿对押韵的句子很感兴趣。古诗词是我国传统文化的精华所在，具有它独特的语言魅力，我们可以选取一些五言诗和七言诗，语句短小精炼并且押韵，符合幼儿歌

唱发音咬字的特点。

2.歌唱古诗词符合幼儿唱歌音域要求

除了咬字与发音,对音准的把握也是幼儿歌唱中必不可少的能力,但也是发展最慢的一种能力,这是由多方面的原因造成的,在对学前儿童进行音准训练时要根据幼儿的年龄特征和音域范围来选择。

如2岁幼儿的音域大概在$c^1 \sim g^1$范围;3～4岁幼儿的音域一般在$c^1 \sim a^1$,其中最舒服的音是在$d^1 \sim g^1$之间;4～6岁幼儿的音域会有所扩展,大概在$b \sim b^1$之间,有的儿童可以唱到$a \sim c^2$。我国当代著名作曲家谷建芬曾为许多古诗词作曲,并且所作之曲有好多适合幼儿演唱。

谷建芬曾专门根据幼儿年龄特点为古诗词谱曲,她创作的《新学堂歌》就是将优秀古诗词谱成曲,为幼儿创造适合幼儿演唱的有文化底蕴的儿歌系列,《新学堂歌》在创作之初的目的不是将古诗词作为一种知识来看待,更多的是创作人对于幼儿成长的美好愿望。如《春晓》《静夜思》《山居秋暝》……这些古诗词作曲之后更具有旋律节奏上的美感,演唱起来集诗词的字句与音乐的曲调于一体,音质优美、自然动听。例:

《静夜思》(节选)

$1=D \quad \frac{4}{4}$

5 5 6 5̲3̲ 5. 0	1 1 1 6̣ 5̣. 0
床 前 明 月 光, 疑 是 地 上 霜。
6̣ 1 1 6̣ 5̣ 3̣	2̣ 2̣ 3̣ 2̲1̲ 2̣ -
举 头 望 明 月, 低 头 思 故 乡。

这首诗表达的是离家在外的人对故乡的思念之情,是一种低沉而又绵长的情绪,因此谱的曲亦是如此,第一句以a^1开始以a^1结束,是平行旋律,对应第一句诗"床前明月光"是在描述一个看到的景象,因此不论是从情绪还是语调都没有太大的起伏。第二句以d^1开始以a结束,是下行旋律,并且整体来看第二句的开始音d^1相比较前一句的结束音a^1低,联系前一句来看亦是下行,对应第二句诗"疑是地上霜",把洒下的月光比作霜,进入思考阶段,思考应是进入深思,从情感上来说应低沉一些,因此旋律下行。第三句以b开始以f^1结束,是上行旋律,对应第三句诗"举头望明月",随着诗人抬头望月也抬高了诗的浓浓的思乡情绪和语调上的感慨万千,但这种情绪蕴藏在心底浓郁激烈,因此旋律上行。第四句以e^1开始以d^1结束,基本上没有太大的起伏,算是平行旋律。对应第四句诗"低头思故乡",是诗人由眼前的景象想到了千里之外的故乡,当这种情绪流于齿间吟诵而出时,却是绵长悠远,带着诗人的思绪飘回故乡,抑或是让诗人进入另一种深思中,因此用了起伏不大的下行旋律。整首歌曲的高低起伏皆是随着古诗表达情绪的变化而变化。整首歌曲中音域的最大跨度是$b \sim b^1$,符合4～6岁幼儿的歌唱舒适音域,很适合幼儿演唱。

除此之外还有很多，曲调旋律与古诗情感走向相吻合，用一个个或高或低的音符来表达古诗情绪情感，且适合幼儿演唱。

（二）古诗词节奏锻炼幼儿的节奏感

节奏是一种富有艺术魅力的音乐语言，而古诗词本身就具有生动而微妙的节奏，可以作为音乐教育活动节奏来源之一，将古诗词的节奏与身体动作结合，能使幼儿在最基本的、元素性的拍手、跺脚、拍肩等动作组合过程中培养对节奏的敏感。特别是五言诗与七言诗节奏更明显，有音调节奏和意义节奏，音调节奏即念诗的节奏，一般是以每两个字为一个节奏，最后一个字为一个节奏。如"床前——明月——光，疑是——地上——霜。举头——望明——月，低头——思故——乡"我们可以在朗诵的时候可以配上四四拍的声势节奏。

```
    床前    明月    光，        疑是    地上    霜。
|    ×      ×      ×     ×   |    ×      ×      ×     ×   |
    举头    望明    月，        低头    思故    乡。
|    ×      ×      ×     ×   |    ×      ×      ×     ×   |
```

意义节奏一般是指一个词组，一个介词结构或者一个句子形式为一个节奏，有时候音调节奏与意义节奏是一致的，如"慈母——手中——线"，有时候二者并不一样，如"春眠不觉晓"按照音调节奏应该是"春眠——不觉——晓"，按照意义节奏应该是"春眠——不——觉晓"，因此配上四四配的声势节奏有两种形式。

```
    "春眠  不觉   晓    "  或者  "春眠   不    觉晓"
|    ×     ×    ×    ×  |       |  ×     ×    ×    ×  |
```

以上的节奏都可以用拍手、拍肩、拍腿、跺脚和捻指来表示所代表的音乐时值，这样不仅可以促进幼儿动作的协调发展，而且在做有节奏的身体动作时，通过学习各种动作，将较抽象、繁杂的古诗词通过韵律转化为生动有趣的肢体动作，让幼儿在愉悦欢乐、充满乐趣的氛围中学习古诗词，能更加激起幼儿的兴趣。以前面提到的《静夜思》为例：

```
              床前    明月    光，         疑是    地上    霜。
  拍  手   ×    0    ×0 0   ×0  |   ×    0    ×0 0   ×0  |
  拍┐ 左   0    0    0×0    0   |   0    0    0×0    0   |
  腿┘ 右   0    0    00×    0   |   0    0    00×    0   |
  拍  肩   0    ×    0      0×  |   0    ×    0      0×  |
```

		举头	望明	月，		低头	思故	乡。	
拍	手	×	0	<u>× 0</u> <u>× 0</u> |	×	0	<u>× 0</u> <u>× 0</u> |
拍⌐	左	0	0	<u>0 × 0</u> 0 |	0	0	<u>0 × 0</u> 0 |
腿⌐	右	0	0	<u>0 0 ×</u> 0 |	0	0	<u>0 0 ×</u> 0 |
拍	肩	0	×	0	<u>0 ×</u> |	0	×	0	<u>0 ×</u> |

上述关于身体打击乐的例子可以让幼儿先模仿学习，对手、腿、肩配合古诗词朗诵进行的身体打击比较熟练后，可以根据古诗词节奏进行身体打击乐的创编。

（三）古诗词的画面感有助于幼儿随乐运动能力的培养

随乐能力是指幼儿在进行韵律活动的过程中，动作与音乐协调一致的能力，这项能力的养成对幼儿未来身体动作的协调性、音乐感受能力及注意力集中能力的培养都会有很大的促进作用。这种能力是建立在敏锐感知音乐内容的基础上，而古诗词中所写的内容好多涉及日常生活的方方面面，有叹四季变化的、有述生活场景的、有咏物言志的、有借景抒情的……其中不乏幼儿童趣之作。如"小娃撑小艇，偷采白莲回。不解藏踪迹，浮萍一道开。"对采莲孩子的动作和心理描写极其生动。诗中提到的"撑小艇""采白莲""藏踪迹""一道开"极具画面感，可以进行动作模仿，也可以对整首诗进行动作创编，对古诗词所写的偷采白莲的过程和幼儿共同进行商议，多进行几次尝试之后，就能给这首诗配上符合诗意的韵律动作。

5～6岁的幼儿随着音乐做动作的经验更加丰富，不仅对动作本身感兴趣，而且对用动作来表现音乐更有兴趣。以古诗词作为韵律活动的材料除了具有画面感的古诗词可以配合韵律之外，有具体物象描写的古诗词也可以进行韵律活动。例如"清明时节雨纷纷，路上行人欲断魂。借问酒家何处有，牧童遥指杏花村"中"雨""路""行人""酒""杏花村"等具体物象，可以进行假装模仿，"问""遥指"等具体动词，创编成具体的动作；有景色描写的古诗词也可以进行动作创编，将古诗词中描写到的景色中所表达的情感、诗人情绪先给幼儿介绍，使他们具有最初的诗词情绪体验，然后再根据古诗词描写内容，把这种体验与身体的动作变化、节奏运动相结合。例如"草长莺飞二月天，拂堤杨柳醉春烟"描写的是春日里万物生长、富有活力的盎然之景，此时诗词情感是欢乐、愉悦的，在了解诗人情感的前提下，幼儿进行动作创编，对"草长""莺飞""杨柳"等景色表现也将会使用活泼的动作来表现，加之这些都难以用具体的动作来具象表示，需要幼儿根据自己的随乐运动经验、对古诗词的理解来表达，更培养幼儿对音乐的注意力及反应能力。

三、古诗词融入音乐活动符合幼儿音乐创造力的要求

古诗词走进幼儿园音乐教育活动，可以通过古诗词本身的艺术性来培养幼儿对美的认识与感受，古诗词内涵丰富、意象深远，有利于培养幼儿的艺术想象力和创造力。幼儿可以在理解古诗词的基础上，通过自己的音乐表达来体现对古诗词的感受，因此

中国传统诗词中的幼儿诗词及教学

古诗词融入幼儿园音乐教育活动是对古诗词的创造性传承,也是对音乐教育活动的创造性表达。

(一)丰富幼儿创造性的音乐感受

幼儿园音乐教育是为了让幼儿在音乐中受到美的熏陶、培养幼儿的音乐感受,塑造儿童美的人格。古诗词本就具有艺术价值,在写作之初韵律严格、意境优美、用字考究,是一种独具特色的文化艺术。研究者将古诗词作为音乐教育活动素材,能够通过古诗词的语言增强幼儿语言艺术,在欣赏、吟唱、随时舞蹈的同时增强儿童的创造力。

(二)培养幼儿创造性的音乐表达能力

幼儿对音乐的表达是对音乐作品内容的意象表达,对古诗词进行意象表达主要有对古诗词进行自发的演唱、用动作阐释古诗词内容、为古诗词进行动作配乐等。

1. 对古诗词演唱的创作

对于已经被前人谱过曲的古诗词在演唱时可以直接引用或选取适合幼儿演唱的片段引入歌唱活动,对于没有经过前人谱曲的古诗词,选取符合古诗词字数、符合古诗词情感情绪的幼儿歌曲,用古诗词重新填词演唱,通过古诗另唱来培养幼儿对古诗词和音乐融合的探索,在古诗新唱中促进幼儿创造性的音乐表达。对于所选的幼儿歌曲需要幼儿对歌曲的旋律很熟悉,这样在用古诗词进行填词的时候,幼儿不至于因为脱离原来的歌词而失去对音准的把握。所选的古诗词也要诗句浅显易懂,利于幼儿理解和演唱。

例如,将《小鸟小鸟飞来了》(德国儿童歌曲)用古诗词《饮湖上初晴后雨》(宋·苏轼)进行填词演唱。原曲是 F 调的曲子,最高音到了 f^2 超出了幼儿演唱的最佳音域,因此在用古诗词填词时可以换成 C 调。

《饮湖上初晴后雨》(引用《小鸟小鸟飞来了》歌曲旋律)

1=C 4/4

| 1. 3 5 | 1 6 | 1 6 5 - | 4. 5 3 | 1 2 2 1 0 |
| 水 光 潋 滟 晴 方 好, 山 色 空 濛 雨 亦 奇。
| 5 5 4 4 | 3 | 5 3 2 - | 5 5 4 | 3 5 3 2 - |
| 欲 把 西 湖 比 西 子, 淡 妆 浓 抹 总 相 宜。
| 1. 3 5 | 1 6 | 1 6 5 - | 4. 5 3 | 1 2 2 1 0 |
| 欲 把 西 湖 比 西 子, 淡 妆 浓 抹 总 相 宜。

幼儿园歌唱活动中多有对歌曲进行歌词创编的,很少有对所唱歌曲进行重新填词的,因此可以选取幼儿熟悉的儿歌用古诗词进行填词,这样幼儿也可以自己选择自己会的古诗词用熟悉的儿歌旋律来演唱,可以大大激发幼儿的创作兴趣,发展幼儿的创造性思维,并且幼儿之间可以相互分享、相互学习,更提高了幼儿的演唱信心。

2. 对古诗词节奏的创编

古诗词虽然在写作之时就有他固定的节奏，音调节奏和意义节奏两种，但大多情况下吟诵古诗词都是按意义节奏划分。五言律诗节奏有"二二一"节奏和"二一二"节奏，七言律诗则有"二二三""二二二一""二二一二"三种，并且在一首古诗中往往只有其中一种划分方式，因此节奏较单一，但在音乐领域给每个字加上不同的时值，一首诗就可以有很多不同的节奏型。如《村居》这首诗按照古诗词吟诵的节奏应当是：

× × × × | × × × × |
草长 莺飞 二月 天， 拂提 杨柳 醉春 烟。
× × × × | × × × × |
儿童 散学 归来 早， 忙趁 东风 放纸 鸢。

而在音乐中就可以有其他的节奏，如：

×. × × × × | × × ×. × × |
草 长 莺飞 二月 天， 拂提 杨柳 醉 春烟。
×. × × × × | × × ×. × × |
儿 童 散学 归来 早， 忙趁 东风 放 纸鸢。

不只是上文中的古诗词，大多数古诗词融入音乐领域中都可以为其配上不同的节奏型，这样诗词在朗诵时，因为节奏的变化而产生的趣味性容易引起幼儿对节奏性创造的热情，也会因此对古诗词整齐、精炼、简洁的句式产生吟诵的兴趣。

第二节 古诗词融入幼儿园音乐教育活动的实践探索

基于前期的准备工作，研究者随后正式在F幼儿园大班开始古诗词融入幼儿园音乐教育活动的实践探索，实施时根据活动类型设计了三种不同类型的活动，每种类型的活动实施两次。第一次活动实施结束后，根据活动中幼儿的表现、研究者自身的反思和参与观摩的部分教师给出的建议，调整与反思出现的问题，重新设计活动，进行下一次的实施。从而形成一个"实践—改进—再实践—结论"这样的循环式过程，在实践中总结古诗词融入幼儿园音乐教育活动的经验。

《3～6岁儿童学习与发展指南》（以下简称《指南》）中在艺术领域的目标要求主要从感受与欣赏和表现与创造两方面描述，因此在实践活动的实施环节主要从这两方面进行。

实践中所选取的古诗词有些诗句所描写事物是幼儿所熟知的，有的则是幼儿没有相关经验的，在实践之前研究者想要只选取幼儿熟知的部分进行活动设计，但是后来请教了园内有经验的老教师，并且和其他研究者商量之后认为，部分幼儿缺少相关经验的诗句也应纳入其中。因为幼儿所熟知的是幼儿很容易就能理解的，对于幼儿的整体水平的提高并没有很多的帮助，而幼儿缺乏相关经验的部分，研究者可以在实施之前对其中所表达的事物用各种方式让幼儿有所了解，这样有助于幼儿对诗句的理解，并且整体活动的实施就有助于幼儿整体水平的提高。研究者在进行实践时，将全班幼儿随机分为 Z1 和 Z2 两组，两次实践活动以不同的组为活动对象，具体实践对象如表 6-1 所示。

表 6-1　古诗词融入音乐教育活动实践分布表

涉及古诗词	活动类型	第一次活动对象	对二次活动对象
《山居秋暝》	歌唱活动	Z1	Z2
《村居》	韵律活动	Z1	Z2
《题西林壁》	节奏乐活动	Z1	Z2

一、古诗词融入音乐歌唱活动的实践探索

《指南》中在艺术领域的要求中强调："幼儿艺术领域的学习关键在于充分创造条件和机会，在大自然和社会文化生活中萌发幼儿对美的感受和体验。"《山居秋暝》描写的是一个初秋傍晚新雨过后，山村中泥土芳香，空气清凉，天色已暝，皓月当空，山泉清冽，淙淙流淌，洗衣姑娘归来的一系列景象。诗中所描绘的景色正是初秋之际，这首诗对于幼儿来说有些部分容易理解，也容易引起共鸣，能让幼儿在欢快的歌唱活动中感受古诗词语言的优美，体会古诗词用字的意境美，加深幼儿对古诗的了解。

研究者对《山居秋暝》这首古诗词在进行歌唱活动设计时，直接选用由谷建芬谱曲的古诗词歌曲的部分片段，让幼儿在活动中在感受和欣赏古诗意境，在歌唱的过程中表达对古诗词歌曲的喜爱，直观地感受到古诗词不同的表现形式，喜欢上这种音乐的表达方式。

（一）歌唱活动《山居秋暝》的初次实践

1. 设计意图

研究者对《山居秋暝》这首古诗词在进行歌唱活动设计时，直接选用由谷建芬谱曲的古诗词歌曲中的一部分，让幼儿在活动中在感受和欣赏古诗词所描写的自然景色、诗人情感，在歌唱的过程中表达对古诗词歌曲的喜爱，直观地感受到古诗词不同的表现方式，喜欢上这种音乐的表达方式。

2. 活动目标

通过演唱的方式来表达古诗词，可以让幼儿通过演唱歌词清楚地掌握古诗词诗句内容，歌唱中体会古诗词所表达的思想情感。喜欢上唱古诗词歌曲。

（1）在歌唱活动中感受《山居秋暝》这首古诗词描写的画面。

（2）能跟着教师的钢琴伴奏用自然的声音演唱。

（3）喜欢演唱《山居秋暝》这首歌曲。

3.活动过程（以Z1组为例）

（1）感知与体验。

①情境导入感受秋天。

②播放古诗词歌曲《山居秋暝》，引导幼儿欣赏音乐。

③教师范唱歌曲，幼儿根据歌词内容进一步感受、欣赏歌曲。

（2）创造与表现。

①幼儿学唱歌曲。

②歌唱游戏。

③教师讲解古诗词，幼儿分享演唱歌曲的感受。

4.《山居秋暝》初次活动片段

对于幼儿来说，在歌唱活动中记歌词比只停留在语言领域记诗句更感兴趣，但是此次活动所选古诗词是幼儿不曾接触过的，且所选古诗词诗句相对较多，因此活动的重点在歌词记忆和歌曲教唱，为了让幼儿对一遍遍的歌唱不感到枯燥，活动涉及游戏环节，让幼儿在游戏中歌唱。

师：秋天到了，小朋友们想一想秋天到了都有什么变化呢？如果这些有变化要用什么样的声音表示呢？

幼：树叶会变黄，有树叶落下来。

幼：会变冷。

幼：……

师：这是小朋友看到了秋天，老师给小朋友带来一首关于秋天的歌曲，请小朋友仔细听听，有没有小朋友们看到的东西，有哪些是小朋友没有说到的。

幼：晚上了；有月亮在天上。

教师总结古诗词歌曲中描写到的景色（空山、新雨、晚秋、明月、清泉）。

师：我们试着把这些想唱的音调唱出来。

（幼儿纷纷自己试了起来，有些乐感好的唱出了近似于刚才播放的音乐的旋律）

师：小朋友都自己尝试了，那老师也要试着唱一下，小朋友们注意听老师唱的和刚才播放的有没有一样的地方。

师：我想请我们班的小朋友一起来唱这首歌。

（二）反思与改进

1.教师总结

教学活动结束以后研究者根据活动实施情况进行了反思与总结，找出存在的问题主要有：

（1）在进行活动设计时低估了幼儿学习新歌的能力，内容稍微有点简单，环节设计略显单薄。

（2）研究者在活动中有点紧张，导致对活动环节有所遗忘，导致环节衔接略显生硬，不够自然。

（3）在尝试着用自己的音调唱歌曲中提到的空山、新雨、晚秋、明月、清泉时，幼儿表现得很积极，但实际上唱不出自己想唱的旋律音调。

（4）在教唱这一环节浪费时间太长，幼儿对新歌的学习需要连贯起来多唱几次，但是在实践中老师太注重逐句教唱，降低了幼儿对歌曲学习的兴趣。

2.观摩老师的意见反馈

本次活动研究者邀请本班的两位老师进行观摩，两位老师根据活动过程中幼儿的表现，认为教育活动目标完成度高，活动进行完整，但还存在一些问题，研究者进行梳理主要有以下问题：

（1）教师在活动过程中语速过快，整个活动显得有点紧张。

（2）幼儿前期经验不足，在说对秋天的认识时太过单调，建议在活动之前教师利用多媒体设备，提前观看与之中内容相近的视频，增加幼儿经验。

（3）教师语气缺乏引导性，语调平淡对幼儿不具有吸引力。且教师的提问缺乏启发性，无效提问偏多。

（4）活动形式单一，既然是歌唱活动，那何不增加一些其他的歌唱形式，如分组唱、轮唱、合唱等。

3.改进措施

根据研究者的自我反思与观摩老师的建议，研究者对活动重新设计，适当增加了活动目标的难度，在实施前充分发挥了家园合作的作用，研究者自身做足前期准备工作，具体改进情况如表6-2所示。

表6-2 歌唱活动《山居秋暝》问题改进表

存在问题	改进措施
逐句教唱用时过长。	减少逐句教唱，将歌曲的学习主要放在集体演唱上。
尝试自唱,幼儿表现不佳。	将幼儿用自己的曲调演唱歌曲中提到的事物换成幼儿模仿歌曲中的旋律音调进行表达。
歌唱形式单一。	加入歌曲的轮唱环节，增加活动的难度。
幼儿经验不足。	家长带幼儿在大自然中寻找秋天，增加幼儿对秋天的认识，教师也利用多媒体手段增加幼儿经验。
教师自身问题。	研究者在活动实施前进行了多次模拟活动，通过多次模拟活动控制语速，增加对活动环节的熟悉程度，减少由于紧张带来的遗忘。
幼儿兴趣不高。	研究者在活动中尽量用词儿童化，改变说话语调，提高幼儿兴趣。
环节衔接不自然。	提前准备多种环节连接语，并对活动环节进行调整。

（三）歌唱活动《山居秋暝》的再次实践

根据初次实施后研究者的自我反思和观摩老师的建议，研究者将初次实践中的问题做了改进，且在进行本次活动之前给幼儿在语言领域进行过相关训练，增加幼儿经验。重新设计的活动精简了活动的导入环节和教唱环节所占的时间比例，给增加的轮唱环节和游戏环节多留时间。设计完成后用 Z1 组的小朋友进行了再实践。

1. 设计意图（同初次活动）
2. 活动目标

研究者对《山居秋暝》这首古诗词再次进行歌唱活动设计时，在歌唱环节增加新的歌唱形式，让幼儿在感受轮唱这一歌唱形式时再一次巩固对歌曲的掌握。直观地感受到古诗词不同的表现方式，喜欢轮唱这种音乐的表达方式。

（1）感受《山居秋暝》这首古诗词描写的画面。

（2）能跟着教师的钢琴伴奏用自然的声音演唱，初步学会用轮唱的方式演唱《山居秋暝》这首歌。

（3）对轮唱有初步的认识，并喜欢这种演唱方式。

3. 活动过程

（1）感知与体验。

①情境导入感受秋天以及秋天的景象。

②播放古诗词歌曲《山居秋暝》，引导幼儿欣赏音乐。

③教师范唱歌曲，幼儿根据歌词内容进一步感受、欣赏歌曲。

（2）创造与表现。

①幼儿歌曲。

②学习用轮唱的方式演唱《山居秋暝》。

③游戏环节，再次巩固，加深幼儿记忆。

4.《山居秋暝》再次实践活动片段

师：老师听说在前一段时间小朋友们都和爸爸妈妈去感受秋天了，不知道小朋友们有没有什么发现，你们都看到了什么呢？

师：老师不但出去看了看秋天，还找到了一首和秋天有关的歌曲，老师给大家听一下，请小朋友们仔细听，看看有没有唱到小朋友看到的东西。

由于有了家长和教师之前的经验积累，本次幼儿对古曲中所提到的事物有了基本的认识。

师：那现在请小朋友们回忆一下，这些在歌曲中是怎么唱的，请小朋友试着唱一唱。

教师用钢琴给幼儿引导，幼儿回忆并尝试自己先唱。

师：没想到小朋友们跟着钢琴试着唱了歌曲中的几个词句，唱得那么好，那接下来老师将难度升级，请小朋友和老师一起尝试跟着钢琴唱这整首歌曲。

（四）歌唱活动《山居秋暝》总结

对初次活动中出现的问题进行了改进之后，研究者自身也做了很多准备，再次邀请初次实践中观摩的两位老师进行了观摩，此次活动更加具有多样性、趣味性。再次实践通过增加新的演唱方式，出现了新的难度，一下子又引起了幼儿的兴趣，让活动再次进入高潮，活动的整个氛围较欢快，幼儿也一直处于兴奋状态，活动效果又提高了许多，环节完整、流畅，总体来看重新设计的教案更加完善、详尽，很利于实施，得到了两位观摩老师的认可，也为研究者继续进行后续研究提供了借鉴。

但是由于所选古诗词难度有点大，诗句偏多，记忆困难，加之幼儿对诗句意思不是很容易理解，尤其最后两句诗有引用典故在里面，更难理解，第二次活动结束后幼儿掌握的虽然比初次实践的幼儿掌握得更好，但还是有待提高。

二、古诗词融入音乐韵律活动的实践探索

韵律活动包括律动组合、舞蹈、音乐游戏和歌舞表演，在内容选取时要选择曲调轻松愉快的音乐。歌曲内容最好涉及动物模仿，花开、下雨、风吹等自然现象，富有画面感的生活场景或者模仿成人动作等方面，有利于幼儿的表达和表现。

（一）韵律活动《村居》的初次实践

1. 设计意图

《村居》这首诗前两句描写了草长莺飞、杨柳飘拂、生机勃勃的明媚春景，后两句描写了一群散学归来的儿童放风筝的场景，既有对自然现象的描写，又有对幼儿游戏画面的描写，很适合融进韵律活动。通过韵律活动提高幼儿的音乐感受能力和用肢体进行表现与创造的能力，提高幼儿的音乐素养。

2. 活动目标

通过肢体语言来表现《村居》所描写的内容，也是让幼儿通过跑、跳、移动、踱步等身体动作表达对古诗词的理解。

（1）能用身体律动和肢体动作表现《村居》这首诗。

（2）能根据诗句内容创造性地进行肢体表达。

（3）通过合作体验音乐游戏的快乐。

3. 活动过程

（1）欣赏与感受。

①运用课件导入，调动幼儿经验。

②欣赏与感受古诗词《村居》。

（2）创造与表现。

①用动作表达《村居》。

②幼儿为《村居》进行动作创编。

4.《村居》初次活动片段

师：老师觉得这首诗很美，有让人想跳舞的想法，因此老师用舞蹈动作将这首诗表现出来了。请小朋友们仔细看，猜一猜老师的舞蹈动作是在展现哪一句诗。

教师完整地做一遍动作，请幼儿猜猜展现的是那一句诗。

……

幼：我觉得老师蹲下将手从下面一直伸向头顶的动作是在表示柳树，树是一直从地下长出来，长到天上。

幼：我觉得这个不是在表示柳树，将手伸过头顶转圈的动作才是在表示柳树，柳树有很多很多的叶子，在树的头顶长了一圈。

师：现在对表示"柳树"和"小草"的动作大家有不一样的想法，怎么办呢？我们到底要用哪个动作表示它们两个呢？

幼：我们可以举手，哪个动作多我们就用哪个。

师：那其他小朋友同意吗？

小朋友齐声喊："同意！"

师：那就这样决定，我们开始吧！

（二）反思与改进

1. 教师总结

由于活动类型的关系，整个活动下来幼儿的兴趣还是很高的，但在活动的过程中研究者还是发现了问题，主要有：

（1）在活动开始幼儿观看视频时，幼儿只看到了放风筝的小朋友，没有看到花花草草和树木、太阳，在回答问题的时候回答不到老师想要的点。

（2）老师先提供了古诗词的动作创编，限制了幼儿的想象力和表现，让幼儿在创编时总有提供动作的影子，没有新意。

2. 观摩老师的意见反馈

本次活动研究者邀请F园中在音乐韵律活动方面较有经验的一位老师进行观摩，在观看了整个教学活动后老师认为总体来说活动有很多可取之，为古诗词的学习提供了新的方式，也为韵律活动的内容选择提供了借鉴，但在活动的设计与实施方面也存在一些问题，研究者进行梳理后发现存在以下问题：

（1）由于教师急于完成教育活动目标，忽略了幼儿的感受，游戏体验少，没能进行很好的自我表达。

（2）研究者的动作示范限制了幼儿对古诗词的动作表达。

（3）活动中没有体现合作，因此第三个目标"通过合作体验音乐游戏的快乐"没有达成。

（三）改进措施

根据研究者的自我反思与观摩老师的建议，研究者对活动重新设计，对导入环节做了改进，调整了某些环节的顺序，对活动中的问题改进如表6-3所示。

表6-3　韵律活动《村居》问题改进表

存在问题	改进措施
视频导入不够深入。	谈话导入，由教师引导。

续　表

存在问题	改进措施
合作目标未达成。	动作创编环节加入幼儿小组合作。
教师动作示范限制了幼儿想象力。	调整活动环节，先根据古诗词内容进行动作创编，充分发挥幼儿的创造力，然后和幼儿商量为每句诗确定固定的动作进行集体表演。
为完成活动忽视了幼儿感受。	活动设计时减少不必要的环节，多留给幼儿自我表现的机会，满足其对幼儿体验的要求。

（三）韵律活动《村居》的再次实践

根据初次实施后研究者的自我反思和观摩老师的建议，研究者将初次实践中的问题做了改进，重新进行了活动设计，调整了活动顺序，先让幼儿自己创编，再和幼儿商定每句古诗的表示动作，设计好之后用 Z1 组的小朋友进行了再实践。

1. 设计意图（同第一次实践）

2. 活动目标

幼儿根据古诗词《村居》所描写的内容创编动作，发展幼儿的创造力和表现力，也是让幼儿在互相的交流中体验与同伴合作的快乐。

（1）在活动中感受《村居》描写的场景，欣赏古诗词中的画面美。

（2）根据《村居》内容自由创编游戏动作。

（3）喜欢用表演的方式表现古诗词，体验与同伴合作的快乐。

3. 活动过程

（1）欣赏与感受。

①谈话导入，积累幼儿动作经验。

②欣赏与感受古诗词《村居》。

（2）创造与表现。

①幼儿为《村居》进行动作创编。

②伴随音频一起用动作来表演《村居》。

4.《村居》再次活动片段

师：既然这首古诗描写的是这么美丽的场景和这么好玩的事情，那我们要怎样用我们的身体来表示呢？

师：我们先看"草长莺飞二月天"，这句请小朋友用自己各自的方式表演给老师看看。随机请小朋友说说为什么这么表示。

幼：草是一根一根的，所以我用两个手的手指上下比画表示草。

幼：草很软，风一吹会动，我用两个手的手指晃动表示风把草吹得乱动。

幼：我用自己的两个胳膊上下摆动来表示小鸟飞起来的样子。

幼：我把两个胳膊张开放在屁股旁边，然后转一圈来表示小鸟，因为小鸟会飞来飞去。

幼：我把两个手伸在头顶左右当成树枝，然后左右摇摆。

幼：我自己就是小孩子，我拍拍自己就是放风筝的小朋友。

（四）活动总结

根据初次活动后研究者的自我反思和观摩老师的建议，重新进行活动设计后，再次邀请初次实践中观摩的老师进行了观摩。初次实践中老师提供了示范之后限制了幼儿的创造力，并且在活动中忽视了幼儿的游戏体验。此次活动增加了幼儿体验的时间，充分发挥了幼儿的创造性，提高了幼儿参与活动的积极性，但活动过程中活动秩序混乱。

活动中幼儿们对古诗词的动作表示也让我深深感动，孩子们的想法出乎意料，尤其是那个模仿在风的吹拂下小草随风而动的动作，在那一句诗中并没有风出现，她竟然能想到这样表示。后来活动结束后关于这段我问那位小朋友："为什么会这么表示？是怎么想的？"那位小朋友回答说："因为有风能放风筝，放风筝的风也会吹到小草，小草就会动的。"

三、古诗词融入节奏乐活动的实践探索

节奏是幼儿最为感兴趣的音乐元素，是幼儿体验音乐美的重要来源。"体态律动"教学是奥尔夫（Orff）音乐教育体系中独特的教学方法，在具体的实施过程中，要求学生用简单而原始的身体动作发出各种有节奏的声音，如通过捻指、拍手、拍腿、跺脚等方式进行节奏练习，激发儿童潜在的音乐天赋，唤起儿童对音乐的自发要求。由于古诗词的特殊性，如果使用乐器演奏会显得头重脚轻，因此采用了身体节奏乐为古诗词配伴奏。古诗词节奏活动设计时研究者选取《题西林壁》作为音乐素材。

（一）节奏乐活动《题西林壁》的初次实践

1. 设计意图

《题西林壁》是一首七言诗，在进行节奏设计时可以给每个字分配不同的时值，形成多种不同的身体节奏乐，让幼儿在不同的节奏中吟诵，增加古诗词吟诵的乐趣。

2. 活动目标

让幼儿在为《题西林壁》配身体节奏乐的同时感受四分音符和八分音符时值的长短，并通过此次活动喜欢上为古诗词配身体节奏乐。

（1）对四分音符和八分音符有基本的认识。

（2）用简单的拍手、拍腿等肢体动作表现古诗词的节奏特点。

（3）通过活动感受古诗词的含义，为古诗词配声势节奏。

3. 活动过程

（1）欣赏与感受。

①引导幼儿用 |×× × ×× ×| 的节奏进入活动室。

②聆听古诗词《题西林壁》的音频，感受古诗词自身的节奏。

（2）创造与表现。

①出示古诗词节奏谱，引导幼儿了解古诗词的基本节奏型。

②伴随音频为《题西林壁》配节奏。

4.《题西林壁》初次实施片段

师：刚才我们是怎样进入活动室的？谁能演示一下？我们怎样用手打出刚才的节拍？

请幼儿模仿进入活动室时的拍子。

师：像这种节奏，除了我们进活动室的时候会用，还有什么时候我们见过类似于这样的节奏？

幼：我们在教室里太吵的时候，老师会用手拍出"××××0"这样的节奏，我们就会跟着老师这样拍，就不说话了。

幼：有时候我们念儿歌会有节奏，但和这个不一样。

师：小朋友说了这么多，我就来考考我们班小朋友的耳力，老师放一个音频，里面是一首古诗，请小朋友仔细听，看看谁能模仿出音频中古诗吟诵的节奏。

```
横看   成岭   侧   成峰，   远近   高低   各   不同。
 ×     ×    ×    ×    |   ×     ×    ×    ×

不识   庐山   真   面目，   只缘   身在   此   山中。
 ×     ×    ×    ×    |   ×     ×    ×    ×
```

师：小朋友们都太厉害了，模仿得太好了，那现在老师提高难度看看能不能模仿出老师吟诵古诗的节奏。

```
横 看   成岭   侧 成   峰，   远 近   高低   各 不   同。
×.×   ×.×   × ×   |   ×.×   ×.×   ×.×

不 识   庐山   真 面   目，   只 缘   身在   此 山   中。
×.×   ×.×   × ×   |   ×.×   ×.×   ×.×
```

（二）反思与改进

1. 教师总结

活动结束后研究者根据活动过程中目标的完成情况和幼儿的具体表现，对活动中出现的问题进行了自我反思与总结：

（1）在聆听古诗词音频模仿节奏时，幼儿不能准确地模仿出音频中《题西林壁》的节奏型。

（2）加入声势节奏时，幼儿对八分音符的时值掌握不够好。

2. 观摩老师的意见反馈

本次活动研究者邀请F园中在节奏乐活动方面较有经验的一位老师进行观摩，在观看了整个教学活动后，老师认为总体来说活动有很多可取之处，但在活动的设计与实施方面也存在一些问题，研究者进行梳理后主要有以下问题：

（1）幼儿对古诗不熟悉再配上时值节奏时，有些吃力，吟诵和节奏有点顾此失彼。

（2）活动中的节奏型由老师提供，缺乏幼儿的参与性，不利于幼儿创造力的发展。

第六章 古诗词融入幼儿园音乐教育活动实践探索

3. 改进措施

根据研究者的自我反思与观摩老师的建议，研究者对活动重新设计，改进如表6-4所示。

表6-4 节奏乐活动《题西林壁》问题改进表

存在问题	改进措施
幼儿不能模仿出音频中的节奏型。	让幼儿对《题西林壁》吟诵音频进行的反复聆听，同时老师做诵读示范，加深幼儿的印象。
幼儿对八分音符的时值掌握不够好。	在为《题西林壁》配节奏型之前，多进行相关节奏型的练习，增加幼儿对用八分音符的时值连续拍打身体两个部位的掌握。
幼儿对古诗词不熟悉，吟诵和节奏顾此失彼。	在进行音乐活动之前先在语言领域对《题西林壁》有初步的了解。
幼儿缺乏参与性。	设计让幼儿自由为《题西林壁》创编节奏型，发挥幼儿的自主性。

（三）节奏乐活动《题西林壁》的再次实践

根据初次实施后研究者的自我反思和观摩老师的建议，活动实施之前在语言领域进行初步的了解，针对初次实践中出现的问题做了改进，重新进行了活动设计，用Z2组的小朋友进行了再实践。

1. 设计意图（同初次实践）

2. 活动目标

（1）对四分音符和八分音符有基本的认识。

（2）能模仿出音频中古诗词的节奏，并用不同的节奏型为古诗词配节奏。

（3）通过活动感受古诗词的含义，喜欢为古诗词配声势节奏。

3. 活动过程

（1）欣赏与感受。

①引导幼儿用|××××|的节奏进入活动室。

②引导幼儿用身体其他部位完成打击节奏|××××|。

③聆听古诗《题西林壁》的音频，感受古诗词自身的节奏。

（2）创造与表现。

①出示古诗词节奏谱，引导幼儿了解古诗词的基本节奏型。

②引导幼儿用不同的节奏型为《题西林壁》配节奏。

4. 《题西林壁》再实践片段

师：请小朋友们用身体的各个部位完成对音频中古诗词节奏的演奏。

横看　成岭　侧　成峰，远近　高低　各　不同。
×　　×　　×　　×　｜×　　×　　×　　×
（拍手　拍肩　拍手　拍腿　拍手　拍肩　拍手　拍腿）
不识　庐山　真　面目，只缘　身在　此　山中。
×　　×　　×　　×　｜×　　×　　×　　×
（拍手　拍肩　拍手　拍腿　拍手　拍肩　拍手　拍腿）

师：除了音频中吟诵的节奏，哪位小朋友还有其他不同的节奏？请用拍手打击节奏的方式给我们演示一下。

幼儿展示一：

横看　成岭　侧　成峰，远近　高低　各不　同。
×　　××　×　　××　｜×　　××　××　×
不识　庐山　真　面目，只缘　身在　此山　中。
×　　××　×　　××　｜×　　××　××　×

幼儿展示二：

横看　成岭　侧　成峰，远近　高低　各不　同。
××　××　×　　×　｜××　××　×　　×
不识　庐山　真　面目，只缘　身在　此山　中。
××　××　×　　×　｜××　××　×　　×

（四）活动总结

根据初次活动后研究者的自我反思和观摩老师的建议，重新进行活动设计后，再次邀请初次实践中观摩的老师进行了观摩。让幼儿先进行节奏创编有利于提高幼儿创造力，观摩老师认为较第一次活动有了很大的提高，对研究者以后进行这方面的教育活动奠定了基础。

在第二次活动时，幼儿对节奏的创编节奏型也是很单一，大都用四分音符和八分音符组合的节奏型，基本上每个字都有与之对应的拍点，缺少切分音的使用，教师为了增加幼儿的节奏型经验，最后还是不得不展示出自己创编的节奏型，这与幼儿前期的经验不足有关，研究者后期要在其他活动中多给幼儿进行节奏与时值的游戏活动。

第三节　古诗词融入幼儿园音乐教育活动的建议

一、对古诗词融入音乐教育活动目标制定的建议

幼儿园任何教育活动的开展都要以活动目标为出发点和落脚点。同样在古诗词融入幼儿园音乐教育的活动中，目标制定也是起着提纲挈领的作用，是整个活动的关键所在，是整个活动所要达到的目标所在，也是检测活动效果的评价标准。

古诗词融入幼儿园音乐教育活动也是艺术领域的活动，在活动设计时就要达到相应的教育目标。《3～6岁儿童学习与发展指南》中指出"幼儿艺术领域学习的关键在于充分创造条件和机会，在大自然和社会文化生活中萌发幼儿对美的感受和体验，丰富其想象力和创造力，引导幼儿学会用心灵去感受和发现美，用自己的方式去表现和创造美"。由此可见，幼儿在艺术学习时要注重两方面的目标：感受与欣赏、表现与创造。

教育古诗词融入幼儿园音乐教育活动感受与欣赏的主要目标有两个：一是通过古诗词音乐教育活动感受古诗词中描写到的美的事物；二是喜欢欣赏古诗词音乐和与古诗词相关的其他艺术形式的作品。表现与创造的主要目标是：一是喜欢古诗词音乐教育活动并大胆表现；二是具有初步的艺术表现能力并根据古诗词音乐教育活动内容进行相关艺术创造。基于以上分析，根据实践探索中三个类型的音乐教育活动，研究者认为古诗词音乐教育活动的目标确立如表6-5所示。

表6-5　古诗词融入音乐教育活动目标一览表

类型	目标领域	
	感受与欣赏	表现与创造
音乐歌唱活动	初步感受古诗词歌曲美妙的旋律，喜欢聆听和歌唱古诗词歌曲。 能体会古诗词歌曲中描写的事物，感受古诗词句子所具有的音乐美。	能根据古诗词歌曲所表达的情感用相应的情绪演唱。 学会用已有幼儿歌曲曲调演唱古诗词，尝试用自己喜欢的幼儿歌曲的曲调自行演唱古诗词。
音乐韵律活动	感受古诗词音乐教育活动中的韵律常规和动作，将身体的运动与音乐表现联系起来。	能够用基本的韵律或舞蹈动作表现古诗词内容，表达对古诗词的理解。
节奏乐活动	体会古诗词本身的音调节奏和意义节奏，激发幼儿潜在的音乐天赋。	能够用拍手、拍腿、跺脚、敲打乐器等方式为古诗词配乐。 尝试用多种不同的节奏型为同一首古诗词配乐。

制定教育活动目标的根本目的是在活动实施过程中需要达到的要求，在设计之初要留给幼儿生成的余地，这需要教育者结合幼儿活动中的具体表现和活动实施情况进

行调整。一般情况下幼儿园教育目标包括知识、能力、情感三方面。而各个类型的活动在目标设计时的侧重点不同,要根据活动类型制定具有侧重点的目标。音乐教育活动总目标是无论在哪种类型的音乐中,幼儿都在活动过程中能感受到音乐带来的艺术魅力,并在这一过程中,增加对音乐基础知识的学习和掌握,每种不同类型的音乐活动目标的制定都要以总的音乐教育目标为依据。

(一)充分考虑各种活动类型的不同要求

在音乐教育理论上一般将幼儿音乐教育活动分为歌唱、韵律、打击乐、欣赏四个部分,但在实际的音乐教育活动过程中,研究者需要以研究目的为依据根据活动内容的需要做调整。本节考虑到古诗词的特殊性,亦对活动形式做了调整。从幼儿的角度来看,每个音乐知识既是独立和分开的,在进行目标确立时要有所侧重,同时音乐知识又是相互联系的,需要相互渗透。例如:

大班节奏乐活动《登鹳雀楼》的活动目标:

(1)明白节奏的含义,认识《登鹳雀楼》的节奏谱。

(2)能根据节奏谱打出《登鹳雀楼》的节奏,并尝试为《登鹳雀楼》创编节奏。

(3)体会伴随节奏吟诵古诗词的快乐。

从活动名称可以看出主要培养幼儿对音乐节奏的把握和丰富幼儿的节奏型储量,因此活动目标的三个方面都是指向音乐节奏方面的知识与技能。

大班音乐综合活动《春晓》活动目标:

(1)知道《春晓》这首古诗词的含义,理解古诗词内容。

(2)能用自然的声音演唱《春晓》,并用自己的肢体动作表达对古诗词的理解。

(3)喜欢演唱古诗词,用自己的方式表现古诗词内容。

从这个活动名称可以看出,活动不单单指向某个单一的音乐领域,因此在确立目标时涉及歌唱和韵律两方面的音乐能力,演唱古诗词和用肢体动作表达都有助于幼儿对古诗词的理解。

(二)全面考虑预设目标的灵活性

研究者在进行活动实施时会发现,设计好的活动目标可能会受幼儿发展水平以及活动过程生成的活动环节等情况的影响,与预设有所出入。活动设计中确定的活动目标是建立在预设目标的基础之上的,低估幼儿发展水平可能会导致目标过于简单,高估幼儿发展水平会导致目标过于难。因此在进行活动设计之前,进行目标预设时教师应该全面、多方位考虑幼儿可能的表现,对可能出现的生成性内容做大概的设想与总体的把握;在活动实施过程中,注意观察幼儿的情绪表现,及时把握教育契机,时刻关注活动目标的完成程度,在此基础上根据活动中的生成性内容,对提前预设的目标进行调整,使其能更好地促进幼儿的全面发展。预先设定的目标是教师对幼儿发展的期望,亦是社会对幼儿将来发展的基本要求,生成的活动目标则反映了幼儿的兴趣所在,值得教师关注,并为目标的达成提供支持。

二、对古诗词融入音乐教育活动内容选择的建议

无论是幼儿园音乐教育活动的活动设计还是具体的活动实施过程，都要有具体的内容作为目标达成的载体。古诗词融入幼儿园音乐教育活动因古诗词的特殊性，对内容的选择亦是要求严苛。研究者根据所选研究对象的年龄特点，在我国传统古诗词中选取内容简短，易于理解的古诗词作为活动素材。

3～6岁的幼儿正处于语言发展的奠基阶段，是进行词汇积累、口语表达的敏感期，同时也是音乐综合素质培养的关键期，因此在进行内容选择时既要符合幼儿的语言发展特点，又要符合音乐发展能力，如此对于古诗词的挑选就显得尤为重要，是教师在进行活动设计之前必须确定的重中之重，接着还要考虑到幼儿的年龄特点，对确定好的古诗词进行活动类型选择，才能最终确定活动内容。

本次研究主要根据古诗词内容是否为生活常见的事物，以及古诗词语言是否浅显易懂，古诗词篇幅的长短三个方面进行考虑，寻找适合的古诗词作为音乐素材。

（一）以幼儿的音乐能力为基础

幼儿音乐能力主要包括两个方面的含义：感受音乐美的能力和表达音乐美的能力，音乐感受能力是音乐听觉能力和节奏感的综合。古诗词在创作的过程中就有对诗韵、平仄的要求，平声是平调，上声是升调，去声是降调，入声是短促调，在平仄的要求中"平"是指平声，"仄"是指上、去、入三声，在诗词写作上让这两类声调互相交错，能使声调多样化。让幼儿吟唱古诗词，有利于培养幼儿对音调的把握，培养幼儿的乐感，提高幼儿的音乐听觉能力。3～4岁接受音乐训练的儿童可以准确唱出音高，五岁之前接受绝对音高比例达到95%。所以在选择古诗词时要依据所选活动对象年龄特点的音乐能力的发展水平来进行。

（二）以幼儿年龄特点为前提

在以年龄特点为前提选择内容时，不同类型的音乐活动选择依据也是不同的。在进行歌唱活动的古诗词选择时，要考虑幼儿发声器官的发育情况，幼儿发声器官的发育情况是进行歌唱活动的生理前提，因此无论是选择已经谱曲完成的古诗词歌曲，还是选择幼儿熟悉的儿歌用古诗词重新填词演唱，都要符合幼儿的演唱音域。

在进行韵律活动时对于小班幼儿来说应该选择画面感明显，富有童趣易，被幼儿用肢体语言表达的古诗作为音乐活动内容，对于中班的幼儿肢体表达能力比小班更好，古诗词的选择可以从画面、童趣的描写增加到景色描写，对于大班幼儿而言，已经掌握了一些基础的舞蹈动作，肢体表达要求可适当加强，可以选择情绪情感描写的古诗词。

节奏乐活动主要是根据古诗词中篇幅的长短作为参考标准来选择古诗词，对于小班而言应该以五言绝句为主，篇幅不宜过长，中班幼儿可以选择七言绝句或者五言律诗，大班幼儿对古诗词篇幅基本上没有要求，但在节奏类型方面应该鼓励幼儿多尝试各种不同的节奏型。

当然教师要还根据具体的教育目标和活动形式来挑选古诗词。比如《四时田园杂兴》是一首七言诗，从诗句的长短来看，可能不适用于小班，但是可以融入节奏乐活动中，让幼儿加入节奏感受农民丰收时热闹欢快的场面。在欢快的节奏中更能体会诗中描写的欢快场面。《春晓》作为一首五言诗而且用词简单易于理解，单从这方面来看可能早已不适用于大班。但由谷建芬谱过曲的作为一首歌曲来看的《春晓》有两个声部组成，有分唱有合唱，小班幼儿难以完成，因此更适合大班幼儿。

（三）以古诗词修辞手法为依据

古诗词的一个重要特点就是在用字上极其讲究，善用修辞手法修辞，古诗词的诗句中包含比喻、夸张、拟人、对偶、对仗、反复、双关、递进等修辞手法，对幼儿的发散性思维的培养、词汇的拓展等帮助很大。

（四）以幼儿生活经验为切入点

幼儿的生活经验是最能引起幼儿共鸣的，在古诗词选择时也要关注当下的生活，在传统节日时期选择描写节日的古诗，比如春节时可以选择《元日》作为活动内容，在清明节时选择《清明》，还有端午、中秋等，还有选择与当前季节或者天气气候相关的古诗，比如与春天相关的《惠崇春江晚景》、与夏天相关的《晓出净慈寺送林子方》、与秋天相关的《山居秋暝》、与冬天相关的《江雪》等。

三、对古诗词融入音乐教育活动路径的建议

古诗词融入路径是指挑选某一古诗词作为活动素材，根据不同的音乐教育目标在不同类型的音乐教育活动中设计与之相符的活动案例。挑选好的古诗词怎样进行活动设计，首先要考虑让幼儿在了解古诗词内容的同时要培养幼儿哪方面的音乐能力。例如选择了《游子吟》作为音乐素材，如果想要培养幼儿的歌唱能力，就可以直接引用前人谱好的曲调来进行歌唱，如果考虑到幼儿的实际歌唱水平演唱有困难，也可以寻找幼儿熟悉会唱的幼儿歌曲，用这首古诗词重新填词来演唱；如果想要发展幼儿的随乐运动能力，在进行活动设计时可利用游子离家前母亲为儿子缝补衣服这一场景，设计成韵律活动；如果教育的目的是锻炼幼儿对音乐时值的把握，和激发幼儿对用身体打击乐为古诗词伴奏的兴趣，就可以为每句诗配上节奏型，尝试用身体各部分进行打击乐活动，设计成节奏乐活动。

如果所选取的古诗词内容简单易理解，无论是歌唱、韵律、节奏乐都可进行，这时候就要考虑音乐教育活动的目标可以分别设计成三个活动案例，也可以设计成一个综合性的音乐教育活动。

四、对古诗词融入音乐教育活动实施的建议

在活动之前教师尽可能地利用各种多媒体手段为幼儿提供活动内容相关的知识经验，或者发挥家园合作的优势，让家长在家中利用实际生活的真实性增加幼儿的经验。在活动实施过程中教师应对幼儿的整体音乐水平有总体的把握，并且要时刻关注幼儿

的活动兴趣、投入程度，调整活动环节，充分发挥幼儿的主体地位，关注幼儿的创造性，让幼儿在轻松欢快的氛围中参与活动。

（一）古诗词可以融入幼儿园音乐教育活动

本次研究完成了从古诗词融入幼儿园音乐教育活动的可行性分析到根据此分析进行实践探索的过程，通过探索中证实了古诗词融入幼儿园音乐教育活动的可行性和操作性。古诗词是我国传统文化的精华，它具有朗朗上口的节奏韵律感，而且语句简短精练，符合幼儿的语言发展。本次研究将古诗词融入幼儿园音乐教育活动，从音乐教育入手，把古诗词作为音乐教育活动的素材，以此方式将古诗词融入幼儿园音乐教育活动，为古诗词进入幼儿园教育活动探寻出一条幼儿易接受、感兴趣的组织方式。为传统文化的继承与传播起到了一定促进作用，同时，也为其他传统文化融入幼儿园教育活动中提供一定的借鉴与参考作用。幼儿在古诗词融入幼儿园音乐教育活动中，既能唱古诗又能够将古诗词与韵律结合进行游戏，还能结合声势节奏吟诵古诗词，增加幼儿对音乐时值的把握。

（二）古诗词融入幼儿园音乐教育活动需要反复进行

古诗词融入幼儿园音乐教育活动不是将一首古诗词融入某一个类型的活动中就完成了，同一首诗词很有可能既能歌唱又能舞蹈，还能有节奏。这句决定了对于同一首古诗词不可能一蹴而就地完成融入，需要不断进行，反复探索。加之古诗词数量庞大，内容广泛，涉及方方面面，更要根据幼儿实际水平的不断进步提高难度，整个活动应该是一种螺旋式上升的趋势。本节根据古诗词的特殊性，进行了歌唱活动、韵律活动和节奏乐活动三个领域的探索，好多古诗词既有写景又有生活场景的描写，还有醒世功能，因此在选择融入路径时可以有多种选择，也可以融合两种或者更多的活动类型。古诗词在教育活动中的应用是可以不断丰富的，需要因地制宜，个性发展。

（三）古诗词融入幼儿园音乐教育活动受外部条件的影响

社会环境是古诗词融入幼儿园音乐教育活动的最大外部环境，并且古诗词融入幼儿园音乐教育活动要考虑园所所在地的社会历史文化背景以及民风民俗，古诗词融入幼儿园音乐教育活动也需要幼儿园这个微观系统发挥作用。古诗词融入幼儿园音乐教育活动还需要社会各界的支持，亦要充分利用幼儿园内部和外部资源。可以运用幼儿园已有的关于古诗词的玩教具、图书、乐器、音像制品等；幼儿园也可以定期举办与古诗词相关的主题活动，在活动进行之前利用各方资源，还原古诗词描写场景，生动的活动氛围更加能引起幼儿对古诗学习的兴趣。

五、对古诗词融入幼儿园音乐教育活动方式的建议

古诗词涵盖了社会生活的方方面面，蕴含了很多人文、科学、数学知识，因此古诗词有多方面的教育价值，需要在幼儿园一日生活中积极融入，发挥其价值。可以融入幼儿自由活动时的游戏中，可以融入区角活动的自由探索中，也可以融入其他领域

的教育活动中。总之，除了发展幼儿音乐能力，还有很多有待开发，需要教师在具体的实践中去发现。

六、对古诗词融入音乐教育活动实施条件的建议

（一）教师转变对古诗词教育的观念

教师是活动的实施者，教师的教育观念尤其影响着活动的组织与实施，在幼儿园开展古诗词融入音乐教育活动的关键就是教师转变以往对古诗词教育的认识。教师对古诗词的作用与价值有新发现，看到它除了语言领域之外的教育价值，才会进行相关的活动实施，而在不断的实施过程中，教师就能越来越多地发现古诗词对教师专业成长的价值，看到对幼儿全面发展的价值，看到古诗词对音乐活动素材丰富的价值，看到古诗词对幼儿园课程开发的价值，等等。如此反复的良性循环，会让教师对古诗词有更深刻且全面的认识，才会发现古诗词类似于音乐价值的其他价值。想要对古诗词有全面全新的认识，教师必须深入地了解了古诗词的创作背景，知道古诗词所表达的情绪情感，这样就能在音乐教育活动中熟练应用古诗词。

（二）教师的自我学习与自我提升

教师要想将古诗词音乐活动设计得有新意，除了对基本的专业知识掌握透彻之外，还要自己学习古诗词相关的知识，对古诗词做到耳熟能详，这样在内容选择和活动类型选择时就会如鱼得水、游刃有余。对古诗词有了充分的了解之后就该考虑进行哪种类型的活动设计，这就需要教师对幼儿园音乐教育活动的四种活动类型都有很好的掌握，并且对每种类型的活动目标和要求了然于心，才能更好地组织实施教学活动。教师需要自学这两方面的基础知识，不断提高自身能力。

由于幼儿园古诗词音乐教育活动是属于艺术领域，因此还对教育者的艺术素养提出了一定的要求。要求教育者掌握基本的音乐知识与音乐技能，有一定的音乐素养，对音乐有独特的艺术情感和高品位的艺术审美。与此同时教育者要具有基本的古诗词功底，能够看懂古诗词中的平仄特点，知道古诗词吟诵的基本节奏，满足了这两方面的知识要求，教育者还应具有将二者合二为一的综合能力，能找到古诗词与幼儿音乐教育的契合点。要做到这些都需要教育者有自我学习的自觉性和自我提高的愿望。

七、对古诗词融入音乐教育活动支持的建议

（一）幼儿园重视古诗词对幼儿教育的价值

经过研究者的研究发现，能否很好地进行古诗词音乐教育活动，幼儿园对古诗词教育价值的重视程度是一个很大的物质前提。教育者重视古诗词的传承与应用价值，就会把古诗词在幼儿园中的应用看成是优秀传统文化在幼儿园中保护与传承的需要，将古诗词在幼儿园中的开发与利用看成是对古诗词的继承与发展。这些都使得幼儿通过古诗词更深入地了解了传统文化。有利于萌发幼儿热爱本民族传统文化的情感倾向，促进幼儿的全面发展。将古诗词融入幼儿园中，增加了我国幼儿园教育的特色资源，

也有利于幼儿园园本课程的开发。所以，幼儿园应当重视古诗词及其他传统文化资源的应用价值，努力建设成一个具有我国特色的幼儿园。

（二）教师重视专业能力提升

教育者自身的专业能力影响活动实施效果。幼儿园教师队伍的专业能力及专业素质影响整个幼儿园的教育观念，影响整个幼儿园的发展方向。因此幼儿园教师要有积极向上的心态，有终身学习的欲望，有向年轻一代教师学习的虚心，致力于提高自身的专业能力。教师有研讨反思的团队合作习惯，互相提高的心态，不断提高自身专业素质。幼儿园应当以园长为首，对古诗词融入幼儿园音乐活动持接纳态度，自身不断学习。

（三）家长重视家庭教育

古诗词融入幼儿园音乐教育活动虽然是幼儿园中的活动，但是单单靠幼儿园一方面的努力远远不够，幼儿园的教育活动固然重要，但家庭亦有其特有的价值，家庭是幼儿认识世界、认识社会的第一站，也是古诗词教育不可或缺的场所，只有家长意识到古诗词学习的重要性，无论家长能不能把其融入音乐方面都无关紧要，因为在教育活动方面幼儿园起主导作用，而家长在家庭中的有关古诗词方面的影响主要是增加古诗词相关经验，拓展幼儿对古诗词的了解与认识。同时家长一直都是幼儿学习的榜样，家长的看法、认识会悄无声息地影响幼儿。当然，幼儿园的教育活动和家庭中的潜移默化不是两条平行线，自顾自地进行，两者需要交流碰撞，互相促进，互相补充。

第七章　古诗词教学中幼儿审美能力培养的策略研究

随着新课程改革的不断深入，同时因社会发展和人的发展的需要，使得曾经不受关注的审美教育回到了教育视野的中心。审美教育的实施有利于提升个人修养与人文内涵，最终促进人格的完满发展。语文是一门兼顾工具性与人文性的学科，在学生语言文字的积累与运用和高尚道德情操与优秀人格的培养中只有语文能担此大任。语文教学由若干部分组成，古诗词便是其最重要的组成部分之一。古诗词是我国传统文化中一颗闪耀的巨星，凝结了千年的文化与智慧。具有极为丰富的审美教育资源，是培养学生健康的审美能力，提升个人审美修养的宝贵材料。童年时期正是儿童审美意识觉醒的关键期，而古诗词美育教学有助于促进儿童形成正确的审美观念和健康积极的审美素养，对于审美各项心理能力的培养有不可忽视的重要作用。

第一节　古诗词教学与幼儿审美能力培养

一、古诗词的教学目标与教学内容

（一）教学目标

1. 新课程标准的目标引领

课本中的古诗词，尤其是小学课本中的古诗词，是中华民族几千年以来独特的智慧成果，更是审美文化的结晶，是在漫长的历史岁月中形成的具有中国特色的传统文化的国家宝藏。《语文课程标准》（2011年版）中：语文课程在传承发扬中华民族优秀文化，提升民族文化自信，增强民族文化认同与凝聚力中具有不可磨灭的重要意义。语文课程应当通过优秀的传统文化来促进儿童"德智体美劳"全面发展，在潜移默化中对儿童进行熏陶与感染，促进儿童提高自身的审美情趣与个人修养。而古诗词浩渺广博，作为儿童学习我国优秀文化的启蒙读本，自然对儿童的语言表达、思维发展等方面都有着重要意义。在《语文课程标准》总体目标当中，要求能初步鉴赏文学作品，能够借助工具书阅读浅近的文言文，小学阶段要求背诵诗文约80篇。由此可见，《语文课程标准》对古诗词的重视程度。

《语文课程标准》对中段儿童古诗词的学习提出了相应的具体目标："能独立阅读古

诗词，初步把握古诗词大意，发挥想象，对古诗词描述的画面与情境进行联想，体会其表达的情感，进而确立追求美好的理想。"从这段描述可知，《语文课程标准》在古诗词美育教学中提出了较为明确的要求，即在古诗词教学中不仅让学生把握诗词的内容和初步体会其情感，还明确了幼儿审美能力的培养。

2. 古诗词教学的学校课程目标

在古诗词教学方面，D小学采取"听—听，评—评"的模式，定期组织教学研讨课，且针对每个年级提出具体的古诗词教学建议，给教师的课堂教学提供一定的参考。在中高段的古诗词教学中，D小学主要从古诗词的画面、意蕴、情境和情感等方面进行思考。因而该学校古诗词的教学目标为：可以根据古诗词的内容，自行描述作品的画面；可以根据作者笔下的基本情感基调和内容进行大胆合理的想象；可以大致说出各个意象的基本意义；能够初步体验古诗词所表达的情感。

从这些基本目标可以看出，D小学在古诗词的教学中重视诗文美育，将视线放在了学生对古诗词的感知与想象方面，强调了古诗词对学生审美能力培养不可替代的作用。

（二）古诗词教学内容

自教育部下发通知以来，2019年秋季伊始，全国统一使用统编版教材。其中新的语文教材中古诗词达到129首，较以往增幅近87%。朝代囊括了唐、宋、元、明、清，包含了近60位诗家词人。体裁也包括了律诗、绝句和词等，在这些古诗词中可以看到作者们风格迥异：李白的诗超凡脱俗、浪漫飘逸；杜甫的诗深沉蕴藉、忧国忧民；王维诗画共生；苏轼、辛弃疾之词风辛辣豪迈；李清照之词脉脉含情、婉约隽永……有借景抒情之诗、状物言志之词、说理明事之篇等，内容形式多样，绘成一幅多姿多彩的古诗词画卷。

二、古诗词中的美育因素

中国古典诗词是享誉世界的文化遗产，更是极具魅力的艺术精华，一首小诗、一首小词，方圆之内，包含天地。若从《诗经》算起，我国的诗词已有3000多年的历史，在浩如烟海的诗词当中，不少绝世佳作名留千古，代代传唱。"明智于史书，灵秀于诗书"，古诗词是智慧与深情的集大成者，其灵动的语言，悠远的意境，深刻的情感不仅为古诗词增添了浓厚的魅力，更是培养幼儿审美能力不可多得的材料。

（一）古诗词的音乐之美

若要探讨古诗词的音美，追溯古诗词的前世今生，得从《诗经》入手。在其中能找到完美的诠释，从时代来看，《诗经》发于春秋战国，其鼎盛时期却距春秋甚远，以平、上、去、入声为基础声调，其表示不同的情感。以平声表现欢愉的心情，表现悲恸忧愁则多用上、去、入三声。独特的发音和韵律使古诗词更有时代的味道。《诗经》总共305篇，其音韵或抑扬顿挫，或跌宕有致，平仄交替，旋律悦耳，回环往复，便似那珠落玉盘之声。《诗经》凭借音韵就可以将我们带到那些时代当中，由于古诗词独有的音韵和节奏感，朗朗上口的古诗词自出世伊始就与音乐结下了深厚的缘分。

我国的古诗词在音乐之路上走得非常深远，在中华几千年文明中，诗词流露的真情因其音乐的特性，把古诗词的音乐化进程推至高潮。其中节奏便是功不可没，为古诗词音韵之美的画龙点睛之笔。所谓节奏是指按照发音的长短、强弱以及音调在特定的环境与情感氛围中以特定的规则展现出来的音乐表现形式。个体因不同的节奏而产生不同的感受，且对人的情感体验的影响也是不一样的。在音乐作品中，节奏节拍是其主心骨，它引领了一首音乐的基本情感氛围和基调。其次便是搭配相符的元素和组合了，不同的音乐元素之间会产生不同的音乐共鸣，主要体现在强弱不同变化与发音的时间长短不同。一首完美的诗词在节奏强弱与发音时间长短上有非常精准的把控，并且能够与诗词的情感基调和意蕴紧紧契合。诗人在进行创作时往往通过变换音调与平仄来形成节奏，一个组合一般包含两至三个音节，并且两个音节之间不得冲突才能做到流畅利落恰到好处。有时会根据诗词的特定情境与作者的独特情感有所变化，这样变化的目的也是使得诗词主旨与情感更加贴切。

在古诗词的教育教学实践中，反复引领学生理解这样的节奏美，由此入手，便可以让他们对古诗词的音乐美有较为深切的体会，进而自然而然地体味作者所要表达的情感与诗词中深远的意境。调动学生主动学习古诗词的积极性与热情。拿五言绝句举例，一定情况下，由于诗人词家需要表达自身的情感，在五言诗中其结构与句式随着故事情节的逐步发展而产生一定的变化，甚至节奏也会发生相应的变换，因此改变这些元素，新的节奏便会产生，或高昂或低沉或愉悦或忧愁，这种节奏是完全随着作者的心境变化而变化的，所呈现出来的诗词也是由作者的心境而产生的，让读者随着节奏追随作者的心境和情感变化的历程。如《静夜思》，该诗前后两句在节奏和局势上有突出的起伏变化，该诗家喻户晓，是李白在他乡睹物思情，望着皎皎月光，思乡之情写满心底，诗人以手写心，将思念之情完全表达在了这首诗中，前两句是自己看见月光低低轻吟，"光"和"霜"在夜里都是清冷萧瑟的，因此诗人心底也显得凄凉，后两句话锋突转，体现在"望"和"思"，呈现出诗人一种动态的心理活动，表现诗人对家乡浓郁的思念之情，惆怅之感油然而生。

（二）古诗词的语言之美

语言是人类精神文明的重要传递载体，不管是精奥的思想情感或是简单的言谈，都只能通过语言来呈现。而古诗词的语言更为精妙且丰富多变，给人以无限的审美体验。古诗词中有大量的绝美词句，或缕缕春风，或惊涛拍岸，虽语言极为凝练，但却可以表达出刻进骨子的深厚情感和包罗天地的雄浑气势。感知、体味古诗词的语言美，不但可以提高儿童的语言表达能力，而且对儿童的审美能力的培养也极为有利。古诗词的语言之美最主要体现在语言的精炼和工整。

1. 精炼美

诗家词人在进行创作时，力求精炼简洁，极为讲究炼字。将冗长的话语精心雕琢，反复推敲，用最为精炼的字或词语来进行表达。所以古人作诗、作词往往倾尽心血，细细琢磨。如诗仙李白的《望天门山》：

> 天门中断楚江开,
> 碧水东流至此回。
> 两岸青山相对出,
> 孤帆一片日边来。

诗中描绘了天门山和长江的奇秀之景,用精简的笔墨,表达出了长江之水的汹涌磅礴与天门山相对的险要地势。由"断"字可晓天门山山势陡峭险峻,"开"字可晓江水势如破竹,湍急汹涌。诗人对此二景的描绘生动传神,如身临其境。"流""回"二字也是用得极好,因"流"字而见江水浩浩汤汤,奔向远方;因"回"而见山止川行,湍急江水回旋激荡北上,急转直下;"出"与"来"给人以动态的直观感受,化静为动。这便是古诗词语言所带来的精炼之美。

2. 工整美

古诗词的工整之美是其最突出的特点之一。所谓的工整不仅仅是指每一句诗中字数上的相等,更是字词意义上的对仗。这种工整美在其语言上给人以极大的身心愉悦感。例如唐代的李绅《悯农》一诗中:

> 春种一粒粟,
> 秋收万颗子。

这两句在对仗上可谓是做到了极致。不仅是字数上的对仗,在语法上也是极为对仗,主谓宾排列整齐,季节对仗,春对秋;数量对仗,一粒粟对万颗子。又如诗佛王维《画》中前两句:

> 远看山有色,
> 近听水无声。

此诗描绘的是自然美景,而作者赞扬的却是一幅画,此二句描绘的是山色分明,溪水无声静静流淌的画面。对仗极为工整,且诗中每一处对仗都运用了反义,一正一反,使得节奏更加分明,意蕴十足,读来抑扬顿挫,回味无穷。

除此之外还有许多对仗工整精妙的诗句,如杜甫的《绝句》中"两个黄鹂鸣翠柳,一行白鹭上青天。窗含西岭千秋雪,门泊东吴万里船",李白的《静夜思》中"举头望明月,低头思故乡"等。古诗词中工整对仗的外形不仅能够激发读者的兴趣且无形之中融入了无限的意蕴,让人能够产生独特的审美体验,进而品析语言艺术所带来的美,从而提高审美能力,增强语感。

古诗词语言中除了凝练与工整的特点外,其最显著的特征便是"言有尽而意无穷"。优美婉转的旋律,精妙的语言,意味深长的情感,对各个年龄阶段人群的审美发展都起着重要的教育作用。孩提诵之天真烂漫;少年念之意气风发;青年读之醍醐灌顶;成年品之滔滔若江河,挺拔如松柏;老年回味时眉眼间从容优雅,淡静至简。古诗词之言美,美在骨。诗词中有强大的力量,这种力量就是滋养心灵的精神食粮,使得审美能力得到极大提升。

（三）古诗词的意境之美

意境是指在特定的自然情景中融入作者感情的高阶审美理想状态。入选到小学语文课本中的古诗词皆为绝世佳作，这些拥有强大力量、扣人心弦的古诗词，流传千古，除了其音韵和谐，丰富多变的语言魅力之外，还有其含蓄隽永，雅致丰富的意境之美。"意境"在我国古代文学中有着相当重要的地位，是古典文学中非常宝贵的文学瑰宝，是所有文人骚客和艺术家的精神追求。园林艺术家陈从周先生曾言："中国美学最重意境二字，可以通过多种形式来表达同一意境。造园可巧妙利用文学、绘画、音乐等意境，这便是其高明之处。"古诗词的意境一般主要表现为情景交融、虚实相生、神形合一。

1. 情景交融

通俗来讲，情景交融指情感和景物合二为一，相互作用。最早出自宋朝张炎《词源》中，"离情当如此作；全在情景交炼；得言外意。""意境"一词为我国古代文论所独创。上古时代庄周的"自由之境"至唐末司空图的"象外之象，景外之景，韵外之致，味外之旨"等观点，极大地拓展了"意境"的研究范围。时至今日，意境内容包含情与景、审美想象的空间两大因素。

意境凭借情景交融才能得以表达。从诗词的演进来看，意象由心物交感而产生，因此基于意象的意境，自然也无法回避主体的情感和客观事物的相互作用。经过渗透，就以情景交融进行表现。主要有三种呈现方式：

一为景中有情。诗人潜情于景，一切都通过意象来进行表达，不言情却有情。情在景中，却也显得更加情深意重。最为重要的是"点情"，笔墨凝聚在形象生动的景物中，表达的情感却不刻意突出，只将代表感情的字词轻轻点出。如马致远的《天净沙·秋思》：

> 枯藤老树昏鸦，
> 小桥流水人家，
> 古道西风瘦马。
> 夕阳西下，
> 断肠人在天涯。

这首诗中有多个景物，这些意象形成了一幅生动画面，深秋某日，落日余晖洒满大地，一位浪迹天涯的游子与一匹枯瘦老马映入眼帘。凄清孤寂，散发出漂泊天涯的不归人的秋日思乡，疲于漂泊的凄凉悲苦的心境。整首诗仅28字，却出现了九种意象，结构精巧，言简义丰，韵味深长。王国维先生在其《人间词话》中指出："一切景语皆情语。"该诗前四句都为景物，却又透出浓浓的情语，"枯""老""昏""瘦"等字眼将人拉到一个清冷萧瑟的秋日中，满眼写尽凄苦与悲凉的画面。整首诗的点睛之笔是本诗结尾处的"断肠人在天涯"，无限的孤独与惆怅，仿佛天地间只剩自己一人。景物皆为诗人的眼中物，但同时又承载了诗人的感情，是为心中物。全诗景中寓情，情中赋景，达到打动人心的意境。

二为情中见景。情中见景其目的是营造"情景交融"的意境，情中见景让读者得以在浓浓的"情"中"见"到生动形象的景物，进而体味作者的真情实感，最后得到美的享受，丰富自己的精神世界。作者在写景时适当用文字直抒胸臆，不晦涩，不避讳。是为"情中见景秉笔书"。乍见不曾写景，实则细读之后能发现其中深厚的情感所带来的极具视觉冲击的景色画面。见陈子昂的《登幽州台歌》：

　　　　前不见古人，
　　　　后不见来者。
　　　　念天地之悠悠，
　　　　独怆然而涕下。

全诗无一字写景，但却满眼景：浩瀚无际的天地间，如沧海一粟的诗人立于兀然耸立的高楼之上，凉风萧瑟，孤寂无边。怀才不遇、报国无门的苦闷心情通过"无景"渲染得淋漓尽致，是为情中见景也。

三为景情共存。此为以上二者的综合，情意的抒发与景色的刻画在此形成一种浑然天成的境界。如唐代崔护的《题都城南庄》：

　　　　去年今日此门中，
　　　　人面桃花相映红。
　　　　人面不知何处去，
　　　　桃花依旧笑春风。

该诗描绘了一幅这样的画面：去年春日在这户人家我看见了那美丽的容颜与桃花相映衬，显得格外红润温柔。今年再来此，却不见那熟悉的身影，只有桃花在微风中含笑怒放。"相映红""笑春风"用得极其巧妙，"相映红"生动传神地表现了作者看见佳人时内心的欢喜，与桃花一样美丽温婉；"笑春风"则表现了作者未能见到去年那位不期而遇的美丽少女，只有怅然若失的失落与惆怅之感。诗人的感情与时光变迁、物是人非相呼应，情中有景，景中现情，景情并茂。

2. 虚实相生

"虚"是想象出来的幻景，用来满足作者当时的心理需要。"实"是指实实在在具体可感的意象。在古诗词的创作中，利用虚景与实景的融合与渗透而产生的相互作用，来生发出强烈的情感，使得当前的氛围得到渲染。"虚实相生"是创设意境的重要形式之一。见唐代王维《九月九日忆山东兄弟》：

　　　　独在异乡为异客，
　　　　每逢佳节倍思亲。
　　　　遥知兄弟登高处，
　　　　遍插茱萸少一人。

诗的前两句描绘了诗人在他乡恰逢佳节，在万家灯火人人团圆的时刻，自己却独自一人，孤寂寥落，思念亲人。这是具体可感的事实，也是诗人陈述的事情，乃实写。后两句是诗人幻想出来的情景，想象中身在远处的亲人们在这日头上佩戴茱萸，出门登高望远,乃虚写。在该诗中实景与虚景相结合营造了一幅鲜活动人的场景,诗人"见"此景生此情,其思乡之情和思念亲人的惆怅之感油然而生,无法排解。

3. 形神合一

"形"是指事物的外在形象,"神"就是借以外在形象表现出来内在的品格、精神、规律。事物本没有"神",只有当人的主观情感与其发生作用时,事物才会有"神"。如清代郑燮的《竹石》:

咬定青山不放松,
立根原在破岩中。
千磨万击还坚劲,
任尔东西南北风。

我们能通过眼睛感觉该诗的结构、语言就是诗词的"形"。而"神"就是诗人通过对竹的主观赞赏赋予了竹坚韧不拔的品性,表达了诗人不随波逐流的高尚思想品质。在人的内在品质与竹的品格相近或相似时,人们就用"竹"来喻人,是谓"借物喻人",借此来实现提升德行与品味,陶冶性情的目的。此为形神合一。

在儿童学习古诗词的活动中,帮助其理解诗人所要表达的感情,体悟诗词意境,进而能让儿童一步步走进诗人的精神世界,见诗人所见,感诗人所感,修炼情操,品味人生百态。

(四)古诗词的画面之美

色彩和画面二词在艺术类绘画当中是极为常见的概念,画家常常用色彩与线条来展现美的画面,而诗人词家则用丰富凝练的语言来描绘美的画面。对于感知觉健全的人来说,都普遍具有关于色彩的体验,因此诗人词家常常利用自身对色彩的敏锐感知力,将色彩纳入诗词的创作当中,将各种色彩加以组合或并置,以此来为诗词增添感染力,引起广大读者们的无限遐想。色彩带给人的强烈视觉冲击与情感的共鸣,这在诗词的创作中就尤为突出。语言虽简洁凝练,读者却能够依据古诗词的语言以及种种意象创造个性化的关于"美"的画面,便给读者制造无限的想象空间。色彩具有直观、鲜艳的特征。孩童时期是感知觉的快速发展期,因此能够非常敏锐地捕捉到色彩、感受色彩。小学课本中所选取的诗词在色彩运用和搭配上也非常充分,如唐代白居易的《忆江南》:

日出江花红胜火,
春来江水绿如蓝。

春来百花盛开,已经极艳,红日照耀,阳光洒满人间。碧绿的江水与春日相互映衬,显得"红更红""绿更绿"实为一派绚烂之景。又如宋代杨万里的《晓出净慈寺送林子方》:"接天莲叶无穷碧,映日荷花别样红。"荷叶田田,一碧万顷,远远望去仿佛与天相接,微风袭来,荷叶摇曳多姿。日头正盛,红红的荷花在耀眼阳光的映衬下也显得格外明艳。通过色彩描绘构成了一幅美丽动人的画面,明艳、温婉动人,突出了夏日美好光景。儿童可以从这些鲜明的色彩感受色彩与物结合的美,进而体会自然之美，人情之美。

（五）古诗词的情感之美

诗人在创作古诗词时，将自己的感情赋予各种意象当中，因此表现为"情动辞发"。晋代文论家陆机在其作品《文赋》中提道："诗缘情而绮靡。"大意为情感的抒发能够使诗词更加细腻，打动人心。古诗词诞生于诗经，而诗经诞生本就是源于社会劳动人民情感表达的需要，因此，古诗词本身就具有情意并茂的特征。在古诗词中简约的文字与诗人的真情实感相结合，使诗词作品带给人以心灵的滋养。千年以来，古诗词代代传唱，经久不衰，时至今日仍具有无法替代的独特魅力，给人以无穷的审美享受与艺术感染。如唐代元稹的《远望》："满眼伤心冬景和，一山红树寺边多。仲宣无限思乡泪，漳水东流碧玉波。"诗人直抒胸臆，寓情于景，以冬季的萧索肃杀与漳水东流的景象来表达作者的孤寂思乡之情。这样直接且强烈的情感，让人身临其境，使读者内心也跟着作者一起忧郁，扣人心弦。

诗词中的每一句话都体现了作者当时情感的细微变化，这便是古诗词的绝妙之处。又如杜甫的"安得广厦千万间，大庇天下寒士俱欢颜"，王侯贵胄钟鸣鼎食，歌舞升平莺莺燕燕，而数不尽的贫苦老百姓连栖身之所都没有，食不果腹。可以感受到作者强烈的情感抒发，希望黎民百姓能过上安居乐业的生活，从侧面表达了对当朝的不满与控诉，展现了诗人忧国忧民心系天下的情怀，带给人强烈的情感体验，不只是感觉的冲击更是心灵的涤荡。

"写情则以沁人心脾"，情感的表达在诗词创作中是非常重要的，这需要作品直通心意。诗人往往才思敏捷，善于将自己的浓烈情感融入自己的所见所闻中，从而由物而感，有感而发。即使是极其细微的情感也能表达得淋漓尽致，给人厚重连绵的情感体验。古诗词中所具备的"韵外之致"与作者的真情流露才是诗词的魅力所在。

（六）古诗词的哲理之美

"哲理"即是关于自然的真理或推动人类社会进程发展的道理。小学阶段有非常多的具有哲理性的古诗词，因此在引导儿童学习古诗词中的美好的事物与体验美好的感情时就是在让学生感受真善美，就是在感悟人生哲理。

在早期诗词到底能否体现哲理，是具有非常大的争议性的。西方国家的柏拉图指出诗词只是描写的表面现象，不能反映事实与客观真理，而亚里士多德认为现象与本质是一致的，诗词描绘的虽是现象，但也能表达内在本质，因此可以表现出哲理。时至近代，诗词的哲理性质得到了广泛的认可，而且渐成时代趋势。高尔泰曾指出："诗是情感的产物。在情感的流露中，诗为哲理，哲理亦为诗。"我们常常能在古诗词中寻找到一些寓意深刻的哲理，如陆游的《游山西村》中："山重水复疑无路，柳暗花明又一村。"重峦叠嶂前方好像已经没有路了，忽然又看见了一个新的山村。让我们明白即使在眼前看似无路可走时，说不定就会有新的转机，遇事不自怨自艾，不放弃不抛弃，好好做当下的事，就会有新的契机出现。苏轼的《题西林壁》中："横看成岭侧成峰，远近高低各不同。"可以明白站在不同的角度去看待万事万物是不一样的，因此看待事物不能只看表面现象,应看其本质。杜甫的《望岳》中:"会当凌绝顶,一览众山小。"会让我们领悟到只有爬上了山的顶峰,才能看见群山皆渺小,在人生中同理,只有自身达到了一种高度与境界才能有大的格局。

高尔泰曾指出:"诗以美为积淀,不美不为诗。"因此读诗、学诗就是在接受美的熏陶和真与善的滋养。孟郊的《游子吟》中:"慈母手中线,游子身上衣。临行密密缝,意恐迟迟归。谁言寸草心,报得三春晖。"让我们感受到了深厚的母子之情,以及诗人对母亲浓浓的思念之情。在杜甫的《春望》中:"国破山河在,城春草木深。感时花溅泪,恨别鸟惊心。烽火连三月,家书抵万金。"我们感受到了诗人浓烈的家国情怀,希望天下太平、百姓安居乐业的愿望。在古诗词课堂教学中教师可以引导儿童反复品读这些古诗,让学生获得对生命的思考,对人生的感悟。母子之情是爱,家国情怀亦是爱,让学生通过古诗词走进诗人的内心,感受爱,感受真情,只要能够感受到爱,那就是美的。这样儿童的审美能力与审美品位就会逐步提高,审美感知也逐渐完善。让美育落到了实处。

三、儿童的心理特点

6~12岁的儿童,是身体发展和心理发展的重要转折期,学习活动成为儿童生活的重要组成部分。这个时期,心理发展也尤为突出,各项心理能力也在快速发展。

小学阶段儿童的心理发展历程大致为感知觉快速发展,通常表现为无意向有意转变。记忆力发展迅速,具有稳定性与精准性。注意力开始从无意向有意注意过渡,意志水平逐步提升。思维发展的明显特点就是从形象具体思维到抽象逻辑思维发展,情感体验日益深刻。这时期,儿童的好奇心强烈,具有丰富的想象力,感知觉敏锐。

古诗词美育的最终目的就是培养儿童的审美能力,提升审美品位与审美情趣,完善人格,塑造健全的身心。"审美能力"是审美心理的综合表现,包括对美的感知、想象、理解与情感等心理能力。培养儿童的审美能力,审美心理是第一要素,儿童的审美心理得到了完善与发展,才能为审美能力的发展做好铺垫。依据审美能力发展的顺序,将儿童的审美能力发展阶段分为审美感知阶段、审美想象阶段和审美情感阶段。

(一)审美感知

审美感知是指审美主体凭借审美器官从审美客体中得到美的体验。包含了审美感觉与审美知觉。小学阶段的儿童视听发展尤为迅速,整个小学阶段就能发展到成年人的水平状态,这时期的儿童能非常容易理解直观形象的事物,因此对形象的美他们是比较敏感的且能产生较为持久的注意力。因此教师在古诗词教学活动中要关照儿童审美感知力的发展与培养。例如在古诗词的诵读指导中,应该关注儿童多种感官的参与,通过眼到、耳到、口到来直接体验古诗词的韵律与节奏,适当配合相应的音乐与图片,能够极大引起儿童的无意注意,激发审美兴趣,达成审美感知。

(二)审美想象

审美想象是指把从审美感知那里获取的表象再加工,这种加工往往是精加工,表现为改造与重组，进而创造出新的形象的心理能力。这是审美创造的必要条件，以审美感知为基础。如唐代李白在其《夜宿山寺》中的"危楼高百尺，手可摘星辰。不敢高声语，恐惊天上人。"事实上山顶的寺庙并非高百尺，站在上面也并非能摘星辰，但是诗人在创作当中融入了自己的想象，给人以强烈的视觉冲击，让人获得"美"的奇妙体验与享受。这正与儿童当前的心理发展相契合，这时期的他们往往奇思妙想，天马行空，想象力非常丰富。若是教师能够善于利用该诗对儿童进行想象的引导，那么结果肯定会让我们惊喜。鲁迅曾有言："儿童值得敬佩。他们想上九天揽月，下五洋捉鳖，他们懂花在说话，懂虫鱼鸟兽的吟唱。"由此看出儿童的思想天真烂漫，自由纯真，因此关照儿童的想象力，是教学工作的重要任务。

（三）审美情感

情感是对世界的一种特殊反映，它并不是对事物的本质进行反映，而是对相互作用的主客体之间的关系进行反映。儿童是否主动参与到审美活动中是考量审美情感是否发生的重要依据。儿童时期其审美情感正在逐步发展与完善，以审美感知为基础，在感知到"美"的事物时会激发情感的发生。如贺知章的《咏柳》："碧玉妆成一树高，万条垂下绿丝绦。不知细叶谁裁出，二月春风似剪刀。"在春日暖阳中，柳树上长满了嫩嫩的小芽，远远望去就像一位风姿绰约的淡雅少女，细细长长的柳条随风舞动，就好似少女的万千青丝。此时正是春日光景，因此可以让学生亲身体验这样一幅春日柳絮图，带领学生亲身领略大自然的魅力，从生活出发，结合所学进行感受，儿童的审美情感容易在这样的环境氛围中激发出来。"乱花渐欲迷人眼，浅草才能没马蹄。"春日光景，繁花盛开让人目不暇接，毛茸茸的浅浅青草刚刚没过马蹄。"乱花"与"浅草"唤醒了诗人心中对春日无限的热爱与赞美之情。古诗词的意象中往往透出作者的情感和深入的思考，因此借以古诗词的教学来培养儿童的审美情感能力是非常有必要的且有非常大的可行性。儿童在教师的指导下深入体会作者的内心情思与感悟，有助于提升自身的审美情操，进而完善与提升审美情感能力。

小学时期的儿童的审美能力具有非常大的局限性，因此审美能力也非常有限，对一些古诗词的鉴赏只能停留在表面，不能深度地思考其艺术与情感的价值。但是这时期的幼儿审美能力正在快速发展变化，其审美心理也在逐渐发展与完善，具有极大的可塑性。在古诗词的课堂教学活动中，教师的教学内容梯度与教学活动的安排应当遵守儿童审美心理的发展规律，从古诗词丰富的美育材料当中挖掘最适合当前教学的美育元素，因材施教，方可有所成效。例如，这时期的儿童天真烂漫，总是充满奇思妙想和无限的好奇心与探索欲，善于利用感觉器官来认识世界。所以在教学中应当多多利用儿童的视听敏感性与教学内容相结合，进而促进儿童审美感知的发展，在此基础上促进审美情感的发展，在前两者基础上达到审美创造的发展，最终促进幼儿审美能力的发展。

第二节　古诗词教学中幼儿审美能力培养的现状及问题

为了能更好地了解小学语文古诗词教学美育的现状，选取本人所在学校师生作为调查对象，以问卷法和访谈法为本节的研究方法，针对儿童，随机发放《关于小学语文古诗词美育的问卷调查》共 200 份，回收 195 份，问卷回收率为 97.5%，因此阶段的儿童心理发展的特殊性，同时年纪较小，所以本次问卷内容的设计简明扼要，通俗易懂。笔者拟定相应的访谈提纲，采用半结构化访谈形式对本人所在学校的教师进行访谈，随机抽取 8 名教师，请老师们按照实际情况作答，笔者录音并做好相关记录。

一、古诗词教学中幼儿审美能力培养的现状

（一）学生现状

1. 学生爱诗却被动学诗

笔者对学生对待诗词的态度与学习诗词的态度进行调查分析，发现学生喜欢古诗词的人数占比 52%，超过了总人数的一半，觉得喜欢程度一般的占 40%，不喜欢诗词的仅仅占总人数的 8%。针对学习古诗词的原因，因自身喜欢而喜欢古诗词的占了 56%，因为老师的要求而学习古诗词的占了 20%，应付考试的占了 24%。从以上数据看出，学生不抗拒学习古诗词，同时一半的人数是对古诗词感兴趣的，剩下的一部分也对古诗词的学习持接纳的态度。笔者在教育实践中了解到，儿童之所以对古诗词感兴趣，是因为古诗词精炼简洁，篇幅短小且具有很强的节奏感，朗朗上口，读起来有趣又好玩。即使他们不能理解诗句的意思甚至是诗词表达的情感，却喜欢摇头晃脑地读读背背。但是，从对儿童诗词学习的主要原因的调查来看，学生选择"自身兴趣"才学的只占 12%，因为"老师要求"而学的占了 31%，"考试需要"的占了 57%。从这组数据中，我们可以发现，儿童对待古诗词的态度和诗词学习的态度还是有很大的差异性。由调查我们可以发现儿童对古诗词是很感兴趣的，也乐于去朗诵，学习态度是积极正向的。而在实际的古诗词学习活动中，儿童认为自己的首要任务就是完成教师布置的各项古诗词的学习任务，而自己究竟是否喜爱则不在当前考虑的范围之内。因此可以看出"喜爱"并不是学生主动学习古诗词的动因，"任务"才是。为了完成作业任务和考试，学生对于古诗词的学习是被动的，被教师牵着走的。长此以往，学生对于古诗词的热情就在刻板的学习任务中消失殆尽了。

2. 诗词学习缺少审美体验

儿童在学习诗词时，认为古诗词的语言"非常美"的占 32%，认为"比较美"的占 58%，认为"不美"的占了 10%；经常会被诗词语言所感染的占 27%，偶尔会被感染的占 55%，从来不会被感染的占 18%；学习古诗词时经常会主动联想画面的有 21%，

中国传统诗词中的幼儿诗词及教学

偶尔联想的有69%，从来不会联想的有10%；在生活中见到一些事物会经常想起学过的古诗词的占8%，偶尔想起占了23%，从来不会想起占了69%；在学习古诗词时能否体会作者想要表达的感情一问中，"完全可以"占了11%，"偶尔可以"占了43%，"无法体会"占了46%；在课堂上或者课外，你会尝试自己写诗或改编诗词一问中，"经常会"只占了总人数的3%，"偶尔会"占了8%，"从来不会"占了89%。由以上数据可知，儿童是机械被动地学诗。儿童容易被古诗词传达的情感所感染，但是却无法主动走进古诗词，因为大多数情况下无法真正地去感受古诗词所传达的语言美、音韵美和画面美等"美"的熏陶，从而缺乏审美体验。

（二）教师现状

1. 对古诗词教学缺乏足够重视

从小学语文教材中对古诗词的呈现情况来看，小学课本中选编了各类体裁的古诗词，因此古诗词学习材料尤为丰富。若对这些丰富的美育资源加以深入挖掘且善以利用，势必会对儿童的身心产生积极正向的促进作用，提升其审美素养。在一线课堂教学中，不能认为教师们不重视古诗词的教学，而是经过调查，发现教师们对古诗词的重视角度失之偏颇，同时重视程度也不尽如人意。笔者通过对两所学校教师的访谈得知，教师们每周语文课不超过10节课，分配在古诗词教学上的时间非常有限，因此为了赶课时，往往一节课讲两首甚至三首古诗词，大多数古诗词的教学都是解释题目，了解作者，读读诗句，翻译诗词的意思，然后就是学习生字。最后的任务都是背诵诗词和每句话的意思。教师们对古诗词的教学重背诵轻理解，强调情感却无法真正将学生带入情境体会情感。大多数老师更为重视阅读教学，因为在考试当中，阅读所占比例较大，因此会花多数时间在阅读教学上面，这样就造成了古诗词教学与阅读教学的失衡。导致古诗词美育资源得不到充分发掘，古诗词的审美育人功能则无处施展。

2. 情感目标为知识目标的"陪衬"

《义务教育语文课程标准》中三维目标即知识与情感目标、过程与方法目标、情感态度价值观目标的确立，打破了旧式应试教育只重视智育而轻情感教育的弊端，使得儿童的情感与价值观的培养得到有力保障，同时更注重学习的过程，强调儿童从过程中进行心灵与情感体验，从而促进心理能力有力发展。这样的转变意义重大，让语文这一门学科工具性与人文性都得到有效的发挥。

在一线课堂教学调研中，笔者常常发现在古诗词教学活动中，大多数教师对于古诗词的教学目标依然停留在知识层面。通过访谈，教师们也分享了一些自己的教案，《忆江南》是其中一篇，其教学目标如下：

1. 学写本课的生字。
2. 理解诗与词的区别。
3. 有感情地朗读课文，并背诵全文。
4. 边读边想象画面，体会其大意与作者的思想感情。

由以上四项教学目标可以看出，本课教学目标看似是标准的"三维目标"，实则其本质依然是知识目标。学写生字，理解诗与词的区别，背诵全文都是知识的积累，最后一项目标实则也是需要通过教师的讲授与解释才能让学生知道作者所要表达的情感，而不是通过教师创设相应的情境，营造相应的情感氛围引导儿童进行情感体验。同时这几项目标也并未涉及"美"，从而更谈不上"诗词美育"。当前许多教师和该教师一样，在设置教学目标时把知识的积累仍旧放在首要位置，而情感态度方面的培养却流于形式，因此会发现，儿童古诗词的积累量非常大，因为除了课本上要求背诵的，教师也会要求儿童背诵一些课外的古诗词，但是儿童的审美能力却没有提升，问题就在于，儿童根本没有真正走进古诗词，没有产生情感体验，无法与作者产生情感共鸣，诗词真意得不到领会，"真善美"得不到发掘，心灵得不到滋养。情感目标沦为知识目标的"陪衬"。

3. 教学方法刻板单一，教学过程模板化

由于古诗词距离现代生活非常遥远，脱离现代生活，且是古文形式，因此凝练晦涩，情意深厚，使得学生在脱离教师指导的情况下是无法准确感知古诗词的大意，进而很难体会其表达的情感。所以古诗词确也是语文教学的困难之处，大多数教师的做法就是直接讲述古诗词的含义，让学生能够明白其大意，"串讲法""翻译法"就诞生了，一般步骤为"解题目—说背景—释诗句—述情感"这样模板化的教学僵化死板，将整首作品完全肢解开来，打破古诗词原本的美感和独有的情境，逐字逐句地翻译与拆分只能让学生记住死知识，停留在最浅层面，这样的学习无疑是机械化的，教学方法过于单一，程式化、模板化倾向严重。这导致了儿童的情感体验需求得不到满足，儿童的感知觉发展的需求被死记硬背替代，审美想象能力无处发挥，久而久之，审美各项能力得不到锻炼与开发，就会停滞甚至倒退。因此单一刻板的古诗词教学方法并不利于儿童的审美能力的提升，更不符合儿童审美心理的发展。要想激发儿童对古诗词的学习热情与兴趣，改变教学方法是非常直接且重要的途径，打破模板化的教学，注重儿童的心灵共鸣与情感体验是古诗词教学的必行之路。

4. 对幼儿审美能力培养认识不足，"形式美育"出现

对于"审美能力"的认识，部分一线教师认为审美能力的培养应当着眼于艺术类课程，认为艺术类课程本身的使命就是培养儿童审美的各项能力，因此把幼儿审美能力与艺术类课程画上等号。针对"有无必要在古诗词教学中融入审美教育"这一问题时，教师们的看法出现两极分化，一部分教师比较认同在古诗词教学中应当融入审美教育思想。关键在于没有具体的实施办法，使得自身有心无力，无从下手。另一部分教师认为在古诗词教学中没有必要渗透审美教育，因为考试机制中对古诗词的要求是只要会背诵默写就行，对于审美能力没有具体要求，同时只要多背诵、多积累才能丰富学生的语言文字积累，多读多背才是学习古诗词的好方法。

笔者从和教师们的交流中发现，即使时光变迁，思想更迭，尤其是在近现代以来，关于教育的新思想、新理念如雨后春笋般出现，实际在教学活动中去实施的却少之又少。在古诗词教学中，教师的角色依然没有转变，主动向儿童传授知识与经验，儿童

依然是被动接受者，即使在表面看起来以儿童的审美能力培养为最终目标，实际上也是走走形式，在课堂上放放音乐，展示美图美景，让学生边听边想象，边看边想象。笔者在实践期间曾观摩过一些教师的古诗词课堂，令人记忆犹新的一个场景是：在学习《望庐山瀑布》一诗时，那位老师在解决生字词和作者的背景介绍之后，简单地梳理了诗句含义，就出示了几张庐山瀑布的照片，甚至有一张是动画片中经常出现的场景，然后教师询问学生，看了这几张美景图，你觉得庐山瀑布美在何处？这样的"形式美育"无法真正走进儿童的心灵，只能徘徊在儿童精神世界的外围。课堂教学重点依旧放在厘清诗句含义，学写生字词、背诵诗文上面。同时，由于古诗词的学习枯燥乏味，儿童担心教师的提问自己回答不上而缩手缩脚，因此儿童对于古诗词的学习是不安大于热情与兴趣的。就这样，古诗词中的"美"的元素不仅没有被挖掘出来，反而降低了儿童学习古诗词的积极性，不愿意主动走近古诗词。长此以往，儿童对于古诗词的"美"的向往会在一次次形式中，一次次生搬硬套中，一次次死板机械的学习中消失殆尽。

总之，深入挖掘古诗词的美势在必行。教学活动中的图片、音乐等使用频率过高，看似丰富了课堂，将古诗词演绎得有声有色，实则这些东西只能短暂地引起儿童的关注，但是看的、听的多了难免审美疲劳，时间久了就会对这样形式化的学习失去兴趣。能抓住人心的往往是本质的东西，所以对文本的深入挖掘，古诗词情境的营造就显得尤为重要了，声像资料的展现并不是教学的目的，儿童对古诗词有更为深入的理解与情感体验才是古诗词教学的初心。也有一部分教师不过分依赖多媒体，但是却喜欢"小组讨论"，只要遇到一点问题，教师就让儿童前后四人开始讨论，本来应当让儿童静心思考与感悟的时候，却打破了那份古诗词与儿童的情感联结，讨论变得形式化，甚至在一定程度上阻碍了儿童的独立感悟与情感体验，讨论结果千篇一律，人云亦云。这样的课堂确实非常热闹，儿童好像都积极主动地参与到课堂中，实则这只是表面现象，儿童与古诗词的对话并未成功，儿童很难有"美"的体悟。教师对幼儿审美能力的理解尚未成熟，"形式美育"仍然层出不穷。

二、古诗词教学中幼儿审美能力培养的问题所在

（一）情感教育缺席了古诗词课堂

关于在教学活动中对儿童实施情感教育，苏联教育家苏霍姆利斯基非常赞同。他曾指出："儿童具有情感思维，体现在艺术与形象中。"不难发现古诗词往往非常形象生动，且饱含情思。因此有必要通过古诗词教学对儿童实施情感教育。个体审美情感的启蒙与发展对自身的影响是终身的，如若一个人在自身成长初期没有审美教育经历，那么后期的成长将会受到深远的影响。同理，儿童时代的审美教育为后续的发展打下坚实的基础，个体审美意识的觉醒，审美情感的建立甚至审美心理各项能力的提升与发展都依赖于儿童时代的审美基础。审美各项心理能力之间紧密联系，环环相扣，在这当中审美情感也是极为重要的一环，在童年时期，儿童的情感是非常丰富的，这

个时期他们的情感是最容易被唤醒的，也是最容易被熏陶、感染、激发出来的。但是由于大多数的古诗词课堂教学目标功利化，教学内容刻板，教学活动单一，教学过程模板化，使得古诗词的审美情感教育迟迟无法进入课堂。当前我国情感教育缺席了古诗词课堂，从某种程度上来说，这制约了审美教育的发展，同时也阻碍了素质教育的进步。

1. 儿童审美主体地位"失衡"

审美能力的培养其最终目标是帮助儿童塑造完满的人格。因此儿童时代的审美教育具有必要性。教育都有其自身特有的规律，审美教育也不例外，其有着区别于其他教育的特殊之处。在形态与方法上来说，审美教育是自由的，没有固定的教育模式。同时，随着时代变迁，审美教育也会随之而变，与时代和社会的发展相契合。人作为社会的核心组成部分，人格完满发展就是审美教育关照的目标，所以审美教育从儿童时期开始是最佳时机。孩童时代的儿童内心纯净，天真美好，此时对"是非黑白"与"善恶美丑"的评判会慢慢刻进儿童的内心，因此对儿童进行"美"的教育对其影响是终身的。

在古诗词课堂中，教师们偏向于将书本里的知识传授给儿童，依照考试的问题将知识固化，殊不知忘记了知识本是灵动的，将其固化其原本意义便会大打折扣。最关键在于，教师忘记了或者说忽视了儿童的审美主体地位。在学习古诗词时，应当让儿童独立感知的东西，却被直接告知了答案；应当让儿童独立鉴赏的东西，被直接告知了结果；应当让儿童独自感受古诗词的情感，让审美情感生成时，却被统一的"思想感情"所替代。儿童审美主体的地位一直处于"失语"状态。造成了审美主体地位的失衡。儿童仍然在被动地学习，被动地接受所谓的审美教育，这些情况也会导致儿童对古诗词学习的热情消退，独立思考能力降低，主观品鉴能力与客观分析能力的发展受到影响，导致思维的不平衡发展。儿童的审美主体地位亟须重视与提高。

在古诗词教学课堂中，老师和儿童为审美主体，而教学内容是客体。同时儿童在整个学习活动中处于主体地位，儿童在古诗词审美课堂中的活跃度与参与度直接决定了审美教学活动的成功与否。老师适时的引导，将审美主体地位还给儿童，将独立感悟理解还给儿童，才能对其审美能力的发展起到正向促进作用。

2. 学生的情感体验不足

情感体验对儿童的审美能力发展具有非常重大的意义。在古诗词的学习中，当儿童的情感和作者的情感发生共鸣时，儿童深刻的情感体验才能产生，从而对古诗词的理解与感悟才能更加深入。古诗词精深博大，具有心领神会，不可言传的特点，只有熟读精思，主动将自身的情感投入进去方可晓得其中滋味，才会获得更加深入的认识。

一直以来我们都倡导"教师主导，学生主体"的教学原则，但是在现在的一些一线课堂中，教师们忽略这个原则，依旧按照自己的想法来进行古诗词的教学，重知识积累轻情感体验，导致学生对古诗词的学习热情慢慢消退。当前的这种模板化的古诗词教学，很大程度上制约了幼儿审美能力的发展，这也是未来古诗词教学做出改变的一

中国传统诗词中的幼儿诗词及教学

个关键。当今的教育比以往任何时期都更加注重学生"德智体美劳"的全面发展,将视角放在了学生的多元化发展上面。因此教师在引导儿童学习古诗词时需要更加细心,更加精雕细琢地打磨自己的教学设计,不要被死板老套的教学模式束缚,充分挖掘古诗词在审美教育中的有益因素,引领儿童体会真正的情感领悟,认真体会古诗词的美,从而在潜移默化中被古诗词的独特魅力所熏陶感染。

(二)古诗词教学方法欠妥

1.教学过程中缺乏充分美读

古诗词教学中"美读"是非常重要的一环,同时也是古诗词美育的重要组成部分,美读就是非常有效的审美引导。语文教育家于漪老师曾说过:在古诗词教学中,应当好好把握古诗词中蕴含的音乐之美,引导儿童个性化的朗读,充分调动其学习古诗词的积极主动性,积累丰富多样的语言,提升文学素养,促进审美能力的发展。现如今一些教师将古诗词的教学等同于文言文,用文言文教学方法去指导古诗词的教学,其中最主要的问题为拆分、肢解、串讲古诗词,表现为逐字逐句地翻译。认为儿童只要能懂字词的意思,会背诵全诗就可以了。即使在强调教育新思想、新理念的今天,传统的古诗词教学方法仍旧存在,这就导致了古诗词课堂的乏味无趣,精妙绝伦的古诗词作品在儿童的眼中也只剩下生字词,无美感,无意境。

因古诗词中节奏感十足,音韵流畅和谐,读起来朗朗上口,带给人一种美的体验。因此朗读在古诗词的学习中就显得尤为重要了。儿童对古诗词的最初的感受就来源于朗读,只有进行朗读,古诗词中潜在的美才能被发掘出来,从而在潜移默化中受到美的熏陶与感染。所以在古诗词课堂中需要重视朗读,积极引导儿童进行充分美读,将更多朗读的机会还给学生,运用多种方法指导儿童朗读,创设美读的情境,加强氛围的营造。只有在有情感流露的朗读中才能具有更深层次的情感领悟,在美读中体悟,在体悟中思考,在思考中将自身融入古诗词的情境当中,从而得到情感的升华。在真实的古诗词课堂中,并非全部老师都能重视美读和美读中潜藏的巨大审美价值,因此在实际教学活动中缺乏美读。如下为一节古诗词课堂教学实录,是笔者在教学实践期间的记录,以此为案例。

课前导入:

师:孩子们,上节课学习了诗圣杜甫先生描写春天的两首五言绝句,欣赏了春日美景,感受了它们表达的不同感情,这节课也要学习两首古诗,看看他们有何相同和不同之处。

探究新知:

1.正字音,明节奏。

师:(出示两首诗)孩子们,现在咱们先来读一读这两首诗,注意读准字音。

生:朗读古诗。

师:孩子们,跟着老师一起读,重点会读"惠崇""蒌蒿""衢"。

生:朗读古诗。

第七章 古诗词教学中幼儿审美能力培养的策略研究

师：孩子们读得真不错，字音读准确了。这两首诗是七言绝句，七言绝句可以用223的节奏和43的节奏来读，这两首诗中《惠崇春江晚景》适合用223的节奏来读，《三衢道中》适合用43的节奏来读。（出示划分好的节奏。）

生：跟着节奏读诗。

2.读注释，想画面，明诗意。

师：再读两首古诗，结合注释边读边想象画面，说说诗题和诗歌的意思。

师：如果有不明白的地方标上符号。

师：仔细听老师说的古诗的含义跟自己理解的是否一样，尤其是自己标注了的地方。

生：听老师读。

师：（出示《惠崇春江晚景》）读了诗题和作者，你知道了什么？

师：（出示课本里关于惠崇与苏轼的介绍。）

师：（出示教材中"三衢"与"三衢道中"相应的注释。）

3.解诗意。

师：《惠崇春江晚景》：阳光温柔、微风不燥的时节，竹林外的桃花开始慢慢绽放，水中的鸭子最先感知到江水回暖大地回春。岸边长满了柔嫩的蒌蒿与刚冒出尖芽的芦苇，这正是河豚沿着长江逆流而上的好时节。

师：《三衢道中》：青梅黄了，便是到了成熟的时候，近来日日都是晴空万里的好天气。乘一叶扁舟驶到溪流尽头，再踏上林间小径。沿路满目青翠，两旁长满了参天大树，与刚刚来时看到的一样茂密。林深处传来阵阵黄鹂的幽鸣，这比来时更多了几分趣味。

4.理解诗意，想象画面，再读。

师：要读出诗歌的抑扬顿挫。读《惠崇春江晚景》前两句的时候，江边景色宜人，可以读得轻缓一些，"正是河豚欲上时"试着读出河豚努力向上游的活力与朝气，读得稍快一些。和老师一起读一读。

生：跟老师一起读诗。

师：再来看看《三衢道中》：夏日朗朗晴空，绿意勃发，漫步在三衢道中心情愉悦，试着读得欢快一些吧！

生：朗读诗句。

师：这两首诗不仅描绘了春江晚景和三衢山的初夏生机，更是通过这山水的描写表达了古代文人乐山乐水的情怀，表达了人与自然的和谐统一，也让我们不禁对大自然产生了无比的敬佩与热爱，这些古人赞美大自然的诗歌就送给热爱大自然的你们！读一读，背一背，让我们也做一个腹有诗书，热爱自然的人吧！

……

显而易见，这堂课看起来热闹，且儿童表现得很积极活跃，参与度非常高，但是也可以很明显地发现教师占据了整个课堂，从笔者的记录来看，教师说得多，学生读

157

得少，常言道：读书有三到：心到，眼到，口到。读书一定要多读，"诗三分，读七分"，有时候诗词作品本身并无出彩之处，但若能读的精彩也能占七分，这就说明了"读"的重要性。但是在这堂课上，教师指导儿童读诗的环节不足十分钟。古往今来，诵读教学法一直以来在语言学科的教学中都占有重要的地位，古人云：熟读唐诗三百首，不会作诗也会吟。古代的学子在学习诗词时，以诵读为主，摇头晃脑读得非常投入，在今天我们不用模仿古人的动作，但是对诵读却要高度重视，诵读法沿用至今，只能说明诵读有利于学习与感悟诗词。经过声音与意象的融合更能激发读者的情感与联想，对于读者来说更容易把握诗词的内涵，从而走进古诗词意境，获得个性化的情感体验。古诗词特有的音韵节奏美是其他很多文学作品无法比拟的，因此在学习古诗词时通过音韵和音调可以获得特殊的审美享受，古诗词的音调或轻快、或沉郁、或高昂、或愤懑、或悲壮，这些丰富的音调节奏让人陶醉其中，这种"音乐感"能够带给人极大的听觉盛宴。现实中的古诗词课堂与之相比就相差甚远了，大部分教师还未曾意识到美读的重要性，还没意识到儿童对"美"的理解与感悟需要通过朗读这一重要途径来实现，儿童在学习古诗词时，只有通过形式多样且多次的朗读才能体会到其中的真意。总之，美读在古诗词的教学或学习中不可或缺。无美读便无审美。

2.重视知识积累，情境品悟不足

长期以来，在古诗词的课堂中都存在一种固定的古诗词教学方法，与其说是方法不如说是模板，"解题目—说背景—释诗句—述情感"是主要的步骤。这样的模板化的古诗词课堂僵化了教师的思维，狭隘了教师对古诗词的个性化解读。在古诗词课堂中不难发现，所有题材的古诗词都能套用这个模板，这不利于古诗词课堂教学，更不利于儿童内在涵养的生成和长远的发展。同时，这样的模板化的古诗词教学不仅会局限教师的思维，甚至阻碍儿童思维的发展。老套的教学，儿童都能知道下一个环节教师要进行什么内容的讲解，甚至对教师需要的"答案"烂熟于心，认为掌握了知识点，能够回答教师的提问就学懂了古诗词、就学好了古诗词，殊不知这只是被"应试"套住了，更深层次的发展被忽视掉了。古诗词作为中国古典文学之首，其意义与价值是不言而喻的，当中潜藏的浓厚的意蕴与深远的意境是无法被替代的。

如下是笔者实践期间一位语文教师的教学设计：

引入课题：

师：孩子们，春天在我们不经意之间来临了，你们发现了咱们学校的柳树有何变化呢？你如何来形容这些柳树呢？

生：柳树长出了新芽，是嫩绿色的。

生：柳枝长长的，细细的，风一吹就会摆来摆去。

师：是呀，孩子们观察得很仔细。咱们的大文豪贺知章也对柳树很感兴趣，今天就让我们一起来看看作者笔下的柳树又有怎样的风姿。现在我们一起来学习《咏柳》，先听老师读一读。

师：哪个孩子可以尝试自己读一读？

师：全班齐读，注意读出诗词的节奏来。（出示原文。）

生：齐读。

师：大家读得不错，现在我们来欣赏第一句和第二句。（出示该诗前两句。）

师：同学们，"碧玉"为何意？

生：绿色的玉。

生：意思是指颜色像绿色玉石一样的叶子。

师："丝绦"又为何意？

生：指像丝绸一样的带子。

师：看来你们都理解了这些词语的意思，那谁来说说这两句诗的意思？

生：高高的柳树上长满了绿色的叶子，柳条就像万条绿丝带一样。

生：柳条上长出了绿绿的嫩芽，高高的柳树散下无数的柳枝，就像绿丝带一样美丽。

生：……

师：听老师说一说，想想怎样可以说得更好。像绿色玉石一样的柳芽长满了高大的柳树，就像一位亭亭玉立的淡雅少女。细长柔嫩的柳条在微风中摆动，就像千万根随风飘动的丝带一样美丽。

师：同学们，听出来了吗？此处作者运用了哪种修辞手法？

生：比喻的修辞手法。

师：谁来完整地说一说，诗人把什么比作了什么？

生：诗人将柳条比喻成了绿丝带。

师：非常正确。你们也赞成他吗？赞成的话就把"比喻"二字写在诗句旁边，并注明把什么比作什么。

生：做笔记。

师：（出示后两句诗。）那第三句和第四句又如何理解呢？谁来说一说？

生：不知是谁剪裁出了那细细的柳叶，二月的春风像剪刀一样，裁出了新叶。

生：那绿绿的柳叶是谁剪出来的呢？是二月剪刀一样的春风裁出来的。

师：说得不错，你们还可以说得更完美。听老师说，那细嫩的柳芽儿是哪位的巧手剪出来的呢？原来是二月里头徐徐暖暖的春风呀，它好似一把灵巧的剪子。

师：这句诗句中用了怎样的修辞手法？

生：用了比喻。

师：哪位同学起来具体说一说？

生：在这句诗中，作者将春风比喻为了剪刀。

师：请同学们思考思考，从诗中你体会到了作者什么样的感情？

生：我感受到了作者对柳树的喜欢与赞美之情。

生：我感受到了诗人对春天的喜爱。

生：我感受到了作者对柳树的喜爱。

……

师：那谁来带着感情读一读全诗？

整堂课中，教学过程非常的顺利，学生也积极参与到了课堂教学活动之中，可是细细分析便可发现，教师与儿童之间的互动都是通过一问一答的形式展开，并且教师问的问题都是非常死板的，不具备个性化的问题，老师将诗句的意思传递给了学生，同时提出的问题都是不需要深入思考便能回答上来的，这样的活动无意义且低效。整堂课中，教师忽略了情境的营造与意境的升华，忽略了儿童情感的陶冶与体验，只是将死板的知识塞进了学生的手中，在儿童朗读这首古诗的时候并没有做出朗读指导，忽略了儿童在朗读中体会诗人情感的需要。对于情境的把握，这节课中并无体现。再者，这首诗是唐朝大文豪贺知章的作品，品质上乘，绝世佳作。作者以柳树这一独特的视角展开对春天的描述，温润的笔触、流畅的音韵，赞扬了美好的春日光景，湖畔嫩绿的柔柳在温暖的春风中摇曳多姿，此情此景诗人内心感慨万千，去留无意。然而整节课中师生都只是关注诗句的意思和字词的解释，对于情境的营造更无涉及，被动地接受教师传达的所谓诗人的情感，但是儿童内心毫无波澜，没有任何情感体会，更别说产生共鸣。只重知识，忽略情境的品悟对儿童的审美能力无任何正向作用。

3.过分肢解古诗词，缺失整体感悟

笔者将以《村居》这一片段教学为例来探讨这一问题。如下：

课题导入：

师：孩子们，咱们学习了这么多的古诗词，你们谁来说一说有哪些诗句是描写春天的景色的呢？

生：……

师：说到春天，你们能想到哪些景物呢？

生：鲜花、燕子。

生：桃花、杏花、梨花。

生：……

师：孩子们说得真不错，春天生机勃发，万物苏醒，溪水叮咚，阳光洒满大地。在这如诗如画的春天里，无数文人墨客都留下了千古佳作。清代的高鼎就是其中一位，《村居》就是出自他的手笔。现在我们一起去看看今天这首诗给我们带来了什么样的春日美景吧！

1.初读古诗，随文识字。

师：同学们自由朗读古诗，把不认识的字圈出来做好标记。

生：读诗词，解决生字。

师：现在大家一起来读一读本课的生字词，注意读准字音。

师：读得不错。

2.解诗意。

师：请同学们再读古诗，结合这张图片，说说你看到了什么？（出示与古诗匹配的图片。）

生：我看到了小草和鸟。

生：我看见了柳树和一群小孩子。

生：还有风筝……

师：非常不错，你们都找得非常正确。那谁来说一说"村居"是什么意思？

生：居住在村子里。

师："草长"是什么意思？

生：小草生长出来。

生：小草发芽。

师：非常正确。那"莺飞"又是什么意思？结合注释说一说。

生：黄莺鸟在天上飞。

师：不错。

师：拂堤杨柳是指？

生：柳条扫着堤岸。

师：说得不错，柳枝很长，微风一吹就像是在轻抚着堤岸。

师："散学"又是指什么意思？

生：学生放学。

师：说得很不错。下面我们来解决诗意。

师：谁来说说第一句和第二句是什么意思？

生：在二月里，小草长出了嫩芽。黄莺鸟飞来飞去，杨柳细细长长在微风中轻轻拂过堤岸。

生：二月里，青青的小草冒出头来，黄莺鸟儿在天空中自由飞翔，岸边杨柳细嫩的枝条轻轻扫过堤岸。

师：好一派春日景色，真是太美了。请把这两句古诗的含义写在诗句下面。

师：哪位同学再来说说后两句诗的意思？

生：学生放学早早回家，趁着东风放风筝。

生：学生早早就放学回家了，赶紧趁着吹着东风放起了风筝。

师：是呀！村子里的学堂早早地放了学，孩子们赶忙回家拿起风筝你追我赶，趁着东风把风筝放上天去。

师：快把这两句诗的意思写在旁边吧。

……

孩子们，高鼎笔下的春日景色可真是美呀！在这草长莺飞的季节，万物苏醒，大地重回生机。温暖的阳光和春风让人心生惬意，在这姹紫嫣红的时节，周末回家与家人一起享受美好春日吧！

案例评析：

笔者在观摩了本堂课之后，在反思的过程中发现，整节课之中，从头至尾教师并没有引导儿童对本首古诗进行整体理解与感悟，不仅没有教师的范读更没有对朗读的指导，进入主题之后就直接解决生字词，然后开始解决古诗的意思，首先是分解了古诗，将词语抽出来让学生弄懂其意思，接着就是开始逐字逐句翻译诗句，将一首完整的古诗分解得支离破碎，面目全非。儿童只能跟着老师机械地学习生硬的诗句意思，但是这是字面的意思。在他们的头脑中并没有完整的形象，脑海中的零散的意象无法重组起来，无法得到完整的对于诗歌的感悟，无法完成审美体验。

第三节　古诗词教学中幼儿审美能力培养现状的成因分析

上一节从教师角度与儿童角度分析了古诗词教学中幼儿审美能力的现状问题。针对现今古诗词课堂中严重缺乏审美教育的状况，应当做出一些深入思考。国家层面：提出了宏观指导思想。教学层面：实际的小学语文课堂中仍旧没有拔掉扎得最深的那根刺，换汤不换药，表面做出了改变，实际还是没有变化。"形式美育"打着"审美教育"的旗号，实则毫无改进，美育在课堂中的渗透还应当从本质进行思考。

一、互联网时代里审美走向失衡

互联网大数据时代下，社会飞速朝前发展，大量信息不断更新与发展。各种各样的信息介质如电脑、智能手机、平板等科技时代产物将庞大的信息传递给每个人，其中也包括学生、儿童。各类信息充斥在儿童周围，在教学实践期间，课后与学生交流后发现他们在家主要的放松方式就是玩各类电子产品，其中玩游戏、看漫画占据了百分之九十以上。在玩电子产品的过程中，互联网行业利用人的猎奇心理，以市场来作为依据，制造出吸引大众的具有"普适性"的"文化"，在这些消费大众的行为中，为了自身的利益混淆善恶美丑，模糊了善恶美丑的边界，夸张与虚幻成为流行。例如在一款枪战游戏中，只要是干掉的人越多，最后只剩一个人那就是胜利，就是英雄。这样的"文化"对儿童的成长是非常不利的，甚至会带偏儿童正确的"三观"。长此以往，儿童的关于是与非、道德的一些评判标准就会失衡，甚至变得消极。

网络中庞大的具有感官刺激的信息潜伏在儿童身边。有一些青少年儿童沉迷于动漫与游戏。很多"问题少年"以反派为荣，认为非主流的东西才是有个性的体现，只有跟老师对着干才是同学心目中的英雄。别人才会对自己刮目相看，被人崇拜。同时，网络管理具有非常大的难度与挑战，监管也无法做到面面俱到，往往鞭长莫及。再加上儿童自制力不强，对事物还不具备全面的分析与分辨能力，造成了审美观念与审美标准的失衡，对儿童进行正确的审美观念的引导具有非常大的难度。

语文作为一门工具性与人文性兼具的学科，就其人文性来说第一目标就是塑造儿童健康的审美观念,唤醒儿童正确的审美意识,主要包含了建构健康的审美观念,形成积极向上的审美情趣,从而达到具备一定程度的文化积淀,养成高尚的人格与品行,提升个人修养。

如今的校园与社会联结得比以往任何时候都要紧密,过多"成人"文化暴露在儿童的视野当中,使得身体心智尚未成熟却有一定的成人思想的他们看起来就像是个"小大人"。这值得深思。审美的评判标准并非一家之言,但是绝不能带偏正确的价值导向,如今审美的失衡对学龄儿童的影响非常大。青少年儿童们已经难以静下心来看一部有价值、有意义的影片,难以静下心来品读中国博大精深的古诗词,审美观念发生了偏移,那些传统文化已经少有人关注了。因此审美观念需要重建,审美意识需要唤醒,在学校教学中,通过古诗词教学来唤醒儿童的审美意识,激发儿童的审美活力,培养儿童的审美能力势在必行。

二、应试教育制约审美教育的发展

随着新一轮的课程改革向前推进,"素质教育"成为新时代的口号。素质教育的最终目标是在"五育"并举的前提下,促进儿童身心各方面全面而又健康地发展,培养为祖国建设添砖加瓦的高科技人才。由于我国人口基数庞大,但是教育资源又十分有限,就造成了"应试"的局面。在学校教育中,唯分数论英雄,升学压力不断增大,从而导致教师们对"素质教育"敬而远之。"素质教育"变成了只可远观的对象。实际上,儿童的审美培养可以出现在演讲当中,出现在学术报告中,却无法出现在真实的课堂教学中。传统的教育观念仍旧占据着教师的思维,只有让学生多学一点才能拿到理想的分数,进入理想的学校,而我们所呼吁的素质教育会影响儿童学习更多的知识,使得在竞争当中处于弱势地位,针对古诗词审美教育也就有心无力了。

在实践当中,笔者所在的学校中的学生虽没有初中生和高中生这样大的学习压力,也没有大学生的就业压力,但是竞争却不小。主要体现在班与班之间,学校与学校之间,地区与地区之间。每次的月考、期中考试、期末考试都会进行评比,学校内部有奖惩制度,区内有奖惩制度,成绩好不管是教师还是学生都会受到奖励与表扬,成绩"吊车尾"的教师也要进行自我反思与批评,甚至是写检讨。若一个区域的初高中竞争优势较弱的情况下,小学的压力就会非常大,原因往往归咎于小学没有打好基础。"从娃娃抓起"旗帜高举。在这样的巨大压力之下,教师们得先观照当前的问题,按照要求进行有针对性的教学。在古诗词方面,就是生字词的识记,诗文背诵与默写。教师会开展抽查背书活动,儿童长期处于被动学习的状态之下,机械背诵现成的东西,屏蔽掉了一些需要深入思考的东西。这个过程中没有美感生成,审美体验无法满足,进而审美能力得不到提升。

三、教师缺乏古诗词美育经验

在与访谈对象的教师们进行交流时,有些教师已经意识到了幼儿审美能力培养的重要意义与价值，也非常赞同在古诗词课堂中开展审美教育，但由于个人的理论水平有限与这方面实践经验的不足，导致了教师们在古诗词美育中举步维艰，无从下手，或者就模仿一些特级名师的教学，依葫芦画瓢，照搬照用。在实际古诗词课堂中"孩子们，这便是诗人笔下的画面之美……这就是韵律美……这就是语言美……"这样的话术便进入了儿童的耳朵。生搬硬套，把不该讲给学生的讲给学生，该讲的却又讲不出来。就形成了这样一种奇怪的教学现象。通过结合儿童的审美心理发展特点，古诗词美育的首要任务便是调动儿童学习古诗词的兴趣，使得他们的审美意识觉醒，再投入审美因素或材料，激活儿童对于"美"的期待，引领儿童积极主动加入古诗词的品味当中来。因此，古诗词美育并不是照搬照抄他人的理论成果，而是应当在借鉴别人优秀的理论的同时有自己的思考与见解，融入自身个性化的理解再将这些理论运用到实践当中，不把理论教给学生，要把理论渗透到古诗词教学当中，融入教学环节之内，具体落实在教学活动当中，这样才能有效提高儿童的审美能力，促进审美能力长远发展。

除此之外，教师应当用自身的人格魅力对儿童进行感染与熏陶。无论课内课外都应当是儿童的榜样与学习的对象。教师应当内外兼修，外在积极提升自己的教学技能与教学理论水平，让学生敬佩尊敬。内在应该提升自我修养，做到言谈举止美，品格高尚美。当然形象美也是不容忽视的，教师的形象直接反映了其审美品位。在与教师们的交流中了解到，多数教师将美育与音乐、美术等艺术类课程画上了等号，都认为美育就是艺术教育，只有艺术教育才能提升与培养学生的审美情趣与审美能力。现实中却将美育任务丢给了美术和音乐老师。而由于自身的审美理论知识的匮乏，对审美教育的目标、内涵、特征以及美育任务等了解不够全面，有了解的一般也是一知半解，没有深入学习过这些相关的内容。同时，教师语言的表达也会影响美育的实施，如果一位教师在教学过程中"美言美语"、妙语连珠，使得儿童在学习过程中得到美的享受，那么自然而然会对儿童的审美教育有正向的促进作用。反之，若是语言生硬老套，毫无生气就不会引起儿童的审美体验，对于激发儿童的审美兴趣也就十分困难了。

四、儿童古诗词审美主体地位被忽视

儿童不论在哪种课堂之中，都具有主体地位。因此在古诗词的教学活动中，儿童也是具有审美主体地位的，只有将主体地位还给儿童，他们才能积极主动地参与到古诗词美育教学活动中去，此时他们的审美意识才能被唤起，审美感官才能打开，只有拥有审美主体地位时，审美体验才能生成，审美心理能力才能不断得到完善。儿童本身也才能得到美的熏陶与感染。在教育实习实践期间，笔者观摩了一些古诗词教学，通过这些案例发现，儿童在古诗词课堂上并不是审美的主体参与者，也并非拥有主体地位，而是被动的知识接收者，教师是课堂的掌控者，是教学活动的掌控者，教学内容的掌控者，教学时间的掌控者。儿童在主体地位不受重视的情况下学习的积极性不强，内部动力不足。这也就导致儿童对古诗词的一点点兴趣无法继续保持，从而无法继续深入学习。在课堂上往往儿童需要按照教师的要求完成各项学习任务，每项任务看起来都是指向儿童并且是以儿童为主的，殊不知已经"偷梁换柱"了，儿童成为"完成培养儿童的目标"的"工具人"，只是单单让儿童去完成学习任务，认为只有完成了学习任务就能提升儿童的各项能力，这句话看似没有什么问题，但是细细思考就会发现端倪，儿童完成任务，而这样的任务是教师制订的并不是儿童需要的，这些任务承载了教师对文本的个性化解读，将自己想让儿童学习的东西纳入考虑范围之内，其他就再无涉及。再者，教师的教学方法也在影响着儿童的审美主体地位，在教学中机械识记远比激发想象要多得多，教师往往只关注教学却没有关注学法，在只关注自身的情况下就会自然而然占据儿童的审美主体地位，将儿童自身发展所需要的审美要求抛之脑后。由于古诗词产生于古代，那时候语言交流与现在相差甚远，因此儿童理解起来难免会有些吃力，传统老旧的教学就更不适合古诗词课堂了，把审美主体地位还给儿童，或许美育这条路走起来会轻松许多。

总之，从新课标的问世到如今，我国明确强调了"五育"并举，共同促进学生的全面发展，其中"五育"之间互为基础，美育也是其他四育的基础，他们相辅相成，形成一个促进学生全面发展的闭环，美育越来越得到社会各界的高度认可，但是美育面临的挑战也不容小觑，依旧是传统的应试教育，现在能做的不是想办法消灭应试教育，而是怎样平衡应试与审美之间的关系，如何才能达到一个相对平衡的状态，因为"应试"永远无法被消除，"审美"永远有人在期待。

第四节　古诗词教学中幼儿审美能力培养的实施策略

古诗词教学对儿童的审美能力培养具有的价值不言而喻，在将其落地实施的时候应将新时代中我国的社会主义核心价值观作为方向指引，将新课标作为行动指南，以儿童的审美主体地位为出发点与着力点，积极关注儿童的审美心理变化与发展。小学语文古诗词美育课堂在培养儿童的审美能力时应当注意到幼儿审美能力的培养并非一日之功，这个过程是由表及里的并且对学生的影响是潜移默化的，儿童作为审美教育的对象，作为审美能力培养的主体，在古诗词美育课堂中应充分发挥其主体地位，通过教师的指导充分调动各项审美感官，将眼睛、嘴巴与耳朵协调配合起来，在朗读中感受古诗词的韵律与节奏美，在品味赏析中体悟古诗词中高远浩渺的意境，在感悟中获得与诗人词家的心灵共鸣，此时，个性化的理解与感悟就生成了，在不自觉中，古诗词的美已经深深地印在了心里，印在了审美各项心理能力的提升与发展当中。古诗词审美教育要以真正的古诗词课堂为依托，立足于真实的师生互动与生生互动，在动态的活动中老师融入真情，渲染美的基调，使得儿童如沐春风，促进真情实感的生成。同时古诗词作为审美教学的内容，是联结师生情感沟通的桥梁，具有无法替代的重要作用，因此要充分发掘其中的美育元素，使得儿童的审美能力的培养成为可能，使得儿童在古诗词课堂中得到美的体验与享受成为可能。针对在古诗词课堂中培养儿童的审美能力提出以下几点策略。

一、导入多样，调动儿童审美积极性

课前导入是一个非常重要的环节，可以说一堂课成功与否，与导入有着密切的关系。新课前能够把握好导入，善于利用导入，整堂课都会收到事半功倍的效果。因为它能在短短几分钟之内将儿童的注意力集中在将要学习的内容之上。导入具有集中注意力、衔接知识与激发思维的特点。在古诗词教学活动中，审美的导入将提前为儿童创造良好的审美环境，调动儿童的审美积极性，激发其审美期待。为本堂课的审美教学做好基础与准备。同时导入时的技巧也需要我们关注，儿童正处于一个较为特殊的发展时期，身心各个方面发展都不够成熟，由于他们的心理特点具有直观形象性，使得儿童对浅近并且有趣的事物的反应较为敏感，容易引发好奇心和探究欲望。在导入时，要将古诗词与儿童的心理特点相结合，采取适合儿童的导入方法。通常情况下较为适合儿童的古诗词美育的导入方法有故事导入法、问题导入法、设疑导入法、媒体导入以及游戏导入等。接下来以故事导入法、游戏导入法与媒体导入法为例进行探讨。

（一）故事导入法

所谓故事导入法就是指在课前利用一些简单短小却有趣有味的故事来吸引儿童的注意力，同时激发其课堂学习的积极性，活跃课堂气氛，化繁为简，关键是这样的导入方法深受儿童的喜爱。故事对于儿童的魅力是无穷的，因此在低年级的古诗词课堂上，抓住儿童喜爱故事的心理，牢牢抓住他们的注意力，为接下来的课堂教学活动营造一个良好的开端。在学习李白的《赠汪伦》一诗时，可以结合其背景运用故事的方法导入新课，如"孩子们，在唐代，诗仙李白可是响当当的大人物，他的粉丝不计其数，不识大字的汪伦也是李白的粉丝之一。因生活贫苦，汪伦没有机会进学堂读书，但是他非常喜欢听先生讲诗书。一年春日，李白在水西这个地方游山玩水，过着快意逍遥的日子，汪伦不知从何处听说了李白的踪迹，当即驾了一叶扁舟去寻找李白，李白见着眼前这衣着朴素且从未相识的小生有些趣味，便询问其何许人也，汪伦抱拳向李白作了揖便道：'晚辈汪伦，前来拜见先生，听闻先生喜欢美酒，恰巧晚辈知晓一个饮酒的好去处，先生可愿意前往？从此江逆流而上，就是晚辈的居所。有十里桃林，万家酒楼。'语罢，李白喜上眉梢，欣然前往。到了那'十里桃林，万家酒楼'时李白却愣住了：'这哪里是十里桃林，万家酒楼，你分明是在哄我！'汪伦却笑着说，'此山名为十里边山，所以这棵桃树就叫十里桃花，这家酒店主人姓万，因此名为万家酒楼。'李白听了哈哈大笑直道：'原来如此。'又因汪伦热情地接待李白，他深受感动，便写下了这首千古佳作《赠汪伦》。"这样引人入胜的故事非常能激发儿童的兴趣，他们听故事会非常专注且投入自己的情感。在这样一个不足五分钟的导入当中，已经慢慢将古诗的意境与情感渗透在了儿童的心中，为后续的教学活动做足了准备。

（二）游戏导入法

游戏导入法在古诗词的美育中具有重要的作用，同时游戏也是一项重要的审美活动。所谓游戏导入法就是指将游戏融入课前的导入当中，由于儿童的天性使然，他们非常喜欢游戏活动，在积极参与到游戏当中时会调动儿童多重感官同时参与，使得其兴趣和情绪高涨，为接下来的教学环节做好准备。课前游戏导入的形式非常多，如猜谜、角色扮演是最为常见的方式。在学习王安石的《梅花》一诗时用猜谜语的方式来进行导入："孩子们，现在我们来玩一个游戏，叫'我说你猜'，看看谁是猜谜小能手。请注意听：'天寒地冻一朵花，红的黄的枝上压。傲骨铮铮迎风雪，香气满园人夸它。'"在这个游戏导入的设计当中，需要考虑的就是谜面谜底要与接下来的新课内容紧密相关，不然就显得杂乱无章，令人摸不着头脑。在这样一个活动之中，充分发挥了儿童的积极性与主动性，激活思维和情感，将在游戏中的情绪体验融入后来的学习活动中。同时可以将谜语与新学的内容建立联系，为儿童的理解奠定一定的基础。

（三）媒体导入法

媒体导入法是指通过多媒体展现的音视频或者图片资料，在学生与将要学习的新知识之间搭建支架或桥梁，使得学生能够顺利地进入新知识的学习当中。同时由于多媒体直观形象的特点，能够使得相应的教学内容变得鲜明易懂；也能刺激学生的视听敏感性，调动多重感官参与到学习中，激发审美兴趣。在新时代背景之下的课堂教学活动中，多媒体设备已经不可或缺。相比较传统的教学手段，多媒体有着不可替代的先进性。如学习《清平乐·村居》，在课前使用媒体导入法也不失为一种好办法，老师可以先展示几张农家春居图，若是动态则更好。这几幅图画贴近本堂课的教学内容，画面展示内容为：天朗气清的时节，村子里炊烟袅袅，一排排低矮的茅草屋映入眼帘，小溪边长满了毛茸茸的青草，一对老夫妻眼角眉梢带着笑意坐在门前院子里聊天。大儿子在田里锄豆草，二儿子在院子里编鸡笼，那最调皮捣蛋的、最讨人喜欢的小儿子趴在溪边剥莲子吃。在播放这样的村居图时，儿童都不自觉被画面所吸引，但多媒体图片不是重点，不是为了展示而展示，应当清晰认识，这只是导入手段，在观察到儿童被图画所吸引时教师应采取适当引导，将儿童引入到接下来的新课之中，这样高效而又有针对性的媒体导入法才是可取的，易于激发儿童的审美兴趣。

二、朗读品韵，感知古诗词音韵之美

朗读是最基本也是最为重要的学习古诗词的方法之一，在学习古诗词初始阶段最主要的活动就是朗读，在此环节，最基本的要求就是要读准字音。古诗词因其精炼短小，对仗十分工整，加上节奏分明朗朗上口，表现出强烈的音韵之美。在读准字音之后就将重心放在节奏与音律之上，儿童在朗读的过程之中只有读出了节奏感和韵律感才能体会其中的音乐之美。教师在指导儿童进行朗读时可以采取各种各样的形式进行，例如全班齐读，分小组读，分男女生读，随机抽读，等等，让儿童在朗读的过程之中也可以相互借鉴各自的优点。在朗读活动中教师要进行相应的指导，比如字音与节奏的纠偏，等等。除此之外，教师也可以进行自我范读或者播放音频范读材料，在语音语调上面，教师可以采取用手势进行指导，例如高昂之处就扬起手，低沉之处就将手

中国传统诗词中的幼儿诗词及教学

缓缓放下。读到抒情之处可以像古人一样摇头晃脑，增加感情的投入，营造一个良好的古诗词朗读环境也是非常有必要的，让儿童在无形之中产生情感，逐步体会古诗词的美。如学习《清平乐·村居》，教师可以示范朗读后进行巧读指导：

茅檐／低小，溪上／青青草。
醉里／吴音／相媚好，白发／谁家翁媪？
大儿／锄豆溪东，中儿／正织鸡笼。
最喜／小儿无赖，溪头／卧剥莲蓬。

通过节奏的划分指导儿童进行美读，在对"茅檐""溪流""青青草"这些意象进行理解时，可以营造相应的情境，让儿童将其重组为一个完整的场景与画面。体会清新质朴的农家田园风光。跟着节奏朗读还可以"化静为动"。若将静态平面的场面图转化为动态春居图，便能感知到朗读的重要性，有节奏朗读才能读出韵味，才能感知到词的音韵之美，才能生发出愉悦之感。

三、诵读品语，加深古诗词审美感知

诵读是学习古诗词的一种重要的方法，在古诗词的美育课堂中，可以通过加强诵读来培养儿童的审美感知，在诵读的过程之中品味古诗词文本之中的内容美，感知文本的形式之美。古往今来，诵读在语言文字的学习当中就是不可或缺的存在。常言道："熟读唐诗三百首，不会作诗也会吟"，也有文人大家说过读书应当"熟读精思"，诵读非常讲究一个"熟"字，只有多读，反复读，达到熟读成诵，在古时也有许多关于诵读的说法，如"眼见口即诵，耳识潜自闻"，大意是说眼睛看到嘴巴就要读，嘴巴在读时耳朵听见自己的诵读就会静心思考和记忆。在诵读活动中，儿童的眼睛与古诗词文本相互作用，耳朵与嘴巴相互感知与传达，眼耳口三者协调一致，相互作用，进而促进儿童尽可能快地达到情感的共鸣，体验到审美的乐趣。诵读并非指机械地读出声音，而是让儿童主动进行情感的交流与参与，在读的过程中潜心思考其意义，并且自然而然地将其记忆下来，进而逐步感知古诗词语言的精妙与潜藏的美感。

四、美读品情，体味古诗词情感之美

叶圣陶老先生曾说："美读即是在读中将诗人的感情表现出来，和孟子所提倡的'以意逆志'为同一道理。在愉悦时还他个愉悦，在沉郁时还他个沉郁。"美读是所有的"读"当中的最高境界，这样的美读是非常强调读者的情感投入的，只有经过美读，才能让儿童对美有更加深刻的体会与感受，进而体味古诗词当中所蕴含的丰富情感。在美读环节，由于感知的深入，儿童将精力转移到了古诗词的意象与情感之中，这时的情境已经形成了一个"审美场"，再通过教师的指导，儿童内心对于美的理解与感知古诗词情感的大门已经被打开，与此同时个性化的情感体验就此生成，教师此时再提问儿童有何感想，他们的回答一定不是千篇一律，不是僵硬死板地套用模板来作答，不管是什么样的回答，一定是内心最真实的情感表达，情感的共鸣因此实现。

教学片段：《赠汪伦》

师：李白即将离开友人，若此时你就是李白，你会想些什么、做些什么呢？

生：如果我是李白我肯定很舍不得我的朋友，我会很伤心地与他告别。

生：依依不舍。

师：如若你是李白的朋友，此时此刻你会说些什么、做些什么呢？

生：李白，下次还来与我相聚，我们不醉不归。

生：如果我是李白的朋友，我会给他送礼物以作纪念。

师：真是有心有情的孩子，如果能遇到像你们这样的朋友，李白一定会非常感动，非常珍惜。

师：那么李白的朋友汪伦在与李白道别时，有怎样的表现呢？请读出来。

师：（出示第一句。）

生：读诗句。

师：在船上的李白忽然听到友人的歌声，而且是为自己所唱，会有怎样的情绪？望着那十里桃花和万家酒楼，李白心中又有什么情绪在涌动呢？带着自己的理解与情感读一读。

生：声情并茂地读诗句。

在此案例中，教师对儿童的美读进行指导的过程中，并不是告知儿童诗句表达了怎样的思想感情，儿童应该带着什么样的感情去读诗句，而是分别从诗人与友人的场景入手，营造离别的情境，烘托离别的氛围，将思考留给儿童，儿童在感知到诗人的情绪时内心便有了较强的情感体验，因此由情而读，因读生情，美读就完成了，获得了情感的陶冶。

五、构图品境，激发儿童审美想象

叶圣陶老先生曾言："在古诗词教学中，应当强调儿童性情的陶冶，激发儿童审美想象。"由此可见，在儿童的审美能力培养过程中，审美想象的激发具有必要性，审美想象是高级的审美心理能力，亦是审美能力不可缺少的重要组成部分。如果个体在进行审美活动中，没有审美想象的发生，那么这样的一个审美活动是很浅显的活动，停留在表面。相应的审美情感等审美心理活动也不会产生。同时儿童心理发展的特殊性也决定着他们无法直接对古诗词的文本产生想象，再者古诗词不像白话文那样通俗易懂，非常的抽象，因此在实际的古诗词美育课堂中，教师可以通过指导儿童将抽象难懂的诗词文本转化为生动具体、真实可感的画面，但这并不是原文翻译，要让儿童走进古诗词对意象进行深刻的体悟，走进古诗词的意境之中。

（一）构"图"

6～12岁的儿童对画面的感知能力远比对抽象语言的感知能力要强许多，儿童对画面之中的色彩与景物非常的敏感，能够根据直观的形象进行感知。在小学语文教材中的古诗词美育资源十分的丰富，具有非常强烈的画面美感，同时色彩也极为丰富，诗中有画，每首诗或词都是由一组或几组美景构成。教师在古诗词美育教学活动之中运用适当的指导语言，具有针对性地营造相应的诗词情境，指导儿童在脑海中构筑画面，这样一来就可以利用具有美感的画面开拓儿童想象的空间，激发儿童的审美想象能力，在审美想象中进一步感受古诗词的画面美与色彩美。

教学片段：

学习"竹外桃花三两枝，春江水暖鸭先知"。

师：孩子们，咱们常说诗中有画，读了这两句诗句，你能看到诗人在诗中"画"了哪些景物呢？尝试自己找一找。

生：竹林、桃花、江水、鸭子。

师：孩子们都有一双慧眼，都发现了诗人在诗中"画"了哪些景物。诗人以手写心，为我们描绘了一幅非常美丽的春景图，哪位孩子能用自己的语言来为我们描述一下自己在脑海中看到了一幅怎样的美景图呢？

生：竹林外的桃花开了，非常美丽。春天来了，江水变暖鸭子是最先感觉春天到了的动物。

师：孩子们描述得真不错。阳光温暖微风不燥，竹林外的一棵棵桃树开满了一串串粉红的桃花，江水回暖，欢快的鸭子最先知道春天来临了。

师：这幅春日美景图真是让人眼前一亮呀！我们现在就来当一当小画家，拿出自己的图画本和笔来画一画吧！

《惠崇春江晚景》第一句和第二句描绘了早春的自然美景，在教学活动中老师并没有直截了当地将诗句描写了一幅怎样的画面告诉儿童，反其道而行之，带领儿童进行"构图"，发挥儿童的积极性与主动性找出诗句中的景物，进而让儿童通过想象和联想去构筑属于自己的个性化的春日美景图。最后调动儿童的动手能力，将自己脑海中的画面画下来，激发儿童的想象力与创造力，通过画面的构筑来让儿童对古诗词有更深入的理解与感悟，从而体会到春天的美丽以及诗人美好的心情。

（二）品"境"

古诗词最具魅力之处就在于其意境。"意境"一词是由我国古代文论创造出来的，其大意是指作者将自身的主观感受附在相应的客观事物上从而达到一种情景交融、虚实相生、形神合一的境界。意境就是古诗词的灵魂，意境的存在无限地拓展了古诗词的审美想象空间。教师在进行古诗词美育教学活动时，若是逐字逐句翻译串讲，将古诗词肢解开来，这极大破坏了古诗词的意境之美，无法唤醒儿童的审美想象。所以在进行体味古诗词意境这一环节时，教师应当指导儿童积极地去分析与品味，结合反复的诵读逐步走进古诗词的意境之中，在此基础之上激发儿童的想象力与情感体验，获得审美的陶冶与熏陶。如学习高鼎的《村居》"草长莺飞二月天，拂堤杨柳醉春烟"时，老师指导儿童关注"醉"字，并着重挖掘该字的内涵，激发儿童的想象，让其走进"小草新绿、莺飞燕舞、杨柳依依、春烟袅袅"的高远意境当中，在对"杨柳"的鉴赏之中，让儿童可以联想到之前学过的《咏柳》中的"碧玉妆成一树高，万条垂下绿丝绦"

中的柔嫩柳枝,让儿童的想象力得到发散,这也就是古人说的意境的高妙之处,可以达到思接古今,神传千里的境界。又如学习李白的《望庐山瀑布》时,全诗紧扣"望"字,以"望"入诗,教师可以先让儿童找出这首诗中的意象,再用春风化雨般的语言去营造相应的意境,然后激励儿童进行深入思考:"假设此时你就是诗人李白,你会有怎样的心情和感受?"通过教师的引导,儿童在脑海中开始构建个性化的审美想象画面,老师再适时做出引导,带领儿童去品味"生紫烟""挂""三千尺""九天"几个词语。对这几组意象的组合能够反映儿童的审美想象水平如何,同时也能用这几组意象来发散儿童的思维,进一步体会到诗人心情的愉悦与浪漫。同时也生成了独特的审美情感体验。

六、思行结合,鼓励儿童审美实践

在古诗词的学习当中,除了审美感知、审美想象以及审美情感的培养,审美实践在儿童的培养当中也是不能忽视的一环。小学时代的儿童拥有非常丰富的想象力与创造力,"儿童在艺术方面的创造力有着惊人的天赋",对学生"听说读写"能力的培养体现了语文学科的最基本的特征。"听""读"表示了知识的输入,背后潜藏了对知识的理解与感悟。"说""写"表示了输出,是表达与创造。重点在于儿童对所学进行内化从而主动将自己对事物的理解与感情表达出来。这样的一个过程就是"实践"。儿童除了具有强大的创造力之外,还非常喜欢对自己感兴趣的事物进行模仿,有着惊人的模仿能力,因此在古诗词的美育教学活动中,以儿童的心理特点为依托,因材施教,鼓励儿童通过自身对所学知识的理解进行实践,如此一来便可以促进儿童审美实践能力的发展,从而提升审美能力。在审美实践能力的培养当中,可以对这几种方法加以利用:古诗词改写、古诗词新唱、古诗词表演。

(一)古诗词改写

所谓改写是指基于原来的文本基础之上,在不改变原本含义的原则下对文本进行改编,这是一种个性化的创作,是思维在行动当中的体现,也就是实践。在古诗词的教学活动中进行古诗词的改写不仅能够检验儿童对古诗词的理解程度,还可以锻炼其思维能力与实践能力。古诗词本来短小精悍,在进行改写时,可以适当对文本进行扩充,填补古诗词的"留白",或者对古诗词进行再精简,做到极致的简洁也不失为一种改写方式。除此之外,还可以将古诗词改编为短小的故事等。在这样一个动手动脑的活动中,儿童可以任意发挥自己的想象力,同时更为重要的是,经过一番改写,使得儿童对古诗词的理解会更加深入透彻,生成更多的"美"的感受与体验。例如学习《九月九日忆山东兄弟》时,可以将本首诗改编为白话小文章:"时光飞逝如白云苍狗,又到了一年一度的重阳节,本是家人团聚的好时节,此时我却独自一人在背井离乡的千里之外,热闹的节日更增添了我的一身清冷孤寂,远方的亲人啊,我很思念你们,今日的你们是不是也同往年一样,早早出发登高望远,将一串串茱萸佩戴在身上以求平安健康,可在你们当中唯独少了一个我呀,我多么想同你们一起欢度这重阳佳节。"以

中国传统诗词中的幼儿诗词及教学

这样的方式进行改写,儿童不仅对本首诗的大意有了理解,同时还能将情感也融入进来,将作者对家人的思念之情表达得淋漓尽致,在这个过程当中不仅提高了想象能力,也提高了写作能力,从而促进审美实践能力的发展。

"就诗改诗"也是一种极具趣味的改写方法。例如唐代杜牧所作的《清明》,可以将其改为更加简洁的三言小诗:

清明节,雨纷纷。
路上人,欲断魂。
问酒家,何处有?
牧童指,杏花村。

还可以将其改为四言小诗:

清明时节,行人断魂。
酒家何处?指杏花村。

就这样通过增删文字和从不同之处进行断句就可以重新构成一首全新的"古诗",这样的方法不仅可以激发儿童的想象力和学习古诗词的兴趣,还可以提高其对语言文字的应用能力。

(二)古诗词新唱

在古代"诗词歌赋"不分家,早在古诗词诞生之初就与音乐有了不解之缘,而且在古时,诗词就是拿来传唱的。闻一多老先生曾说诗歌包含了音乐之美。也有许多文人墨客在探究诗词的音乐性时指出:音乐是诗词的灵魂,如若忽略了诗词的音乐性,就无法完整地感受诗词的美。因此教师在进行古诗词美育教学活动时可以采用古诗词新唱的方式,激发儿童学习古诗词的兴趣,带给他们听觉上的愉快享受。跟随婉转悠扬的韵律走进广阔的思维空间,意境高远绵长,韵味十足。这样的方式还有一大好处,就在于可以帮助儿童记忆更多的古诗词,通过音乐的旋律促进儿童对我国古诗词文化的理解与学习,使得原本看起来严肃的诗词文化更加生动可爱。古诗词的新唱有两种:一种是将古人传承下来的曲谱与现代的曲子相结合,另外一种是为古诗谱曲。

如今现存至的古代曲谱已经是凤毛麟角了,如《扬州慢》和《阳关三叠》等。现代以来许多人也为古诗词谱写了不少曲子,主要有四类:一是视频作品的插曲,数量虽算不上多,但流传较广,如李煜的《虞美人》。二是为学校教学而设计的古诗词曲,出版物非常多,但流传不甚广泛,影响平平。三是音乐大家针对古诗词谱写的曲子,由于对专业化的要求较高,曲高和寡,鲜有人知。四是将古诗词融入流行音乐中,由名气很大的歌手演唱,这样的形式流传非常广泛,令笔者印象非常深刻的有《水调歌头》《杨花落尽子规啼》和《泊秦淮》等。学生对这一类歌曲非常喜欢,不仅朗朗上口,又韵味深长,甚至一些大学生也非常喜欢。由此可以得出启示,在古诗词教学中可以通过将诗词唱出来来增强儿童的审美体验,同时还能增强记忆,久久不忘。

(三)古诗词表演

在古诗词的美育课堂中如果能让脑海中的画面变得生动立体起来,变得现实可感,变得活起来的话，就可以使得古诗词更易于被理解，儿童在一遍一遍的表演当中融入自身的情感，结合自身的旧知与实际生活经验，可以锻炼儿童多项能力，可以丰富古诗词遗留的"空白"，使之变得更加"完满"。

在进行古诗词教学时，可以开展"诗词小剧场"活动，将古诗词改编为情景剧并且进行表演。配合相应的音乐、场景、服饰以及道具等，将古诗词活灵活现地表演出来，通过这样有趣、有味、有内涵的表演，可以从多方面提升儿童的审美能力，对其身心和谐发展具有深远的影响。如学习《赠汪伦》时可以将李白与汪伦二人的离别场景表演出来，【角色】让两个男生头戴纶巾（有条件可以穿上古代男子的服装），扮演诗人李白和友人汪伦；【地点】桃花潭边（由场景布置人员自由发挥）；【环境】播放相应的古筝曲，出示多媒体图片：桃花满地、草色青青、潭水漪旎。【事件】送别友人；【对话】李白、汪伦二人；【动作】踏词而唱，一握手一挥手告别。教师指导儿童对以上简单的剧本进行改编与再创造，最后通过表演的形式将其展现出来，这样的活动是每一个儿童都喜爱并且接受的，激发了儿童学习古诗词的内部动力，使得对于古诗词的学习不再是生硬死板、机械无趣，而是会学、想学和乐学。

第八章　古诗词主题教学活动中幼儿良好行为习惯的培养

传承优秀传统文化要坚持全民行动，从娃娃抓起。这就要求我们高度重视中华优秀传统文化的传承，古诗文经典已融入中华民族的血脉，成为我们的基因。学前阶段是人的一生中身心发展最快、可塑性最强的阶段，对人的身心健康、习惯养成等具有不可替代的重要影响。我们要遵循幼儿身心发展规律和发挥主题教育活动的优势，深入挖掘古诗文的德育价值，激发古诗文经典的生机与活力，让幼儿在发扬和传承古诗文经典中习得良好的行为习惯是幼儿教学的重要内容。

第一节　以古诗词为主题活动，培养幼儿良好行为习惯的行动方案

一、古诗词主题活动方案的设计

（一）方案设计的依据

1. 遵循幼儿身心发展的特点

2012年教育部颁布了《3～6岁儿童学习与发展指南》（以下简称《指南》），提出要遵循幼儿身心发展的规律，坚持科学保教，保障幼儿在健康、语言、社会、科学、艺术五大领域的全面发展。本章选取了中大班幼儿作为培养对象，结合《指南》精神，总结提炼出中大班幼儿发展的特点（见表8-1、表8-2），在古诗词主题教学中遵循幼儿身心发展的特点。

表 8-1　中班幼儿身心发展特点

身心发展特点	1. 手指动作更灵巧，可以熟练完成一些精细动作； 2. 有意注意开始发展，呈现无意注意向有意注意发展的趋势； 3. 记忆方面存在无意注意为主，有意记忆开始发展，形象记忆占优势； 4. 思维处于具体形象阶段，根据幼儿自身已有认知经验进行思维活动，主要依靠表象——头脑中具体形象进行思维，拟人性是突出特点； 5. 对事物的理解能力增强，能够清晰讲故事或叙述日常生活中的事物，因不能理清事物现象和行为动作之间的联系，讲话断断续续，会根据不同对象的理解调整自己的语言； 6. 能根据具体事物的表面属性（如颜色、形状）、功能、情景等进行概括分析； 7. 想象水平有一定的提高，常常在游戏中有所发现而突发奇想； 8. 自我意识开始发展，自我评价依赖于成人的评价； 9. 探究积极性强，能主动发起一些探究活动，进行一些简单的合作探究； 10. 心理活动有意识性发展，幼儿行为带有目的性、方向性和控制性。
情绪情感发展特点	1. 情绪相对稳定，开始学习控制自己的情绪； 2. 喜欢和同伴共同游戏，分享快乐； 3. 有主动参与活动的热情，能努力完成自己的选择。

表 8-2　大班幼儿身心发展特点

身心发展特点	1. 动手能力增强，喜欢能满足形象和创造多变的玩具，能长时关注探索物体的多种操作可能； 2. 思维方面以具体形象为主，抽象逻辑思维开始萌芽，在感知大量事物的基础上，逐渐能够整理、加工已有知识经验，发现事物之间的联系和浅显的规律； 3. 语言表达能力明显提高，以自我为中心的表达逐渐减少，语言表达灵活多样； 4. 合作意识逐渐增强，能进行合作探究，乐于交流自己的发现； 5. 规则意识逐渐形成，开始学习控制自己的行为，遵守集体的一些规则； 6. 自我评价从依从性评价向独立性评价发展，从个别性评价向多年性评价发展。
情绪情感发展特点	1. 情绪的稳定性增强，大多数幼儿有相对稳定的情绪； 2. 开始有意识地控制自己的情感表达，由社会需要而产生的情感开始发展； 3. 表达欲望强烈，愿意用多种方式表达自己的想法，活动的自主性、主动性明显提高。

2. 服务于教学

《幼儿园工作规程》指出，幼儿园教育活动是"有目的、有计划地引导幼儿生动、活泼、主动活动的多种形式的教育过程"。首先，幼儿园的教学活动是由老师的"教"和幼儿的"学"组成的双边活动，由幼儿园或教师与幼儿共同来选择教和学的方式。其次，教学活动是幼儿通过在具体活动中感知和体验来学习的过程，而不是坐着听和看的过程。再者，在教学活动过程中，即使事先计划，仍需要教师根据幼儿的需要和反应随时调整既定的方案。古诗词主题活动方案的设计应注重教学活动的生活性和启蒙性，从帮助幼儿积累生活经验和感性经验出发，联系幼儿生活实际，选择贴近幼儿生活实际的古诗词主题内容，同时在教学活动中引导幼儿认识古诗词与行为习惯之间的关系，注重从简单的事物和现象出发，调动幼儿已有的生活经验，丰富幼儿的有益经验，使他们的经验和视野得以拓展；幼儿主要通过感官来接触环境中的事物，他们的学习以直接经验为主,在教学活动中强调幼儿通过实践参与活动,鼓励他们在古诗词主题活动中看一看、摸一摸或者操作摆弄古诗词与行为习惯卡片等,帮助他们更好地形成良好的行为和习惯;将古诗词主题活动方案的形式多样化,可以是区角游戏,也可以是户外的,注重活动的情境性,吸引幼儿在游戏和情境中积极地交往、活跃地想象、主动地表达。

3.契合培养目标

主题教育活动目标是对主题教育活动所要实现的最终目的的预期,即期望幼儿获得哪方面的发展,纵横交错的目标体系决定着活动内容的选择、指导着主题活动中相关领域教育活动的进行、制约着活动的进展过程、影响着活动的方式和方法。还直接影响着教师的教学和评价,影响着幼儿的学习与发展。古诗词主题活动方案设计将中大班幼儿的年龄和认知学习特点、五大领域目标及幼儿的情感态度和方法技能有机融合,帮助幼儿良好行为习惯的养成。

(二)方案目标的制定

以《指南》为导向,遵循幼儿身心发展规律,结合古诗词的特点,制定古诗词主题活动的总目标及中大班幼儿的阶段目标。

1.古诗词主题活动培养幼儿行为习惯总目标

古诗词主题活动提高幼儿良好的文明、文化和行为素养,幼儿在主题活动中掌握基本的生活、学习技能,促进幼儿安全健康发展,帮助幼儿形成良好的行为习惯,为以后的学习和生活做准备。

(1)诗词的语言纯粹、精美、富有表现力和智慧力,经典诗词语句生动鲜活,形象鲜明,凝练简洁,精警有力,含蕴深刻,能促进幼儿语言理解能力和表达能力的发展,形成良好的文明礼貌用语习惯;

(2)中国古典诗词名篇饱含真挚、深刻、浓厚的思想情感,能引起幼儿的情绪情感体验,促进幼儿情绪情感的丰富和表达;

(3)促进幼儿良好文化自信心、注意力和学习品质的形成,养成阅读传统诗词经典的习惯与书面用语记录等学习习惯;

(4)促进幼儿与同伴交流、合作等社会性发展,促进幼儿良好的文明礼仪习惯的养成;

(5)提高幼儿的艺术审美能力;

(6)在诗词学习中,幼儿不断思索,发现新事物。提高幼儿发现问题、解决问题的能力,激发幼儿的探究欲望。

2. 不同年龄段幼儿行为习惯培养目标（见表8-3）

表8-3 各年龄段幼儿行为习惯目标

习惯类别	习惯总目标	分段目标 中班	分段目标 大班
文明礼仪行为习惯	1.注意站、行走、坐等的正确姿势。 2.正确使用礼貌用语。 3.递接物品时，眼看对方。咳嗽时不对着别人或饭菜等。	1.站姿端正。 2.会使用常用礼貌用语。 3.倾听或递接物品时，眼睛要看着对方。	1.站、行走、坐等的正确姿势。 2.言行得体。 3.会根据生活中的情景，使用恰当的礼貌用语。 4.不对着他人咳嗽、打哈欠等。
	1.让幼儿懂得尊敬长辈、爱护幼小。 2.讲文明懂礼貌，让大多数幼儿能适应社会发展和全面发展。 3.学会有礼貌地接待客人，能主动与客人打招呼。 4.不打扰大人的交谈。 5.知道在别人家做客时应注意的礼节。 6.知道对主人的招待表示感谢。	1.在生活中，主动对长辈使用尊称"您"，愿意给长辈让座、捶背、端茶送水等，不欺负幼小，并乐意和他们一起看故事书、玩玩具。 2.客人来访时及时开门，有礼貌地接待客人，看电视等能礼让客人，不扰大人的交谈。 3.在别人家做客时，不乱动乱摸，玩过的玩具等能物归原处。	1.知道尊老爱幼是一种文明行为并乐意去做。 2.回家或离家的时候要与长辈打招呼，有长辈陪伴身边时应请长辈先行。 3.能协助大人招待客人，不打扰大人的谈话。并愿意与小客人分享自己的故事书、玩具等。 4.在别人家做客时，要遵守规矩，保持安静，不随意翻看别人的东西。不抢换电视频道等。对主人的招待表示感谢。
	1.入园、离园时能做到主动与老师、家长、幼儿、客人问好或道别，做到有事请假。 2.集会时要穿戴整齐，做到不喧哗，不打闹，不交头接耳。 3.在学习活动中做到认真倾听，积极动脑，举手发言等。 4.户外活动时能遵守规则。	1.幼儿能主动问好或道别，表情自然，声音洪亮，语速适中。 2.集会时穿戴整洁、大方，能做到不喧哗，不打闹，不交头接耳。 3.在学习活动中做到认真倾听，积极动脑，举手发言等。 4.户外活动时能遵守规则，做到在规定范围内活动。	1.幼儿能主动问好或道别，表情自然大方，声音洪亮，语速适中。 2.集会时穿戴整洁、大方、美观，做到不喧哗，不打闹，不交头接耳，适时鼓掌欢迎。 3.在学习活动中做到认真倾听，积极动脑，举手发言等。 4.户外活动时能遵守规则，做到在规定范围内愉快活动。
生活卫生习惯	1.能遵守公共秩序，做到要排队等候，不拥挤。不喧哗，不影响他人，坚持使用文明用语。 2.能懂得公共设施的重要性，不乱涂乱画。当遇见别人损害公物时应及时上前劝阻。	1.能自觉遵守公共秩序。 2.爱护公共卫生，并能对垃圾进行分类。 3.游园时，不折花，不践踏草坪等。	1.幼儿知道按顺序排队是一种文明礼仪的行为，培养幼儿如遇到他人有急事时，可让出位置让他人先行。 2.遵守公共秩序，爱护公共卫生、公共设施，对不文明的行为能有礼貌的提醒。

第八章　古诗词主题教学活动中幼儿良好行为习惯的培养

续　表

习惯类别	习惯总目标	分段目标	
		中班	大班
生活卫生习惯	1.能愉快、安静地进餐。 2.有良好的卫生习惯，餐前洗手，餐后漱口。 3.能根据自己的需要适量取食物，不浪费。 4.知道食物中的营养对身体的健康作用，不挑食，不偏食。 5.能正确使用餐具，做到"三净"（桌面、地面、衣服）。 6.餐后能自己轻放餐具，擦嘴、漱口。 7.有主动饮水的良好习惯。 8.能认真喝水，不玩水和杯子。	1.能愉快、安静地独立进餐。 2.养成良好的卫生习惯，餐前洗手、餐后漱口、刷牙。 3.能根据自己的需要适量取食物，不浪费；知道食物中的营养对身体的健康作用，不挑食，不偏食。 4.尝试使用筷子，餐后将餐具收放好，做到"三净"（桌面、地面、衣服）。 5.能主动喝水，喝水前应洗手；并懂得剧烈运动后稍休息再喝水。 6.使用自己的专用杯有秩序地排队，正确取水、喝水，不浪费水，不喝生水。 7.水杯能正确归位，杯口朝上，杯把朝外，摆放整齐。	1.能愉快、安静地独立进餐。 2.养成良好的卫生习惯，餐前洗手，餐后漱口、刷牙。 3.能根据自己的需要适量取食物，不浪费；知道食物中的营养对身体的健康作用，不挑食，不偏食。 4.能熟练地使用筷子，做到"三净"（桌面、地面、衣服），餐后将餐具收放好，协助保育老师将餐具送回厨房。 5.能主动喝水，遇到特殊情况能及时喝水；喝水前应洗手；并懂得剧烈运动后稍休息再喝水。 6.使用自己的专用杯有秩序地排队，正确取水、喝水，不浪费水，不喝生水。 7.水杯能正确归位，杯口朝上，杯把朝外，摆放整齐。
	1.能睡前如厕。 2.养成良好的作息习惯。 3.能穿脱衣物，整理叠放衣物。 4.能做到睡姿正确，不蒙头，不趴着睡。 5.起床后能整理被褥，学会梳头。	1.能养成定时入睡、起床的好习惯。 2.正确掌握穿脱衣物的方法，并整齐地放在固定位置。 3.能独立、安静地入睡。能养成正确的睡姿（仰卧或侧卧）。	1.能够比较自觉地控制自己的行为，作息习惯有规律。 2.学会叠放衣物，整理床铺。 3.能在成人的协助下，学会梳头。 4.能在成人的协助下，整理被褥。
	1.讲究个人卫生。 2.注重公共场所卫生。	1.每天早晚刷牙，饭前便后、游戏活动结束后洗手，方法基本正确。 2.能够配合洗脸、洗手、洗脚、洗头、剪指甲。 3.不乱丢垃圾，不随地吐痰、大小便，不乱涂乱画、不踩踏草坪。 4.不将脏东西放入口中，不吮吸手指、玩具等，懂得病从口入的道理。	1.每天早晚主动刷牙，饭前便后、游戏活动结束后主动洗手，方法正确。 2.能够主动洗脸、洗手、洗脚、洗头、剪指甲。 3.知道不乱丢垃圾，不随地吐痰、大小便，不乱涂乱画、不踩踏草坪；如遇到不爱护环境的行为，能有礼貌地提醒。 4.不将脏东西放入口中，不吮吸手指、玩具等，懂得病从口入的道理。遇到别人这样做的时候，能主动友善地提醒。
	1.培养整理意识，激发幼儿整理的愿望，喜欢整理。 2.指导幼儿做一些力所能及的事。	1.体验整理的辛苦与快乐，激发幼儿整理的愿望。 2.主动将使用的物品放回原处进行简单整理。 3.能整理自己的物品。	1.体验整理的辛苦与快乐，热爱整理。 2.能将使用后的物品按类别或顺序摆放。 3.能收拾整理自己的物品。

179

续　表

习惯类别	习惯总目标	分段目标	
		中班	大班
生活卫生习惯	1. 从诗词中感受古人劳作的不易，珍惜劳动的成果。 2. 主动帮忙做一些力所能及的家务等。	1. 体验劳动的快乐，喜欢参加动手的活动。 2. 能积极主动帮助老师或父母做力所能及的事。	1. 愿意积极主动帮助老师或家长做一些力所能及的事，体验劳动的快乐。 2. 能使用简单的劳动工具或用具做一些力所能及的劳动。
学习行为习惯	1. 会安静地倾听别人说话，不随便插话；能集中注意力，迅速听清老师的指令，准确掌握别人说话的内容。 2. 会说普通话，说完整话，敢大胆回答问题，能清楚表达自己的见解，能准确转述所见所闻。	1. 能专注倾听，并能持续一段时间。 2. 能按照老师的指令做出正确回应。 3. 能用普通话大胆回答问题。	1. 能主动专注倾听。 2. 能准确转述说话者的意思。 3. 能用普通话大胆说出自己的不同想法。 4. 在活动中大胆向老师建议。
	1. 对周围事物感兴趣。 2. 能用正确方法观察。 3. 能在观察中比较，发现问题并思考。 4. 能用适宜方法猜测验证。 5. 有初步的创新意识。	1. 对周围事物有浓厚兴趣。 2. 学习用正确的方法观察事物。 3. 学习在观察中比较，结合经验发现问题并积极思考。 4. 会结合生活经验猜测，并在成人帮助下验证。	1. 对周围事物兴趣浓厚，并产生认识的强烈愿望。 2. 能选择正确的方法专注地观察事物。 3. 会在观察中比较，发现问题并尝试解决。 4. 会用适宜的方法猜测并验证。
安全行为习惯	1. 了解生活中的安全标识。 2. 养成到公共场所注意观察消防标志和疏散方向的习惯。 3. 知道各种报警电话，懂得如何报警。	1. 知道红灯停、绿灯行，了解交通规则。 2. 认识安全标识。 3. 知道不随意触摸家里和公共场所的电线、插座。 4. 玩大型玩具、运动器械时要注意安全。	1. 认识有关安全的标识。 2. 学习主动遵守交通规则。 3. 知道不玩火、不接触燃气、不接触危险性物品。 4. 离家、离园时主动向家长或老师打招呼。
	1. 养成集体活动中的规则意识，了解户外活动中的自我保护方法。 2. 了解身体主要器官的功能及重要性，懂得自我保护常识。 3. 不远离成人视线范围。 4. 不跟陌生人走。不吃陌生人给的东西。 5. 不在河边玩。 6. 遵守规则。 7. 不玩火柴、电器等危险品。 8. 不爬窗户、阳台，不从高处往下跳等。	1. 能做到在成人视线内活动。 2. 能拒绝陌生人的诱惑，不跟陌生人走。 3. 能拒绝陌生人的食品诱惑。 4. 能做到远离河塘。 5. 能遵守规则并知道为什么要遵守。 6. 不玩火柴、电器等危险品，知道玩危险品的可怕后果。 7. 能做到不爬窗户、阳台，并知道为什么不能爬窗户、阳台等。	1. 能自觉在成人视线内活动。 2. 自觉做到不跟陌生人走，面对诱惑会拒绝或报警。 3. 自觉做到不吃陌生人给的食品。 4. 自觉做到远离河塘等危险场所，知道预防溺水的方法。 5. 能自觉遵守各类规则，并独立或合作用喜欢的方式记录制定的规则。 6. 能自觉做到不玩火柴、电器等危险品，并能劝阻他人也不玩。 7. 能自觉做到不爬窗户、阳台等危险地带，尝试设计提醒他人的标志。

第八章 古诗词主题教学活动中幼儿良好行为习惯的培养

（三）方案内容的选择

1. 内容选择的依据

（1）依据《幼儿园教育指导纲要（试行）》（以下简称《纲要》）精神，保证活动内容的方向性

《纲要》明确指出，幼儿园教育活动的内容应该遵循以下原则："既符合幼儿的现有水平，又有一定的挑战性。""既符合幼儿的现实需要，又有利于其长远发展。""即贴近幼儿生活来选择幼儿感兴趣的事物和问题，有助于拓展幼儿的经验和视野。"《纲要》对幼儿园活动的具体内容和形式做了说明，是教师教学活动实践的指南针。

（2）依据幼儿的需要，保证主题教学活动内容的适恰性

《纲要》指出："教育活动内容的组织应充分考虑幼儿的学习特点和认知规律，各领域的内容要有机联系，相互渗透，注重综合性、趣味性、活动性，寓教育于生活、游戏中。"教育的对象是儿童，儿童是学习和发展的主人，儿童的基本任务是成长，幼儿是在游戏和活动中学习和发展的。教育要满足儿童发展的需要，帮助儿童获得成长。挖掘适合幼儿学习的内容，考虑幼儿当下的需要，排除阻碍儿童发展的内容，立足于幼儿长远的发展，找到儿童发展的适宜性内容。

表8-4 幼儿年龄特点与主题活动内容的选择

中班幼儿的年龄特点	大班幼儿的年龄特点	主题活动内容的选择
1.中班幼儿的思维以具体形象思维为主，在认知活动方面无意注意占主导地位，观察、注意、记忆随意性大，想象有意水平提高，在自己感兴趣的领域有一定的目的性和专注力，自制力有一定的发展。	1.大班幼儿的思维仍以具体形象思维为主，抽象逻辑思维开始萌芽，出现有意义的自我控制能力和调节自我心理活动的方法，在认知活动方面，无论观察、注意、记忆过程，还是想象和思维过程，都有了方法。	1.主题活动内容针对幼儿生活中熟悉的、感兴趣的、能运用多种感官操作和探索的。 2.生活中关注的事件出现在幼儿中的问题也是主题活动的重要内容来源。
2.中班幼儿好学好问，活泼好动，喜欢变换活动方式，喜欢与同伴交流讨论，他们小肌肉不断发展，身体上的动作较灵活，但是协调性还不够强，有一定的动作技能基础。	2.大班幼儿好学好问，喜欢有挑战性的学习内容。好奇心不再满足于了解表面现象，而是刨根问底，他们的活跃主要不是停留在身体上的活动，而是表现在思维的积极性上，他们有强烈的求知欲。	3.主题应为幼儿提供表达的广阔空间。 4.主题活动内容来源于教师，也来源于幼儿，教师、幼儿是活动建构的双主体。主题活动中依据幼儿兴趣生成的活动也是重要组成部分。
3.中班幼儿通常追随、服从老师的指令，能积极地调动多种感官参与活动，通过操作活动获得认知，求知欲强烈。	3.大班幼儿不再满足于追随、服从老师，而有他们自己的想法和主见，活动的自由性和主动性水平明显提高。	5.主题内容具有较强的合作性，需要幼儿合作完成；内容具有探索性，可引导幼儿持续性的探索；内容的整合性，内容不仅涵盖五大领域的内容，同时也根据具体活动满足幼儿的发展需要；内容对幼儿的发展具有实用性，即幼儿在过程中获得能力，有利于现在乃至今后的学习和生活。
4.中班幼儿活动主要依靠自己的生活经验和成人的语言，有自己的想法，自觉和主动选择参与活动，有一定的社会行为规范意识，知道关心他人，与同伴友好地合作。	4.大班幼儿活动更有目的性和计划性，能按学习任务活动，能主动排除外来干扰。同时即将步入小学生活也需要他们开始适应集体教育形式。因此与他人共同学习是他们能完成，也是他们需要的。开始注意向同伴学习。	

（3）依据幼儿的年龄特点，保证教学活动内容的有效性

现代心理研究表明，人的一切行为都是成熟和学习两种过程的结合。人的发展是有阶段性的，学习只有建立在成熟的基础才对发展有效。这种特性对幼儿来说尤为明显，所以准确把握幼儿的年龄特点才能使教学活动更有价值。

（4）依据幼儿原有经验，保证教学活动内容的针对性

苏联教育家维果茨基的研究表明：教育对儿童的发展能起到主导作用和促进作用是基于儿童发展的两种水平，一种是已经达到的发展水平，另一种是儿童可能达到的发展水平，这两种水平之间的距离就是"最近发展区"。儿童已经达到的水平也就是幼儿原有的经验，是找到最近发展区的基础。原有经验意味着儿童心理发展的已有条件，最近发展区就是儿童发展的进一步需要。幼儿古诗词主题活动是建立在幼儿已经有 1～2 年的古诗词启蒙教育的基础上进行的活动，幼儿有一定的诗词积累，在诗词启蒙教育的基础上，在适当的教学目标的基础上帮助幼儿养成好的行为习惯，获得更高的发展，而这种发展之间的差距就是最近发展区。找到幼儿的原有诗词学习基础，针对幼儿的文明礼仪、生活、学习及安全方面具体的行为习惯而衍生的预设或者是生成的主题活动，使教学更具针对性。

2. 行为习惯内容的选择

（1）文明礼仪行为习惯

至圣先师孔子早在几千年前就说过"不学礼，无以立"。中华民族有着古老悠久的文明历史，千百年来逐渐形成了一整套待人接物的行为规范，并得到社会的广泛认同与遵循。通行的礼仪礼节，它们与人的衣着仪表、谈吐用语共同构成了中华民族以礼待人的三个基本方面。现代社会，人们虽然摆脱了旧时代的种种束缚，旧的礼节、礼法只保留在历史典籍中，但与人交往讲求礼仪礼节，这个民族优良传统却保存下来并融进民族灵魂深处。礼仪礼节作为伦理道德的一种外在表现形式，自古以来在人际交往中发挥着重要的调节作用，它体现着人与人交往中的一种相互尊重的情感，反映出自我的道德、文化修养和自尊。

3～8 岁是行为习惯养成的黄金阶段，对孩子而言也是培养恰当得体的文明礼仪行为习惯的好时机，如果是 8 岁之前，文明礼仪习惯很容易养成，8 岁之后再进行学习礼仪教育的难度就会增大，这也是常说的"幼学礼仪，童蒙养正"的道理。"礼由心生而后成仪"，礼是内心的品德修养，仪是外在的展现形式，两者互为表里，互相作用。礼仪是不会褪色的高贵外衣，兼具素质、修养。一个内在具备素质修养的人，外在才能表现出彬彬有礼，大方得体。而文明礼仪行为习惯又主要表现在个人、家庭、学校和社会这几个方面。

首先是个人礼仪习惯，对孩子总体来讲，礼仪就是教孩子们该做什么，不该做什么，儿童礼仪是指孩子在家庭、学校、社会当中所应遵守的行为规范。言谈举止中体现个人的素质和修养。《弟子规》中有这样的记载，"冠必正，纽必结，袜与履，俱紧切"，"衣贵洁，不贵华，上循分，下称家"。可见古人对着装礼仪很有讲究，正衣冠

也就是这样来的。衣服可以不华丽,但是得大方得体、干净整洁。这是现代社会对个人素养考察的一个重要方面。对幼儿来说,他们却没有这样的概念,很多时候幼儿来园时穿戴整洁,可是离园的时候,女孩子头发散乱,男孩子的鞋袜、裤子歪歪扭扭,经常让教学老师和生活老师摸不着头脑。这也让手工课的老师变得畏首畏尾,生怕孩子手上、脸上、衣服上沾有颜料。每次强调了一遍又一遍,可是活动结束后,孩子们的衣服、裤子、鞋子满是颜料,有的孩子的脸上还有勾线笔画过的痕迹,幼儿不懂得注意个人的形象,久而久之这种不良仪容、仪表行为习惯会逐渐养成。

《弟子规》中有这样一句关于良好生活礼仪的描述:"晨必盥,兼漱口,便溺回,辄净手。"这与我们现在的生活方式是大同小异的,早晨起床后洗脸、刷牙,上完厕所及时洗手,这是我们习以为常的小事,然而正是这样微乎其微的小事,对很多人来说都没能做到。这些看似很平常、很普通的习惯,不仅有利于个人的身体健康,也增加别人对自己的好感度。但如果这些基本的良好生活习惯都没能养成,那么也很难让自己的生活有条不紊。

家庭教育在孩子一生中起着至关重要的作用,而家庭礼仪教育更是起着关键的作用。《弟子规》中关于家庭礼仪这样说道:"长者立,幼勿坐,长者坐,命乃坐。长者先,幼者后。""尊长前,声要低,低不闻,却非宜。"孩子就像父母言行的一面镜子,父母的一举一动都会成为孩子模仿的对象。如家长有礼貌、有教养,他们的孩子通常也是彬彬有礼、落落大方。而有的家长动不动就骂人,说话带脏字,他们的孩子就会学着他们一样的语言和交流方式。实际上我们每个做家长的谁不希望自己的孩子有出息、懂礼貌,但有时我们不注意自己的言行举止,孩子会无意识地模仿,久而久之习惯就成了自然。现在的家长对孩子的教育理念就是只要孩子不哭闹,他们就会满足他的要求,长此以往,孩子们变得没礼貌,与人交流目中无人,无理哭闹成了孩子的拿手好戏,不仅为幼儿教师增添了烦恼,也让家长无地自容。孩子的种种表现或多或少来自家庭礼仪教育的缺失。

其次是幼儿园礼仪。《弟子规》中有这样的记载:"亲有过,谏使更,怡吾色,柔吾声。"古代的学生非常尊重自己的老师,如果我们从幼儿阶段就培养孩子养成良好的校园礼仪行为,不仅有利于和谐的师生关系的发展,还有助于孩子良好交往礼仪的形成。

最后是社会公共礼仪。"勿以善小而不为,勿以恶小而为之","用人物,须明求,倘不问,即为偷,借人物,及时还,后有急,借不难"。学会最基本的公共场所的礼仪才能与人和谐相处,才能促进社会的文明。

(2)生活卫生行为习惯

《纲要》明确指出,教师要"帮助幼儿养成良好的饮食、睡眠、盥洗、排泄等个人生活卫生习惯和爱护公共卫生的习惯。指导幼儿学习自我服务技能,培养基本的生活自理能力。"《纲要》中健康领域共有三个子领域,其中有关"生活"的子领域在教育建议中明确指出:"让幼儿保持有规律的生活,养成良好的作息习惯,帮助幼儿养成良好的饮食习惯、个人卫生习惯,培养锻炼的习惯。"幼儿处于身体发育的旺盛时期,要满足各方面的身体生长发展需求,良好的生活习惯是保障。孩子抵抗力较差,很容易感染细菌,养成良好的卫生习惯可以降低幼儿感染疾病的风险,也有利于幼儿健康的成长。

(3) 学习行为习惯

李大钊说:"知识是引导人生到光明与真实境界的灯烛,愚暗是达到光明与真实境界的障碍,也就是人生发展的障碍。"朱熹在《童蒙须知》中提出了这样的要求:"凡读书,须整顿几案,令洁净端正。将书册齐整顿放,正身体。对书册,详缓看字,仔细分明读之。须要读得字字响亮。不可误一字,不可少一字,不可多一字,不可倒一字,不可牵强暗记,只是要多诵遍数,自然上口,久远不忘……余尝谓,读书有三到,谓心到,眼到,口到。心不在此,则眼不看仔细,心眼既不专一,却只漫浪诵读,决不能记,记亦不能久也……凡书册,须要爱护,不可损污皱折……凡写字,未问写得工拙如何,且望一笔一画,严正分明,不可潦草。"知识是在日复一日,年复一年的学习中积累起来的,紧跟时代发展的步伐,不学习,不会学习终将被社会淘汰。离开了学习,将寸步难行。

良好的倾听与表达习惯。学习需要一丝不苟,良好的倾听与表达是学习的重要部分,当我们还在妈妈肚子里的时候就开始了倾听,不断把倾听到的信息输入我们的大脑,也是学习的过程。听不仅是听老师讲解的内容,也要倾听同伴的交流,不打断别人的话语,别人说完话后进行礼貌回应。在区角活动中,我们经常告诉幼儿进区的要求:要轻轻地进区,自己做自己的事情,听到音乐响起后,标志着区角活动即将结束了,孩子们准备收拾材料,然后回到座位。在平时,幼儿讲故事的环节营造安静的氛围让幼儿认真的倾听,倾听的习惯慢慢就会养成。培养幼儿倾听的习惯,帮助幼儿多听、多思、多说,为良好的学习习惯做准备。

观察和思维的习惯。幼儿阶段的孩子好学好问,他们对外界的一切事物充满了好奇和新鲜感,他们在直接感知、动手操作和亲身体验中获得经验和认知。培养幼儿良好的观察能力不仅能加强幼儿有意识注意,还能激发幼儿对学习的兴趣,提高学习的效率。因此敏锐的观察能力对学习来说至关重要。观察就伴随着思维的发展,小中班的幼儿主要以简单直觉行动思维为主,大班幼儿的抽象思维开始萌芽,有初步的逻辑意识。观察与思维是学习习惯养成的重要保障。

前阅读和前书写习惯。《3~6岁儿童学习与发展指南》中强调"幼儿语言的发展贯穿于各个领域",前阅读、前书写能力作为幼儿语言能力发展的重要方面,"对其他领域的学习与发展有着重要的影响"。前阅读和前书写重在培养幼儿获得与阅读和书写有关的知识、概念、行为、技能和态度。而不是普遍认为的认识了几个字和学写了几个字,它包含了对儿童口头语言和书面语言表达的理解与运用,可以是用他们自己儿童化的阅读语言和书写符号表达的自己的思想和情感。儿童的视觉性感知、视觉性记忆、手眼协调等能力都是阅读学习的先决条件,儿童阅读和书写在一定程度上是在成人的帮助下完成的,通过成人的读搭建起了抽象文字与儿童认知的桥梁,儿童靠听来完成阅读。具有丰富文字的儿童读物吸引着儿童慢慢地学会了自己阅读。儿童的前书写能力是建立在小肌肉发展的基础上，通过平时的涂鸦、绘画等都为孩子今后的书写做了准备。

探究与尝试习惯。《幼儿园工作规程》第五条明确指出幼儿园保育和教育目标是：发展幼儿智力，培养正确运用感官和运用语言交往的基本能力，增进对环境的认识，培养有益的兴趣和求知欲望，培养初步的动手探究能力。幼儿有一种本能的探究欲望，对世界的万事万物充满了好奇。好奇心是创造性思维的源泉，能激发幼儿不断地探索周围的事物。幼儿时期是萌生和形成好奇心的关键时期，好奇、好问、好动成为这一时期幼儿突出的特点，但同时幼儿缺乏认知经验，在头脑中还没建立起一定的认识图式，在脑海中闪现的知识很容易忘记，很多幼儿没有足够的意志力的支撑，变得畏首畏尾，不敢也不愿意去尝试，久而久之幼儿仅有的探究欲望在无形之中湮灭，帮助幼儿建立自信，引导幼儿发散性思维，满足幼儿的好奇心，激发幼儿不断尝试，探索创新，使思维更加活跃。

（4）安全行为习惯

幼儿的安全是幼儿园各项工作顺利开展的前提和保证。让幼儿远离危险、远离伤害是每位幼教人和所有家长的共同心愿和责任。幼儿年龄小，缺乏安全意识和自我保护能力。幼儿阶段让孩子了解基本的安全常识，懂得一些基本的自我保护意识和避免一些不安全行为，以免幼儿受到伤害。

从《唐诗三百首》《宋词集》《小学语文教材》《唱学古诗词》中筛选脍炙人口的诗词佳作，按流派和时间顺序将其进行归类整理，主要以唐诗、宋词为主，加入适量的《三字经》《弟子规》（选段）。选择的古诗词内容符合中大班幼儿的年龄特点，满足幼儿的兴趣和探索欲望。易读、易懂，并贴近他们的生活实际，以五言、七言诗为主，如《咏鹅》，鹅是生活中很常见的小动物，喜欢动物是孩子们的天性。孩子们熟悉诗句中的白毛、红掌、长脖颈，熟悉它高亢的叫声，熟悉它戏水的状态。因而幼儿很容易理解记忆。又如李白的《静夜思》、孟浩然的《春晓》等都是贴近幼儿生活、脍炙人口、千古传诵的好作品。

（四）古诗词与主题活动有效结合

古诗词不仅是语言教学的重要组成部分，在诗词文化熏陶滋养下，幼儿的审美情趣和文明素养也能在潜移默化中得以培养，形象思维能力、想象力和艺术的创造力不断提升。但幼儿年龄小，认知能力尚未发展完善，缺乏对事物的全面认识，而古诗词饱含了诗人对事、对物的情感，而且诗词的写作手法多样，幼儿学习起来有一定的难度。因此，借助主题活动，将诗词形象化、具体化，甚至用幼儿能理解的诗词语言，在灵活多样的古诗词主题活动中，让幼儿对古诗词产生更大的兴趣。

第二节　古诗词主题教育活动中幼儿行为习惯培养存在的问题及原因分析

通过古诗词主题教育活动的实施，幼儿和教师对古诗词有了新的认识，丰富了幼儿的园内学习和生活，大大激发了幼儿和教师对古诗词的兴趣，教师设计实施主题活动的能力得到了很大的提升，幼儿在传承和发扬经典古诗词文化中习得了良好的行为习惯。但也出现了古诗词内容选择带有教师的个人主观性，内容不够层次性与幼儿行为习惯培养目标的不适宜性等问题。同时幼儿在古诗词主题活动中受个人、家庭和教师的影响，幼儿习得的行为习惯差异显著。

一、古诗词主题教育活动中培养幼儿良好行为习惯存在的问题

（一）古诗词内容选择的问题

1. 内容选择的不适宜性

教师在古诗词内容的选择上没有贴近幼儿的生活和已有的认知经验；筛选的古诗词内容没有遵循幼儿的年龄特点和学习特点，多以生硬的汉字形式出现，偏"小学化"；古诗词内容的选择没能与幼儿行为习惯培养的目标有效契合，幼儿不能很好地从古诗词内容中习得好的行为习惯。

2. 内容选择渠道的单一性

多数教师仅从纸质书籍、教材中选择，没有充分利用网络、音频或电子资源。使得古诗词内容不具代表性和实用性。

3. 内容选择缺少层次性

古诗词内容的选择脱离了五大领域的内容，筛选数量过多，不够精准，选择的内容没有很好地把控难易程度，导致内容多而杂，缺少层次性。

4. 内容选择带有教师的主观性

古诗词主题教学内容的筛选，带有教师个人的喜好，诗词内容偏成人化，幼儿理解、接受起来有一定的难度。

（二）教师素养与能力的问题

1. 教师设计古诗词主题活动的能力

主题教学活动有预设的和生成的，教师在设计古诗词主题活动时只关注了预设主题，忽略了在活动过程中生成的主题活动的设计；在主题活动目标设定时重难点不够突出，有时只注意到了古诗词的教学目标，或者指向幼儿行为习惯培养的目标，没能很好地将两者有效结合；同时目标的设定没没具体化到幼儿行为习惯的培养。

2. 教师实施古诗词主题教育活动的能力

教师没有充分挖掘古诗词的教学价值，组织实施古诗词主题教学活动的形式单一，多数仍以集教活动为主，没有将古诗词主题活动与幼儿园的区角、一日生活、游戏活动等相结合；教师实施古诗词主题活动选用的教学方法不当，大多数教师还停留在教授幼儿对诗词内容的机械记忆上，没有尝试使用多元化的教学方法，让幼儿更好地将古诗词迁移到幼儿的行为习惯的养成；教师实施古诗词主题活动时只关注过程，没有反思古诗词主题活动对幼儿行为习惯培养的效果。

3. 教师没有为幼儿提供有准备的环境

一方面，幼儿是在直接感知、亲身体验、动手操作的学习中获得发展，幼儿教师在古诗词主题活动中没给幼儿提供主题活动可操作的玩教具和学习材料，幼儿很难从空洞的说教环境中习得好习惯。另一方面，教师没有为幼儿准备主题教学活动所需的物质环境，没有创设与主题活动相匹配的环境和氛围，幼儿容易受其他环境的干扰。

4. 教师没有关注幼儿的个体差异性

《幼儿园教师专业标准（试行）》基本理念强调教师要以幼儿为本，教师应充分考虑幼儿是完整的个体，会受家庭等各方面因素的影响，呈现出不同的差异性。古诗词主题活动中教师关注幼儿行为习惯养成的结果多于培养过程，既没关注幼儿的整体发展，也没关注幼儿的个体差异。致使多数幼儿没能在古诗词主题活动中养成良好的行为和习惯。

5. 没有建立良好的师幼关系

古诗词主题教育活动是由教师的"教"和幼儿的"学"构成的双边活动。古诗词主题教育活动应充分建立在平等师幼关系的基础上，教师以合作者、支持者和引导者的角色进入主题活动，在主题教育实施过程中参与幼儿的谈话、讨论，对幼儿的疑惑给予适时的回应，并合作解决一些幼儿在古诗词主题教育活动中遇到的困难等。同时，教师应充分尊重幼儿的个体差异性，调动幼儿的主动性，遵循幼儿身心发展特点和保教活动规律，保障幼儿在古诗词主题教育活动的主体地位，让幼儿在和谐、融洽的师幼关系中形成良好的行为和习惯。在古诗词主题教学活动中，教师更多的是主导地位，幼儿更多的是配合教师完成教学任务，师幼关系呈现被动的局面，致使主题活动的效果不明显。

6. 没有很好地发挥自身的专业素养

古诗词主题活动中幼儿教师首先应具备一定的诗词储备和文学素养，其次幼儿教师应具备一定的儿童教育学、心理学等专业理论知识，懂得从教育发展的一般规律和儿童的实际出发，能较好发挥主题活动优势并深入教学实践。但多数幼儿教师自身专业知识储备不足，凸显不出古诗词主题活动的内涵和价值。

7. 教师没有合理利用家长教育资源

家长是重要的教育资源，是幼儿园的合作伙伴，幼儿园教育应坚持家园共育。在古诗词主题教学活动中教师没有重视幼儿园、家庭和社区的合作，没有很好地将古诗词主题活动的影响力辐射到家庭中、社区中，幼儿教师在实施古诗词主题活动时几乎没有提供给幼儿家长参与古诗词主题的活动的机会。使得个别家长并不知晓本次主题活动的内容和意义。

（三）幼儿接受教育的环境和自身差异的问题

1. 不同家庭背景的幼儿

一方面，受家庭阅读环境和氛围的影响，幼儿在古诗词主题活动中习得的行为习惯参差不齐，拥有阅读习惯、从小在家庭环境中接受传统文化熏陶、平日接触较多古典诗词的幼儿，比家庭阅读氛围不浓厚、自身也从未或很少接触诗词的幼儿在古诗词主题活动中学习、理解诗词能力更强，也更容易将古诗词迁移到自身行为和习惯的养成上。另一方面，家庭经济背景影响着幼儿行为习惯的养成，经济富裕的家庭在幼儿教育和幼儿素养等方面的投入通常比贫困家庭多，富裕家庭更注重对幼儿行为素养的培养，使得富裕家庭的幼儿的行为习惯比贫困家庭幼儿的习惯好，也能很快适应古诗词主题活动，从而形成良好的行为和习惯。

2. 幼儿自身固有的习惯

在古诗词主题活动中，有些幼儿已经长时间形成固有的不良行为习惯，这些习惯根深蒂固，幼儿在短时间没办法从根本上改变。因此，在古诗词主题活动中，幼儿的不良行为习惯仍然存在，伴随着幼儿始终。

3. 其他方面

不同性别、不同年龄班级、来自不同地域的幼儿在古诗词主题活动中习得的行为习惯存在显著差异。

二、古诗词主题教育活动中幼儿行为习惯培养存在问题的原因分析

（一）古诗词主题活动中古诗词内容选择问题的原因分析

1. 无园本教材参照，筛选难度大

目前幼儿园开展古诗词教学并无园本课程，没有可参考的教材，不仅要筛选与幼儿行为习惯相关的古诗词内容，还得把握幼儿的身心发展和年龄特点，对幼儿园和幼儿教师来说有一定的难度，不仅需要教师丰富的教学实践经验，也需要行业专家的引领，才能更好的、有目的、有计划地筛选出适合幼儿习惯养成的古诗词内容。

2. 无专业系统的培养目标，筛选标准不一

目前幼儿园开展古诗词主题教育活动并无科学、缜密的教学设计，不成体系，或者沦为点缀，效果不佳。古诗词主题教育活动边缘化，幼儿家长、幼儿园教师往往将学前教育沿袭小学教育模式开展，呈现出功利化、应试化的倾向，在古诗词内容的筛选上容易受社会环境和家长的影响，导致筛选的内容标准不一。

（二）古诗词主题活动中教师专业素养和能力问题的原因分析

1. 在古诗词主题活动中培养幼儿行为习惯受教师教龄的影响

从教1～3年的幼儿教师几乎是刚进入这个行业，经历着角色的转变，她们初入工

作岗位，有较高的热情和积极主动的工作态度，但对幼儿行为习惯的培养还不能很好地把握和掌控。所以1～3年教龄的幼儿教师在古诗词主题活动中培养幼儿的行为习惯均值最低；而从教4～10年的幼儿教师，她们是从新手型教师过渡到了成熟型教师的阶段，她们是幼儿园的骨干力量，有较高的文化素养和教学能力，因此均值几乎和10～30年教龄的幼儿教师持平，而从教10～30年的幼儿教师虽然工作的年限比4～10年的幼儿教师长，但大多到了结婚和生育阶段，她们多把时间和精力用在家庭和子女的教育上，对家庭和工作很难做到"两不误"。因此对幼儿行为习惯的培养上心有余而力不足。相比之下，对于教龄在30年甚至更长时间的幼儿教师来说，他们是学科带头人和幼儿园的中坚力量，也在日积月累中形成了稳固的教学经验和实战能力。同时，他们在教养子女的问题上压力较小，他们有更多的时间和精力去关注学前教育动态和信息，对幼儿行为习惯的认识上也更加重视。总体来说，从教年限越长的幼儿教师对幼儿各方面的行为习惯的培养效果越好。教龄是影响幼儿行为习惯养成的一个因素。

2.在古诗词主题活动中培养幼儿行为习惯受教师学历的影响

首先，受工作环境和管理制度的影响，本科学历的幼儿教师与高中或中专学历的幼儿教师做着同样的工作，要承担教学任务和各种日常工作，并且还要时刻关注孩子的安全，产生压力的同时出现了职业倦怠；其次，受地域和经济条件的影响，被调查的幼儿教师中最高的学历是本科，她们不满足于工作在贫困县且交通较闭塞的城镇，她们想要去到更好的地方发展，无心在幼儿行为习惯的培养上花工夫，而低学历的幼儿教师想通过努力改变自己的现状，弥补自己低学历的劣势，同时也想通过培养幼儿良好行为习惯证明自己的能力；由于本科学历的幼儿教师比低学历的幼儿教师幼儿有更多学习的机会，除了本职工作还可能兼职幼儿园行政的工作，所以对幼儿行为习惯的培养的时间分配较少；最后，受工资待遇的影响，高学历的幼儿教师通常比低学历的幼儿教师花费了更多提升学历的时间，但本科学历的幼儿教师的待遇与学力相对较低的幼儿教师相比差距不大，所以高学历的幼儿教师不愿花费时间和精力培养幼儿形成良好的行为习惯。

3.在古诗词主题活动中培养幼儿行为习惯受任教教师的影响

从心理学方面的研究得知，大班幼儿的身心发展水平及认知等各方面的能力都比中班幼儿强，幼儿的生活经验、生活阅历和身体机能随着年龄的增长而不断发展。教师在中大班幼儿行为习惯培养的目标、采取的培养方式的差异也会导致中大班幼儿行为习惯的差异。

4.在古诗词主题活动中培养幼儿行为习惯受幼儿教师年龄的影响

20～30岁的幼儿教师刚刚进入职业生涯，还在岗前适应阶段，她们更多的是关注自身的生存发展，还未进入关注幼儿的阶段，对幼儿行为习惯的培养还未引起足够的注意和重视，往往会忽视对幼儿行为习惯的培养；41～50岁的幼儿教师在专业技能和工作经验上相对成熟，而且也进入了关注幼儿阶段。研究表明，教师的职业倦怠感是影响教师各方面发展的重要因素之一，这个年龄段的幼儿教师比前两个年龄段的幼儿教师工作的时间更长，而且这个年龄段大多数的幼儿教师身处教学一线，工作性质和教学内容比较单一，每天工作的程序大体相同，很容易产生职业倦怠感，所以41～50岁产生了职业倦怠感的幼儿教师在古诗词主题活动中对幼儿行为习惯的培养得过且过，幼儿未能在古诗词主题活动中习得好的行为习惯。对31～40岁的幼儿教师来说，他们过渡到了关注情境的阶段，这部分的幼儿教师的专业技能和工作经验有所提高，相应的也会关注与幼儿发展相关的内容，他们更擅长于接受和挑战新鲜的事物，也愿意尝试体验不同的教育方式来培养幼儿良好的行为习惯；51～60岁这个年龄阶段的幼儿教师有着熟练的专业技能和丰富的教学经验，相比前三个年龄段的幼儿教师，这个年龄段的幼儿教师更倾向于关注幼儿的发展，她们中不乏专家型的教师，具备了良好的专业素养和实战经验，她们能更好地运用古诗词主题活动培养幼儿良好的行为习惯。

（三）古诗词主题活动中幼儿所处环境对幼儿产生的影响

1. 幼儿所在幼儿园性质的差异

民办园更多的是来自家长和社会的压力，为追求生源无条件地满足家长的诉求，"小学化"现象突出，功利性强。在幼儿的文明礼仪和学习习惯的培养上比较容易短时间出效果，而公办园更注重结合生活实际对幼儿日常行为习惯的培养。民办园办园时间短，管理制度还不够健全，教师入职门槛低、流动性大；公办园的幼儿教师多是通过教师招聘入编，入职前经过了严格的筛选，专业知识和素养整体比民办园教师好。民办园的师资力量不如公办园，公办园的师资配比及教师队伍的整体素质比民办园高，公办园的教师多数是在编教师，而民办园临聘的教师居多，且民办园教师外出学习的机会比公办园教师少，得到的信息也没有公办园教师广泛，对古诗词主题活动培养幼儿行为习惯的相关内容了解较少，因此不同性质园所的幼儿教师对幼儿行为习惯的培养存在显著差异。整体说来，公办园对古诗词主题活动培养幼儿各方面的习惯都比民办园好。

2. 受独生与非独生幼儿的影响

除独生子女幼儿与非独生子女幼儿在生活习惯上存在明显差异之外，其他方面的行为习惯无明显差异，且非独生子女幼儿的行为习惯比独生子女幼儿好。主要是因为随着全面二胎政策的开放，非独生子女幼儿的家庭活跃了起来，独生子女在社会交往、独立性、责任感、适应性等方面都不如非独生子女。由于独生子女幼儿缺乏独立性和自我服务意识，且家长对独生子女的偏爱、骄纵助长了他们不良的生活习惯，而非独生幼儿的社会交往和生活自理能力比独生子女强，因此独生与非独生子女幼儿在生活习惯上体现显著差异，但随着社会大环境的改变，家长的养育观念也在进步，也更加重视对独生子女的教养。

3. 来自不同地域幼儿的影响

笔者调查的两所幼儿园都位居人口聚集的县城，是留守儿童和隔代教育的主要教育阵地，主要的生源多是来自本地居民的孩子，或是农村刚入城市家庭和城郊农民家庭的孩子，整体来说城镇幼儿的行为习惯比农村幼儿好，主要因为城镇幼儿的家长更注重对幼儿各方面素质的培养。并且城镇幼儿家庭独生子女较多，会把教育重心用在个别子女的培养上。而农村幼儿的家长不仅在教育观念上比城镇幼儿的家庭落后，而且农村家庭子女较多无暇顾及对某个幼儿的行为习惯的培养。

4. 受家长观念的影响

家长在古诗词主题教育活动中追求功利性，过于关注习惯养成的结果。往往以幼儿能背多少古诗词来衡量教学效果，过于强调死记硬背、机械记忆，忽略幼儿感受诗歌的意境、韵律之美，使幼儿不自觉将古诗词文化与背诵等同起来，使幼儿逐渐失去学习古诗词的兴趣，幼儿不能受到有效的古诗词文化的浸润，不能有效融入古诗词主题活动中，阻碍了幼儿习得良好的行为习惯。

第三节　古诗词主题活动培养幼儿良好行为习惯的对策及建议

古诗词主题教育活动对幼儿良好行为习惯的养成产生了积极的影响，家长、教师、幼儿园和教育主管部门需增强认识，各司其职，积极致力于古诗词主题活动的开展，促使幼儿养成良好的行为习惯。

一、家长方面

（一）树立科学教育价值观

教育观是指关于教育现象与问题的基本观念体系，具体地说就是人们对教育者、教育对象、教育内容、教育方法等教育要素及其属性和相互关系的认识，还有人们对教育与其他事物相互关系的看法，以及由此派生出的对教育的作用、功能、目的等各方面的看法。教育价值观是人从特定的背景、立场和发展需要出发对教育互动的价值和功能的看法和认识，教育价值观对教育活动有着重要影响。受社会大背景的影响，多数家长过于看重孩子知识的积累和技能的培养，急切期盼孩子成才，往往忽略培养孩子成人。

（二）注重言传与身教相结合

"以身作则""率先垂范"向来都是教育的好方法，对孩子行为习惯的培养也不例外。现在社会倡导"创建学习型家庭"。所谓"学习型家庭"指的是在家庭中有浓厚的学习氛围，让学习成为家庭生活的重要活动。父母不仅要带头学习，成为孩子的表率，还要和孩子一起学习，互相学习，与孩子共同成长。古诗词主题活动培养幼儿良好行为习惯，摆脱传统的教学方式，避免"小学化"的倾向，家长自己要做好习惯的示范，选择科学合理的教育模式对幼儿的行为习惯进行培养。

二、教师方面

（一）自觉提升专业的素养和能力

《韩诗外传》中说："智如泉涌，行可以为仪表者，人之师也。"意思是"作为人师，就要德才兼备，智慧如泉水一般喷涌而出，思想行为堪为学生的榜样。社会对德才兼备的高素质教师的期望不断攀升，需要教师由过去的"传道、授业、解惑"的"教书匠"角色转变为新时代的"高素质、创新型、具有较高职业道德和奉献精神"的引路人。教师素质和能力的提升需要经历自我认识——自我实践——自我内化的过程。幼儿教师的自身素质至少应包括事业心、文化知识、教育观念、业务创新能力和身心素质。教育发展的关键是教师，幼儿教师应首先热爱自己所从事的职业，有职业意识和信念，对学前儿童有爱心、耐心和责任心。尊重幼儿身心发展规律，以平等的身份和幼儿相处，关心、爱护幼儿。其次，实施古诗词主题活动需要教师有较高的文化素养和学科领域的理论知识，幼儿园的课程涉及健康、语言、科学、社会、艺术，要将古诗词主题活动与五大领域融会贯通，读懂儿童，创新主题活动设计。树立良好的教育观念，教育观念影响着幼儿教师的教学态度、方法和行为，也间接影响儿童的发展。教育观念对教育行为有指导作用，是教育行为的内在驱动力，教师的教育观念无时无刻不影响着儿童的发展。最后，要具备良好的身心素质，身心健康是从事一切活动的基础和保障，是其他素质得以发挥的前提，教师要有自我情绪管理能力，规范自己的言行举止，为幼儿树立榜样。总的来说，幼儿教师素养的提高，关系到学前教育的质量和儿童的发展。因此，提升自身的素养和能力，树立终身学习的意识，才能保证古诗词主题活动的顺利开展，才能在潜移默化中让幼儿习得良好的行为习惯。

（二）具备沟通协调能力

幼儿园的教育是家园共育的教育。与家长的沟通是幼儿教师必备的能力，一方面，教师的语言素养、说话的艺术直接关系家园合作的有效性；另一方面，教师与家长有效的沟通能促进家庭和幼儿园关系和谐，是协调各种家园问题，形成教育合力的重要保障。行为习惯的培养不是一蹴而就的，需要家园坚持合作、保持教育的一致性。

（三）提升师德修养

《幼儿教师专业标准》的基本理念强调师德为先，师德是幼儿教师最基本的、最重要的职业准则和规范，做幼儿健康成长的启蒙者和引路人。幼儿行为习惯的养成是一个长期的过程，教师的言谈举止、内在的素养与幼儿息息相关，教师文明的言谈会对幼儿的行为习惯起着修正作用，幼儿受到好的行为的熏陶，不良习惯就会受到约束，得以修正。作为教师，一定要严格自律，做好幼儿的表率。

三、幼儿园方面

（一）整合古诗词资源，编制幼儿好习惯养成的园本课程

1. 筛选适合幼儿行为习惯养成的古诗词内容

首先，全园教师从《教孩子唱学最美古诗词》《唐诗三百首》《宋词集》《小学语文教材》《三字经》《弟子规》及网上的诗词资源中海选，查找适合幼儿学习的内容。其次，教研组长、年级组长筛选，年级组长整理，选出适合的内容，交给教研组长，教研组长按年级统筹，确定各年龄段要学习的内容。然后，教学园长和教导处精选。按照《纲要》《指南》要求，结合幼儿年龄发展特点精选接近幼儿生活、朗朗上口、适于幼儿阅读的古诗词及《三字经》《弟子规》选段，经多方整合、多次讨论，在控制量、把握度的原则下，从整体到局部精选、删减，初步确定适合培养各年龄段幼儿行为习惯的古诗词必学及选学内容。最后，专家审定。邀请幼教专家对选取的古诗词内容做评定调整，最终确定编入园本教材中的古诗词内容。

2. 园本教材诗词配插画

根据园本教材内容，为每首诗词配插画，展现诗词意境，插画画面要做到儿童化、形象化、艺术化，图文并茂。幼儿虽不识字但可以看图，形象生动的画面能帮助幼儿更好地阅读古诗、理解古诗、领略诗意，感受诗词魅力。

3. 园本教材诗词插曲

主要选用《教孩子唱学最美古诗词》中的歌曲，其余的由教师创编或套用幼儿熟悉的经典儿歌伴奏等，给诗词配上一定的旋律和节奏，让幼儿感受诗词节奏及韵律美。

（二）古诗词文化育人环境的打造，营造氛围推动习惯养成

环境是隐形的教育资源，利用环境的创设，避免了教师重复的提示，它直观易学，有助于激发幼儿的情感，对幼儿行为起着提醒的作用，有助于幼儿养成良好的行为习惯。将古诗词文化融入园本文化，体现园本文化特色，让教师和幼儿不断受到古诗词文化的熏陶，陶冶教师和幼儿的情操，使古诗词优秀传统文化得到传承和发扬。

根据幼儿的年龄特点和审美情趣，选用幼儿喜爱的古诗词进行环境创设，不仅要注重环境创设的科学性和合理性，还要注重环境打造的教育价值，凸显古诗词园本文化特色。从整体布局，在幼教专家、建筑专业人士的指导下，教师开展古诗词配画及书法研讨活动，商讨怎样用古诗词配画及书法作品打造幼儿园特色环境。比如在校园内布置幼儿园古诗词活动照片、诗词书法、诗词配画作品等，做到图文并茂、形象生动，使幼儿在浓厚的古诗词文化氛围中受到潜移默化的影响。

还可以深入走廊、楼道、班级主题墙及区角，在走廊、楼道墙面上以图文结合的方式展示古诗词，悬挂有古诗词和配画的灯笼、竹席、扇子，供幼儿、教师、家长欣赏、阅读。也可用师幼共读和亲子共读的照片或师幼古诗词绘画作品在主题墙上展现每月班级古诗词学习内容。在班级设置区角，提供古诗词绘本、挂图、话筒、服饰、

画笔、画纸等材料,激发幼儿自主学习、探究古诗词的欲望,在感知体验中获得有益经验。

(三)强化园本培训,多方位锤炼"引路人"的素养

幼儿园教师承担着保育和教育的双重职能,关系到亿万儿童的健康成长,关系到学前教育事业的健康发展。提高教师的文化底蕴和教学科研能力,激发教师钻研学习古诗词的兴趣和激情。让教师研究并掌握幼儿古诗词教学方法及一般规律,不仅会学、会教,还会营造氛围、设计活动,让幼儿良好的行为习惯在古诗词主题活动中得到最大程度的启迪、润泽和提升,同时,让幼儿在文化"基因"的传承中习得优良习惯。

1. 利用园本培训,提升教师古诗词文化素养

一个月一个主题,对全园教职工进行古诗词专题培训,引领教师学习古诗词,提升教师的古诗词文化素养。幼儿园开展"古诗词教研课"活动,大家互听互学。组织老师们一起评课、议课,各抒己见,共同探讨幼儿园古诗词集体活动的方式方法;通过名师引领课、骨干教师示范课、青年教师汇报课等形式,让教师学习掌握古诗词集教活动的方式方法。教师通过观摩、学习、讨论,构建各具特色的古诗词教学模式。还可以举办各年龄段古诗词教学沙龙和论坛,让教师交流成功经验和感悟,进一步优化教学设计,提高教学实效。巧妙地将古诗词融入"三字一画",为"三字一画"增添新的元素。除此之外,教师还通过自学、互学、网络研修、分享学习心得等方式进行古诗词知识和教学技能的储备。

2. 趣味横生的比赛活动,提高教师对古诗词的兴趣

在文化自信背景下,本着对传统文化的传承与发扬,通过每年上学期举办一次"教师诗词大会"活动,每年下学期举办一次"教师诗词展演"活动,激发教师对古诗词的兴趣。根据"诗词大会"栏目在活动中设置诗词九宫格、十二宫格、诗词接龙、诗词飞花令等活动环节,幼儿园提前一个月将出题范围告诉老师,老师自主查阅资料,学习巩固,然后在"教师诗词大会"中分组比赛,幼儿园根据教师表现情况评选优秀集体和优秀个人。每年下学期举办一次"教师诗词展演"活动,幼儿园事先确定一个主题,如"田园诗""劝学诗"等,教师根据主题选择古诗词,以诵、唱、跳、演、画等方式单独编排或与他人合作编排诗词节目,然后在"诗词展演活动"中表现古诗词、演绎古诗词。

3. 学习积累经典,提高教师古诗词主题活动设计实施能力

"不学诗,无以言",古诗词是中华传统文化的经典,让我们认识到学习和继承中华传统优秀文化的重要性,有益于弘扬经典的传统文化。《纲要》指出教师应成为幼儿学习的支持者、合作者、引导者。引导教师和幼儿共同学习,积累大量适合的经典诗词,不断汲取先进的教育思想,去钻研打磨古诗词主题活动,有利于提高教师指导幼儿学习古诗词的能力。通过课题研究,教师的教学能力得到了提高,教科研意识和能力进一步加强。

4.创编古诗词歌舞及韵律操，提升教师古诗词运用能力

幼儿歌舞及韵律操的创编分年级组进行，由年级组长牵头，利用年级组活动时间学唱该年龄段古诗词园本教材中的古诗词及其他古诗词，在熟练演唱的基础上，结合诗词内容及音乐特点编排动作，在集体创编的基础上，选用最优美、最恰当、最能表现诗词意境的动作，合成一个完整的最适宜幼儿学习的舞蹈或韵律操，让全体教师相互学习，提升教师创编能力。

（四）提供古诗词主题活动的设施

古诗词主题活动培养幼儿良好行为习惯的活动形式多样，可以是区角的、户外游戏等，因此幼儿园要提供主题活动所需的硬件设备，古诗词相关的多媒体影音资料，区角和户外游戏活动中所需的幼儿表演服饰、教玩具、古诗词拼图等游戏材料。

（五）建立评价奖励机制

制定评价奖励机制。从心理学的角度来说："激励就是以外界的事物的激发鼓励而使人产生指向一定目标的内部心理动力。"引导师幼广泛参与"古诗词"主题活动，制定相应的评价激励机制，对教师参与的古诗词园本文化培训，自学、互学古诗词主题活动教学情况以及幼儿行为习惯的养成教育成果等进行评价考核。对家长参与古诗词系列主题活动的参与度以及幼儿行为的反馈情况等方面给予适当的奖励，对幼儿参与古诗词主题活动中形成的良好行为习惯给予奖励并表彰，引导幼儿形成良好的行为和习惯。

（六）合理利用教育资源，促进家园共育

家园教育是一种可持续教育。成立家长学校，设立家委会进行有效的互动。如美国社会学家哈罗德·加芬克尔（Harold Garfinkel）等人认为社会互动是由一些背景知识和基础规则所决定的，如果违背了这些知识和规则，互动就不能有效进行[①]。多形式、多途径和家长沟通交流，转变家长重知识技能轻德育教育的思想观念。通过古诗词专题讲座、家长会、家长开放日、亲子古诗词游园会等系列活动，发放古诗词园本教材引导亲子诵读，引导家长科学的育儿方法。号召家长参与以"古诗词"为主题的一系列活动，召开家长诊断会，共同商议如何在古诗词主题活动中培养幼儿良好的行为习惯。

（七）收集整理主题活动资料，形成完整的古诗词主题活动方案

实施古诗词主题活动培养幼儿良好行为习惯过程中，收集整理主题活动实施方案、主题教学活动设计、师幼参与的主题活动的照片、视频以及家园共育的资料等，在不断反思总结中形成一套完整的古诗词主题活动成果集，可以作为幼儿园园本文化的一大亮点和特色进行宣传和推荐，为其他幼儿园对幼儿行为习惯的培养提供参考借鉴。

---

① 袁飞飞.社会互动理论对家园沟通的启示[J].文教资料,2011(07):149-151.

四、教育主管部门

(一) 严把幼儿教师入口关, 提升保教质量

教师是立教之本、兴教之源, 加强幼儿园高素质教师队伍建设, 才能确保幼儿接受有质量的学前教育。调查中发现, 公办园和民办园的教师多是临时聘用, 甚至有的是无证上岗, 保育员教师多是初高中文化水平, 并且没有经过专业的培训。这严重影响了古诗词主题活动培养幼儿好习惯的效果。幼儿教育主管部门应严格执行幼儿园教师专业标准, 督促落实《新时代幼儿园教师职业行为十项准则》(教师〔2018〕16号), 严把教师队伍门槛, 完善教师资格准入制度, 进一步规范公办、民办幼儿园的用人行为, 调整幼儿园教师和保育员岗位结构比例, 补齐城镇幼儿教师队伍建设发展短板。

(二) 邀请行业专家, 增援指导教师专业发展

《国家中长期教育改革和发展规划纲要(2010-2020年)》关于学前教育任务和规划中明确指出, "严格执行幼儿教师资格准入, 切实加强幼儿教师培养培训, 提高幼儿教师整体素质。"受地域和经济条件的影响, 幼儿教师培养培训滞后, 职业发展空间长期受限, 且新老教师很少有外出学习的机会, 教育理念得不到更新, 教师的视野狭窄, 思维存在很大的局限性。以古诗词主题活动为载体对幼儿行为习惯的培养, 在教学的方式方法上更考验幼儿教师的专业素养和教学活动设计实施能力。因此, 教育部门应高度重视对学前教育师资的培训, 规范培训管理, 转变培训方式, 改进培训内容, 不断提升幼儿园教师的专业素质和教育教学能力, 培养更多合格的学前教育教师。

教育部、财政部联合发布《关于实施幼儿教师国家级培训计划的通知》(教师〔2011〕5号), 决定在全国实施"幼儿园教师国家级培训计划"。在国培项目中专设幼儿园教师专业发展培训项目, 面向城乡幼儿园教师, 培训内容要有针对性和可操作性, 组织实施以"以县带乡", 以送培送教到乡镇幼儿园、分散网络研修、园本实践等研修方式, 或者成立教师在线教育教学支持共同体, 通过线上寻求"国培计划"专家工作组专家、国家教师教育咨询专家委员会委员等答疑解惑。教育部门要力求培训的覆盖面广, 要带动公办、民办幼儿园教师全员参与培训。

结合《幼儿园教师专业标准(试行)》(教师〔2012〕1号)、《教师教育课程标准(试行)》(教师〔2011〕6号)等文件, 加强幼儿园教师师德、师风培训。在教育教学全过程中贯彻落实立德树人根本任务, 对幼儿行为习惯的培养要真善、仁爱、大爱, 是教师最根本也是最重要的师德。充分激发教师教书育人、无私奉献的积极性, 不断增强教师的获得感和成就感, 把师德放在首位, 引导教师立德树人、爱岗敬业; 突出对教育教学工作业绩的评价, 注重考察教育教学一线经历, 激励教师提高师德修养和教书育人水平; 针对不同办园性质的幼儿教师队伍特点, 分别制定评价标准, 重在评价实施素质教育的能力水平。

（三）依法保障和提高幼儿教师地位和待遇

进一步完善配套政策，健全学前教育普及普惠、安全优质发展的长效机制。保障公办、民办园幼儿教师的合法权益。要根据国家规定和当地实际情况，采取多种方式解决公办幼儿园非在编教师工资待遇偏低的问题，逐步实现同工同酬，引导和监督民办幼儿园依法配足、配齐教职工并保障其工资待遇，幼儿园教职工依法全员纳入社保体系。幼儿园教师责任重、工作量大、待遇低，又没有独立的职务序列，许多幼儿教师职业幸福感不强，转岗或流动性大。教育部门应切实保障幼儿园教师工资待遇。增加评聘高级职务的机会。对农村基层和艰苦偏远地区长期任教的公办幼儿教师，职务岗位和工资实行倾斜政策，给予专项补贴。民办幼儿园在教师培训、职称评定、资格认定、表彰奖励等方面与公办幼儿园具有同等地位。

第九章　以传统古诗词为主题的幼儿教学模式构建

新时期，文化软实力越来越成为一个国家自信的重要支撑。文化自信，是更基础、更广泛、更深厚的自信。在五千多年文明发展中孕育的中华优秀传统文化，代表着中华民族独特的精神标识。增强国家的文化软实力，应该高度重视中华优秀传统文化，使其成为民族精神的源头。作为中华优秀传统文化的经典代表——古诗词，一直以来都是教学中不可或缺的一部分，它也是幼儿接触中华优秀传统文化最佳的启蒙教材。幼儿时期是语言能力发展的关键时期，古诗词作为一种特殊的文体，对于幼儿语言能力的提高发挥着重要作用。

第一节　幼儿园古诗词教学的优势及相关理论

20世纪著名心理学家皮亚杰提出了儿童认知发展理论，将儿童智力的发展划分为四个阶段，分别是感知运动阶段、前运算阶段、具体运算阶段和形式运算阶段。在每个阶段，思维发展都有不同的特点和层次。根据皮亚杰的认知发展理论得出，3～6岁的幼儿处于前运算阶段，这一阶段幼儿的思维具有具体形象性，他们进行思考的时候已经能摆脱对实物和动作的依赖，但又必须借助于事物的具体形象或表象。具体形象性思维有两个特点：一是思维的具体性，即幼儿的思维内容是具体的，他们能够理解实际存在的具体的概念，但是不能掌握抽象的概念，如幼儿能够理解"桌子、椅子"的概念，但不能理解"家具"的概念；二是思维的形象性，表现在幼儿依靠事物在头脑中的形象来理解和思维，如提到"兔子"，幼儿头脑中出现的总是"小白兔"的形象。幼儿的具体形象思维还有一系列派生的特点，如经验性、拟人性、表面性、片面性。具体运算阶段幼儿思维的具体性、形象性、拟人性等特点，决定了幼儿的学习内容也应该是形象生动具体的。

一、幼儿古诗词教学的优势

（一）提高语言表达能力

幼儿古诗词教学，可以帮助孩子提高语言表达能力。古诗词的语言美，首先反映在它的语言表达方面。幼儿古诗词教学能够开发孩子的语言表达潜力，培养孩子的语感和表达能力。孩子们在学习古诗词时，需要掌握词汇的含义，理解句子和篇章的逻辑关系，这些都可以促进孩子的语言思维能力的发展。并且，通过学习古诗词，幼儿在语言素材上也能够得到丰富的补充，从而优化词汇量，拓宽语言范畴，提高语言表达效果。

（二）提高艺术修养

幼儿园教古诗词的另一个优势是能够帮助孩子提高艺术修养。古诗词中，往往蕴涵了深刻的哲理和美好的情感，插画配合古诗词的传唱更是能够将幼儿带入美好的文化世界中。在诵读时，幼儿必须要将情感和思维协调统一，才能展现出整个古诗词的表达和韵味，从而达到提高艺术修养的目的。

（三）传承中华优秀传统文化

随着时代的不断发展，我们对于中华优秀传统文化的传承有了越来越深刻的感性认识。因此，幼儿园古诗词教学还有一项重要的使命就是传承中华优秀传统文化。古诗词教育承载着一代代人的美好愿景和优秀思想，让幼儿通过古诗词的学习，能够逐渐了解到中华传统文化的内在含义，让我们的传统文化在幼儿园蓬勃发展中进一步壮大。

二、相关的理论基础

（一）有意义学习理论

奥苏贝尔（Ausubel）根据学习材料和学习者认知结构中已有知识的关系，将学习分为机械学习和有意义学习。奥苏贝尔认为有意义学习的实质是符号所代表的新知识与学习者具有的适当观念之间建立起非人为的实质性联系。有意义学习的方式有两种：一种是接受学习；一种是发现学习。接受学习的基本特点是教师明确地将知识内容传递给学生，学生只需要内化或组织教师传授的知识，以便在将来的某个时刻使用或再现出来。发现学习的基本特点是知识内容不是教师传递的，教师只是引导学生主动探究学习，将新知识纳入已有的认知结构中去，并积极地使学习的新知识与认知结构中的旧知识发生相互作用，以改善认知结构。"接受学习"并非传统课堂的"满堂灌"，并不是教师一味地讲解，学生被动地接受，而是教师采用先行组织者策略等促进学生积极主动地学习。"浸入式"教学模式就是一定意义上的"发现学习"，幼儿在教师事先布置好的环境中，通过讲故事、吟唱或一日活动的浸入，在耳濡目染中学习古诗。

（二）建构主义学习理论

建构主义学习理论认为：学习是知识有意义的建构过程，学生在原有经验的基础上进行有意义的学习建构，使外来的知识经验与原有经验进行有效的同化或顺应，形成新的经验。建构主义学习理论提倡在教师的指导下，学生主动地学习、吸收、内化知识。表9-1是建构主义学习理论对学生和教师提出的要求。

表 9-1　建构主义学习理论对学生和教师的要求

教师	学生
能够依据教学目标来创设教学情境，提出合适的学习任务。	能够根据学习要求，积极主动地进行学习，发现问题并及时和教师沟通寻求答案。
能够觉察到学生遇到的困难，及时和学生沟通交流，提供帮助和指导。	能够学会自主学习，结合已有的经验水平，形成科学的学习方式。
应该提供给学生能够自主沟通交流的机会，大家一起学习，教师提出问题，学生积极思考，师生共同商量出解决方法。	在自主学习时，要善于反思，发现自己的不足，在接下来的学习中，要努力克服。还要重视小组间的合作，发挥团队的力量。

由此可以看出，建构主义要求学生在学习的过程中需要自己进行归纳总结。因此，在古诗的教学过程中，我们应该坚持以"幼儿为中心"，将幼儿看作是积极能动的个体，尊重他们的主体性，让幼儿更多地参与到古诗学习中。教师要做的更多的是引导与支持，引导幼儿找到问题的答案。

（三）学龄前儿童认知特征

认知心理学出现在 20 世纪 50 年代中期，这是一种对高级心理过程的研究，主要是认识过程。认知心理学认为人的认知从出生、婴幼儿期、学前期、学龄期至青少年阶段是一个不断发展的过程。皮亚杰按照儿童认知发展水平将其分为四个阶段，表 9-2 概括说明了各个阶段儿童相应的认知表现。

表 9-2　皮亚杰认知发展四阶段

发展阶段	年龄	特征
感知运动	0～2岁	具备客体永久性概念，开始协调感觉、知觉和动作间的活动，没有表象和思维。
前运算	2～7岁	开始具有符号功能，产生了表象。
具体运算	7～11岁	形成守恒的概念，思维具有可逆性，并能进行具体运算。
形式运算	11岁以后	思维活动已超出具体的、感知的事物，达到成人思维水平的准备阶段。

学龄前儿童是一个特殊的群体，我们要遵循"以人为本"的教学理念，尊重这一群体的认知发展特征。本文研究的学龄前儿童是 3～6 岁的幼儿，处于皮亚杰认知发展理论的前运算阶段，下面将从注意、记忆、思维等方面分析该阶段幼儿的认知特点。

1. 注意的特征

学龄前儿童无意注意占主导地位，有意注意正在逐渐形成。这时候的儿童很难将注意力较长时间地集中于某一件事物，很容易被外界的新鲜事物所吸引而改变正在进行的活动。3～4 岁的幼儿可以在良好的刺激下保持 3～5 分钟的注意力；4～5 的幼儿对自己感兴趣的事物可以保持 10 分钟的注意力；5～6 岁幼儿的注意力时间更长一些，可达 15～20 分钟。在游戏条件下，学龄前初期和中期的儿童注意力的时间可达到 20 分钟，可见学龄前儿童的注意力是可以进行培养引导的，而且游戏可以大大提高儿童的注意力。因此在古诗词教学中可以通过趣味性十足的游戏方式对他们的注意力进行引导,以此来达到培养学龄前儿童集中注意力的目的。

2. 记忆的特征

学龄前儿童记忆的发展具有以下特点:无意识记忆占主导地位,有意识记忆逐渐发展;机械识记占主导地位,意义识记逐渐发展;形象记忆占主导地位,语词记忆逐渐发展。学前儿童的记忆以无意识记忆为主导,识记的事物有一个共同点,即直观、生动和有吸引力。根据儿童记忆的特征,在古诗词教学中,尽量减少记忆负担,通过创设直观的环境、展示形象鲜明的内容来达到审美的提高及情感的升华。

3. 思维的特征

学龄前儿童的思维方式有三种不同的形态:3～4岁是直觉行动思维;4～5岁是具体形象思维;5～6岁出现抽象逻辑思维。关于学龄前儿童思维方式有如下实验结果,如表9-3所示。

表9-3　不同年龄用3种思维方式完成任务的情况比较

年龄	直觉行动思维(%)	具体形象思维(%)	抽象逻辑思维(%)
3～4岁	55.0	17.5	0
4～5岁	85.0	53.8	0
5～6岁	87.5	56.4	15.0

从表9-3可以看出,学龄前儿童发展最快的是具体形象思维,幼儿对可见的、听得到的具体事物才能进行思维。

综上,学龄前儿童的思维特征带给我们的启示是通过在教学过程中创设具体情境,注意运用讲故事、游戏等生动化、拟人化的元素会让儿童更容易理解,产生共鸣。

第二节　幼儿园古诗词教学现状调查

本节选取H市幼儿园进行调查,通过对幼儿园古诗词教学课堂的观察,找出目前幼儿园古诗词教学存在的问题,再结合教师访谈分析得出古诗词教学现存问题的原因。

在课堂观察部分,笔者随机抽查四个班级进行课堂观察记录,主要从教学目标和教学过程两个角度进行观察,并根据所观察到的情况总结出目前幼儿园古诗词教学存在的一些典型问题。在访谈部分,笔者主要从教师对古诗词的态度、教学方法的使用、教师对幼儿园古诗词教学目标的认识等方面对H市幼儿园的教师进行访谈,由此分析幼儿园古诗词教学存在问题的原因。

一、调查情况概述

（一）调查对象的选取

本节选取 H 市 S 幼儿园为调查对象。S 幼儿园是 H 市的一所公立幼儿园，园内硬件设施齐全，师资力量雄厚，生态环境和文化环境良好。S 幼儿园非常重视环境创设，尤其是传统文化的环境创设，由此可见，该幼儿园重视中国的传统文化对幼儿的熏陶作用。图 9-1 是 S 幼儿园大班关于传统文化的环境创设。

图 9-1　H 市 S 幼儿园传统文化的环境创设

（二）调查工具的编制

1. 观察记录表的设计

在对教师课堂进行观察记录时，主要观察课堂中每个环节设计是否合理，是否紧扣活动目标，幼儿在教学活动中的表现情况等。具体的观察记录如表 9-4 所示。

表 9-4　S 幼儿园古诗词教学情况观察记录表（前期调查）

观察对象		观察时间		观察地点	
教学名称		教学类型		涉及领域	
观察维度		教学目标及过程			
观察记录					
分析说明					

2. 访谈提纲的设计

在对教师的访谈中，主要针对的是目前幼儿园古诗词教学课堂中存在的教学目标不合理、教学策略单一等问题来设计访谈提纲。然后根据教师的回答进行分析，找到目前幼儿园古诗词教学课堂中现存问题的原因。具体教师访谈提纲如表 9-5 所示。

表9-5　S幼儿园古诗词教学教师访谈提纲（前期调查）

姓名		教学年龄		单位	
问题一：您喜欢古诗词吗？					
教师回答：					
问题二：您在工作之余经常主动欣赏古诗词吗？					
教师回答：					
问题三：在古诗词教学方法上，您是否做过研究？					
教师回答：					
问题四：您平时的古诗词教学方法有哪些？					
教师回答：					
问题五：您觉得幼儿园古诗词教学目标是什么？					
教师回答：					
问题六：您在实际教学中目标完成情况如何？					
教师回答：					

二、调查结果与分析

（一）幼儿园古诗词教学现存问题分析

为了解幼儿园古诗词教学现状，笔者通过对S幼儿园的古诗词教学课堂进行观察记录，共选取了四个班级进行分析并找出现存问题。以下选取的是每个问题的典型代表来进行说明，分析说明如下。

1. 教学目标不清晰

表9-6　S幼儿园古诗词教学情况观察记录表（前期调查）

观察对象	大一班	观察时间	10:00～10:30	观察地点	H市S幼儿园
教学名称	《静夜思》	教学类型	教学活动	涉及领域	语言领域
观察记录	【教学目标】 1.理解古诗内容，能够有感情地朗诵古诗。 2.学会欣赏古诗，感受古诗优美的旋律。 3.体会古诗中对于故乡的思念和爱的情感。 【教学过程】 一、出示月亮图片导入。 二、出示古诗图片，引出古诗。 1.讲故事。 2.教师朗读一遍《静夜思》。 3.出示古诗图片。 （1）教师有感情地朗读一遍。 （2）教师释义。 （3）幼儿吟诵古诗。 （4）幼儿和教师一起有感情地朗读一遍。 三、思考。				
分析说明	本次教学目标3是"体会古诗中对于故乡的思念和爱的情感"。但是整节课仅在第二环节第三部分提到让幼儿体会这首诗的情感，情感渗透不够。由于教师对教学目标的忽视，导致目标完成度不高，教学目标不清晰。				

2. 教学过程流于形式

表9-7　S幼儿园古诗词教学情况观察记录表（前期调查）

观察对象	大一班	观察时间	15：00～15：30	观察地点	H市S幼儿园
教学名称	《游子吟》	教学类型	教学活动	涉及领域	语言领域
观察记录	一、听故事《游子吟》，渗透古诗意境。 1.听故事引题。 2.理解古诗意境。 提问1：故事里有谁？他们都干了什么事情？ 提问2：古诗的题目叫什么？是谁写的？ 二、初步欣赏，理解古诗。 1.教师有感情地朗诵古诗。 2.借助图片再次欣赏古诗，熟悉理解古诗。 三、朗诵古诗《游子吟》。 1.引导幼儿完整朗诵古诗。 2.用个别、分组、集体等朗诵形式进行朗诵表演。 3.教师讲解古诗《游子吟》的诗意。 四、联系生活，情感迁移。					
分析说明	1.环节一中，教师注重作者的心理刻画，将孩子的感恩之心呈现得淋漓尽致，但古诗中最鲜明的"母亲"的形象却被一笔带过，没有对"慈母"这一形象深入、直观的了解，便无法引发强烈的情感。 2.第三环节中的表演流于形式，趣味性不强。 3.整体来说，整个教学过程传统、刻板，流于形式。					

3. 幼儿积极性不高

表9-8　S幼儿园古诗词教学情况观察记录表（前期调查）

观察对象	大一班	观察时间	10：00～10：30	观察地点	H市S幼儿园
教学名称	《赠汪伦》	教学类型	教学活动	涉及领域	语言领域
观察记录	一、提问导入。 提问：小朋友们，你们的好朋友是谁？ 二、欣赏古诗。 1.观看视频，初步感受古诗意境。 2.教师有表情、有节奏地朗诵一遍古诗，请幼儿欣赏。 3.出示图片，讲解古诗大意。 4.在初步理解古诗的基础上，再次欣赏古诗。 三、教师指导幼儿学习诵读。 1.教师指导学习单句古诗。 2.请幼儿集体朗诵。 3.请幼儿分组朗诵。 4.请个别小朋友朗诵。 5.配乐齐朗诵。 四、联系生活，情感升华。					
分析说明	本次教学活动，教师采用传统的讲授方式，幼儿"说"的机会不多，教师处于高控的地位，忽视了幼儿的主观能动性，过程流于形式，无法深入幼儿的内心，无法激发幼儿的主动性，幼儿积极性不高。					

（二）幼儿园古诗词教学现存问题的原因分析

为深入了解幼儿园古诗词教学现存问题的原因，笔者通过对S幼儿园的四位教师进行访谈，找出现存问题的原因。原因分析如下：

1. 幼儿教师自身文学素养欠缺

通过表9-9了解到，四位教师表示对古诗词的喜爱程度一般，平时并不会主动研究古诗词，由此可以看出教师对古诗词的喜爱程度不深，研究不够深入，故而导致古诗词素养偏低。

表9-9　S幼儿园古诗词教学教师访谈提纲（前期调查）

问题一	您喜欢古诗吗？
问题二	您在工作之余经常主动欣赏古诗吗？

2. 教学方法单一

通过表9-10了解到，四位教师并没有对教学方法进行过专门的研究，平时的古诗词教学没有系统教学，主要以教学活动为主，教学方法单一。

表9-10　S幼儿园古诗词教学教师访谈提纲（前期调查）

问题三	在古诗词教学方法上，您是否做过研究？
问题四	您平时的古诗词教学方法有哪些？

3. 教师处于高控地位

通过表9-11了解到，教师能够明白幼儿园古诗词教学侧重于幼儿情感的熏陶，但是在教学中却对这一目标把握不准，无法将目标贯彻到诗词中，教师处于高控地位，指导幼儿背诵古诗词，导致学会背诵成了古诗词教学的最主要目标，而忽视了情感熏陶的过程。在幼儿古诗词教学中，教师应该始终将语言教育目标、审美教育目标、道德教育目标及人文知识教育目标这几方面紧密联系在一起，缺一不可。而我们发现，大多数教师在古诗词教学中往往忽略人文精神的渗透及对学生古诗学习兴趣的引导。

表9-11　S幼儿园古诗词教学教师访谈提纲（前期调查）

问题五	您觉得幼儿园古诗词教学目标是什么？
问题六	您在实际教学中目标完成情况如何？

第三节 "情境—游戏"式古诗词教学模式构建

一、"情境—游戏"式古诗词教学模式的特点与意义

(一)"情境—游戏"式古诗词教学模式的特点

"情境—游戏"式古诗词教学模式实质上是将多种教学方式统一到古诗词教学中,指的是教师通过音乐、美术、朗诵等形式,营造古诗中描绘的情境,将古诗这种原本书面的文学艺术用直观的形式呈现在幼儿面前,感染、吸引幼儿,使其充分进入其中,通过亲身参与、感受感知,加深对古诗作品的理解。就笔者研究和了解到的情况,目前存在的幼儿古诗词教学模式大概有两种传统的基本模式:一种是把古诗作为一门语言学科,即教师在规定的时间内有目的、有计划地依据教学大纲、教材教授古诗,让幼儿进行有意识的古诗学习,我们把这种教学称为"教学式"教学模式;另一种是把古诗作为工具、教育媒介来组织幼儿的一日或者半日活动,古诗被适当地分配到幼儿的各种活动和日常生活之中,这种以无意识学习的古诗词教学模式就是现在常称的"浸入式"教学模式。

(二)"情境—游戏"式古诗词教学模式的意义

陶行知先生说:"教学艺术就是在设法引起学生的兴趣,有了兴趣就肯全力用脑去做事情"。幼儿园古诗词教学模式就是一种促使教学过程变成能够引起幼儿极大兴趣、激发幼儿不断探索的教育方法。幼儿的年龄特点和学习方式,决定了幼儿是以感性的方式在动态的过程中接受古诗等文学作品。幼儿园古诗词教学模式依据幼儿的身心发展特点,注重幼儿的感受与体验,用有趣的艺术的形式激发幼儿的学习兴趣,用行动加强幼儿的体验与理解。

二、"情境—游戏"式古诗词教学模式构建的基本流程

"情境—游戏"式教学模式是指基于一定的教学理念与原则,根据一定的教育目标和幼儿的阶段特征,有针对性地选择教学内容和教学方法,形成的具有稳定性和可操作性的教学活动。本文通过学情分析、背景分析和相关的理论支持,构建出"情境—游戏"式古诗词教学模式,构建的流程如图 9-2 所示:

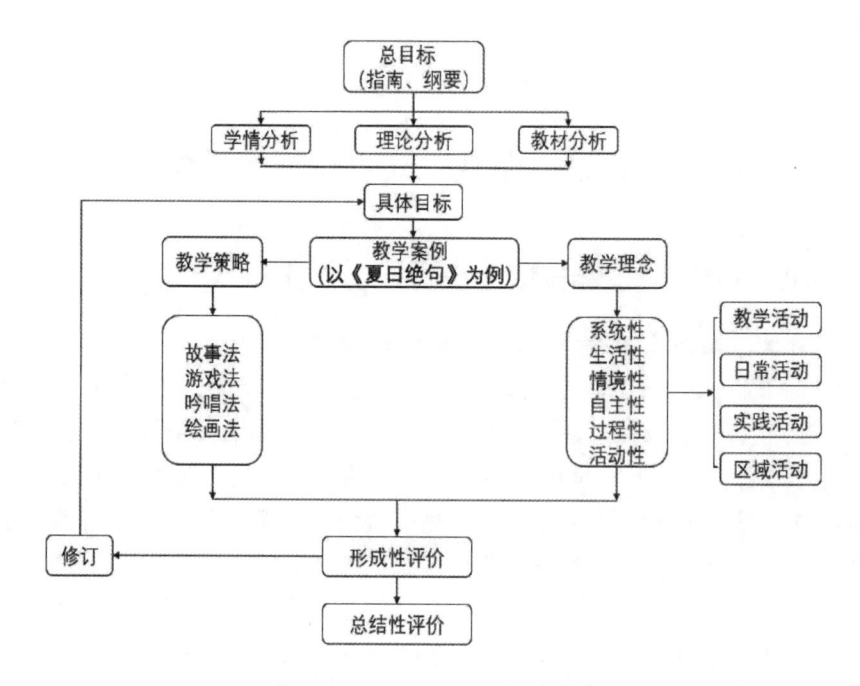

图 9-2 "情境—游戏"式古诗词教学模式构建流程图

三、"情境—游戏"式古诗词教学模式的可行性分析

（一）学情分析

3～6岁幼儿的主要思维方式是具体形象思维，幼儿依赖知觉感知事物，他们能够理解简单的、具体形象的物体，不太能接受繁复的、抽象的物体。学龄前儿童的思维特征给予古诗词教学模式设计的启示，即教学过程中生动化、拟人化的元素会让儿童更容易理解，产生共鸣。

（二）背景分析

《幼儿园教育指导纲要（试行）》（以下简称《纲要》）是为贯彻《中华人民共和国教育法》《幼儿园管理条例》和《幼儿园工作规程》，指导幼儿园深入实施素质教育制定的。幼儿园的教育内容是全面的、启蒙性的，各领域的内容相互渗透，从不同的角度促进幼儿情感态度、知识、技能等方面的发展。《纲要》指出："要充分利用好社会资源，引导幼儿实际去感受祖国文化的优秀与丰富，以此来激发幼儿爱祖国的情感。"

《3～6岁儿童学习与发展指南》（以下简称《指南》）从健康、语言、社会、科学、艺术等五个领域描述幼儿学习与发展，对幼儿的发展水平提出了合理期望。《指南》的贯彻实施有以下三个原则：一是遵循幼儿的发展规律和学习特点；二是关注幼儿身心和谐全面发展；三是要尊重幼儿发展的个体差异。《指南》指出，幼儿期是语言发展，特别是口语发展的重要时期，幼儿的语言能力是在交流和运用的过程中发展起来的。值得注意的是，幼儿的语言学习需要相应的社会经验支持，应在生活情境和阅读活动中培养幼儿对文字的兴趣，通过机械记忆和强化训练过早识字不符合幼儿的学习特点和接受能力。《指南》指出："要学会引导幼儿感受文学作品的美。"古诗作为流传千年的文学作品，其中的"美"更是耐人寻味。

四、"情境—游戏"式古诗词教学模式的构建

（一）教学目标设计

"情境—游戏"式古诗词教学模式的构建以布鲁姆（Bloom）教育目标分类理论为指导，进行教学目标的设计，如表9-12所示：

表9-12　幼儿园古诗词教学目标

领域	认知	技能	情感
目标	理解古诗词内容，能够有节奏地朗诵古诗词。	能根据已有经验对古诗词进行改编。	体会古诗词的情感，喜欢古诗词，爱上古诗词。

（二）教学策略设计

1. 故事讲述法

幼儿都爱听故事，总是对有趣的小故事充满无限的好奇心。因此，教师可以抓住幼儿这一特点，在古诗词教学前通过查阅资料，将古诗中蕴含的小故事发掘出来并加以改编，用简单明了且富有感染力的语言说给幼儿听。这类小故事可以是古诗中本身蕴含的小故事，也可以是古诗创作的背景小故事，目的是引起幼儿学习的兴趣，初步了解古诗词，以便后期能够更加深入理解。

2. 趣味游戏法

幼儿园最基本的活动是游戏，幼儿的活动大多是在游戏中进行的，游戏备受幼儿的喜爱。教师可以抓住这一特征，将古诗词学习的过程变成具有游戏特征的学习过程。例如，可以将幼儿分组进行古诗词诵读比赛，也可以根据古诗词中的情景改编成创意游戏。如古代的"儿童散学归来早，忙趁东风放纸鸢"中的"纸鸢"意为现代的"风筝"，在教学前可以进行一次户外的放风筝游戏，使幼儿体验放风筝的乐趣，从而能够更好地领悟古诗词中的情感。

3. 诗画教学法

古诗词往往带有非常强烈的画面感，在幼儿学习一首古诗词后，教师可以引导幼儿将自己想象的画面画下来，在绘画过程中，既锻炼了幼儿的想象力，也能够帮助幼儿理解古诗词。如宋朝苏轼的《饮湖上初晴后雨》（其二）："水光潋滟晴方好，山色空蒙雨亦奇。欲把西湖比西子，淡妆浓抹总相宜。"这首赞美西湖美景的七绝，不是描写西湖一处、一时之景，而是对西湖美景的全面描写，美不胜收。如此美景，让幼儿通过理解想象画下来，必定会收获很多个"西湖"。

4. 古诗吟唱法

在幼儿教育中，节奏鲜明的吟唱比单调呆板的念诵更容易让幼儿接受。古诗词节奏感强、韵律优美，易于幼儿吟唱，对幼儿乐感的培养自然不言而喻，一举多得。

（三）教学活动设计

1.《绝句》教学活动

（1）教学内容

《绝句》

杜甫

迟日江山丽，城春草木深。

泥融飞燕子，沙暖睡鸳鸯。

古诗介绍：这首古诗描写了春天美好动人的景色，诗以"迟日"开头，"迟日"指春天，正因为春天来到，才会出现"花草香""泥融""沙暖"等现象。

诗的前两句写的是春天给人的总体感受，描绘出一幅广阔的画面。后两句主要写鸟儿们在阳光下活泼、可爱的形象特征，"飞燕子""睡鸳鸯"描摹两种鸟儿，一动一静，动静搭配，相映成趣。它们分别与"泥融""沙暖"搭配，使春天温馨的气息更加浓厚。

这首诗语言优美，似乎把整个春天都呈现在了我们的眼前。

（2）教学设计

表 9-13 《绝句》教学设计

教学名称	教学类型	教学方法
春天在哪里	教学活动	故事讲述法
走进春天	实践活动	趣味游戏法
古诗新玩法	区域活动	古诗吟唱法、诗画教学法

活动一：春天在哪里（大班）

【活动目标】

①理解古诗内容，学习有节奏地朗诵古诗。

②认识古诗中"燕子""鸳鸯"的形象和习性。

③感受春天的美丽。

【活动准备】

①《绝句》古诗动画教学视频。

② PPT 课件。

③画有古诗内容的图片四幅。

【活动过程】

①师幼共同讨论"春天"。

师：现在是什么季节？你是怎么知道的？

小结：现在是春天，春天有花、草、树叶……

②播放视频，引出古诗。

师：下面我给小朋友们放一个视频，这个视频里面也有春天，你们帮我找找春天在哪里。

播放视频，引出"燕子""鸳鸯"。

提问1：这个视频里的春天有什么？

提问2：视频里可爱的鸟儿你们认识吗？它们叫什么？

小结：春天有花、草和鸟儿。可爱的鸟儿分别是燕子和鸳鸯。

出示图片，认识"燕子"和"鸳鸯"。

a. 出示"燕子"的图片。

师：燕子有着一身乌黑发亮的羽毛，一把像剪刀一样的小尾巴，两颗像葡萄一样的眼睛。你们看见过燕子吗？燕子是一种非常可爱的鸟儿，它在天空中飞翔的情景，可美啦。

b. 出示"鸳鸯"的图片。

师：鸳鸯雌雄异色，鸳鸯爸爸的嘴巴是红色，脚是橙黄色的，羽毛非常鲜艳华丽，鸳鸯妈妈的嘴巴是黑色，脚也是橙黄色，羽毛是灰色的。鸳鸯是一种非常安静的鸟儿，它们喜欢在水里游泳，还喜欢在水面上睡觉。

小结：燕子和鸳鸯是春天特有的动物，是春天到来的象征。

师：有一位生活在古代的诗人杜甫，他看到春天的景象，写下了一首古诗叫作《绝句》，我们一起来看看杜甫看到的燕子和鸳鸯是什么是样子的。

①播放 PPT，教师有感情地朗诵古诗。

提问：刚才你听到了什么？看到了什么？

（幼儿自由回答）

②师幼共同观看 PPT，有感情地朗诵古诗。

③播放背景音乐，有节奏地朗诵古诗。

提问：这首古诗一共有几句？那么老师就用四幅背景图来表示。

④跟着背景图朗诵古诗。

游戏：送景物回家。

a. 回忆诗句，幼儿对应摆图片。

师：原来刚才古诗中的景物也有他们最好的朋友和他们最想去的地方，请你们把听到的诗句里的景物安放在诗句下面。

（老师逐一说诗句，幼儿摆实物）

b. 送景物回家。

游戏规则：请几位小朋友拿着自己最喜欢的景物仔细听老师念古诗，听到哪句就送哪句相对应的景物回家。

活动二：走进春天（大班）

【活动目标】

①走进大自然，亲近大自然。

②回忆古诗《绝句》，进一步巩固古诗内容。

③观察春天的景象，感受春天的温暖和美好。

【活动准备】

①经验准备：知道外出时的秩序和规则，保证安全。

②活动准备：外出所需生活用品，如纸巾、水杯、应急物品。

【活动过程与指导】

①出发前强调秩序与安全。

②将幼儿带到春暖花开的户外，幼儿自由体验春天的景象。

③教师有意识地引导幼儿观察春天，如花、草的特征，并帮助幼儿回忆古诗的内容，了解古诗的掌握情况，巩固所学内容。

④集合，返程。

活动三：古诗新玩法（大班）

【活动目标】

①掌握折、叠、剪、粘贴、绘画的技能，感受春天的色彩。

②感受古诗的韵律，学会吟唱。

【活动准备】

①各种颜色的卡纸和画笔若干。

②古诗《绝句》吟唱版音频。

【活动指导】

①教师示范制作和绘画花瓣的过程，幼儿根据喜好自由选择制作或者绘画。

②提醒幼儿活动时维持周边环境的整洁。

③教师在幼儿区域活动时播放古诗《绝句》的吟唱版，在入园、离园、午睡时间均可播放，将古诗吟唱渗透到幼儿日常生活中。

④教师有意识地指导幼儿吟唱古诗，根据古诗中蕴含的情感有感情地吟唱。

2.《夏日绝句》教学活动

（1）教学内容

《夏日绝句》

李清照

生当作人杰，死亦为鬼雄。

至今思项羽，不肯过江东。

古诗介绍：李清照生活在宋朝，有一天，敌人攻打宋朝，于是皇帝任命李清照的丈夫赵明诚去灭敌，一天夜里，城中开始有人帮助敌人攻打城池，而这时赵明诚第一时间想到的不是去攻打这些叛徒，而是带着妻子李清照仓皇逃跑。李清照为自己的丈夫的行为感到羞耻，觉得这不是一个大丈夫应该做的事情。有一天，在路过乌江时，想起了自己心目中的英雄项羽不肯过乌江时的勇敢，有感而发，写下了这首诗，同时也讽刺了宋朝皇帝和自己丈夫的懦弱。

（2）教学设计

表9-14 《夏日绝句》教学设计

教学名称	教学类型	教学方法
《夏日绝句》	教学活动	故事讲述法
《我是大英雄》	区域活动	趣味游戏法
《夏日绝句》吟唱	生活活动	古诗吟唱法
《我眼中的大英雄》	教学活动	诗画教学法

活动一：《夏日绝句》（大班）

【活动目标】

①理解古诗内容，感受五言绝句的韵律。

②有感情地朗诵古诗，体会项羽的性格特点。

③培养勇敢、坚韧的品质，激发爱国热情。

【活动准备】

《项羽》绘本、《夏日绝句》挂图。

【活动过程】

①出示绘本，引发幼儿活动兴趣。

教师：请小朋友们猜猜，老师今天带谁来做客呢？

a.阅读绘本，激发兴趣。

提问：你们知道这是谁吗？

小结：项羽是一位大英雄，我们要学习他勇敢、坚韧的品质。

b.初步感知，谈谈感受。

师：故事听完了，请小朋友们说一说你的感受。

c.加深理解，讨论探究。

讨论：请小朋友们说一说你们做过哪些勇敢的事情。

②出示挂图，学习古诗《夏日绝句》。

师：古代有个很有才的词人叫作李清照，她听到这个故事特别感动，写下了一首诗，流传到今天，让我们来听一下，这首诗是怎样评价项羽的。

欣赏古诗，体会感情。

a.教师有感情地朗诵古诗。

提问：诗中有几句话？每一句话有几个字？

小结：这样由五个字一句组成的古诗叫作五言诗。

b.让幼儿轻轻跟念古诗。

c.幼儿和老师一起朗诵。

理解古诗里的内容。

a.项羽为什么是英雄呢?

b.为什么项羽不愿意过江东呢?

跟乐朗读,体会情感。

a.配上好听的音乐集体朗诵古诗。

b.请个别幼儿背诵古诗。

③活动延伸。

回家为家人背诵《夏日绝句》,并讲述项羽的故事。

附:绘本《项羽》。

中国有一个朝代叫秦朝,这个朝代的皇帝对老百姓十分不好,大家都想让一个好人来当皇帝,于是勇敢的人团结起来反抗,准备推翻这个皇帝的统治。项羽也是其中一员,他率领八千个人去打仗,最终打败了皇帝,立下了功劳。这个时候刘邦出现了,他也想当皇帝,于是他们俩开始斗争,最终项羽被打败,击退到乌江边。当时,有人劝他暂时躲避到江东,但是项羽想到自己率领的八千名江东老乡都已不在,只剩下自己,没有脸面去见老家的人,于是项羽下马与敌人决一死战,最后在乌江边自刎而死。

活动二:《我是大英雄》(大班)

【活动目标】

①在朗诵基础上,加深对古诗的理解。

②进一步体验诗中项羽勇敢的品质。

【活动准备】

项羽头饰、刘邦头饰、《乌江自刎》视频。

【活动指导】

①教师播放视频,帮助幼儿回忆故事内容。

②引导幼儿观察人物的动作、语言。

③注意幼儿的动作、语言是否符合任务特征并纠正不当之处。

活动三:《夏日绝句》吟唱(大班)

【活动目标】

在日常生活中渗透古诗,理解古诗。

【活动准备】

《夏日绝句》吟唱版。

【活动指导】

①可在幼儿入园、离园、就餐前、起床后播放音乐。

②家园共育,家长与幼儿共同学唱《夏日绝句》。

活动四:《我眼中的大英雄》(大班)

【活动目标】

①通过绘画培养对色彩和线条的感受力。

②通过绘画等方式,加深对古诗的感受,喜欢学习古诗。

【活动准备】

项羽挂图、《夏日绝句》吟唱版音频。

【活动过程】

①回忆古诗内容，激发幼儿对项羽的兴趣以及绘画的欲望。

教师：前几天学习了《夏日绝句》这首古诗，让我们一起来回忆一下吧。

（师幼共同背诵）

提问：这首古诗里面你最喜欢谁？他是什么样子的？你能不能把他画下来？

②播放背景音乐，出示挂图，渲染气氛。

提问：项羽有哪些特征？

小结：粗粗的眉毛、大大的眼睛、粗粗的手臂……

（让幼儿抓住人物特征进行绘画）

幼儿自由绘画，教师巡回指导。

③比一比谁画得好。

让幼儿上前分享自己的作品，并让其他幼儿按照喜好进行投票，选出前五名粘贴在展示栏。

（四）教学评价分析

该模式指导下的整个活动环节安排紧凑，层次分明，运用循序渐进的多种游戏形式让幼儿快速地掌握古诗，在愉快的游戏中体验学习古诗的快乐。对幼儿进行古诗词教学是幼儿园语言教育的任务之一，古诗词的背诵比较死板，幼儿在背诵的过程中往往有一定的难度，但只要准确把握幼儿的认知特点，运用恰当的教学方法，是可以达到较好的教学效果的。该模式的教学设计充分体现了《纲要》精神，创设自由、宽松的语言交往环境，体验语言交流的乐趣，让幼儿在不断地探索中，不知不觉学会古诗，体会古诗词带来的情感，巩固所学古诗词。

第四节 "情境—游戏"式古诗词教学模式效果分析

一、实施现场观察记录表与访谈提纲的研究与设计

（一）研究对象的选取

根据《纲要》与《指南》的精神、幼儿生理与心理成长发展的规律特性以及幼儿认知的特点，发现适合幼儿学习的古诗词类型多偏向于自然风景类，且这样的古诗词类型在小学一年级课本中的占比较大。基于幼小衔接的考虑，将古诗词的教学活动放在了大班，进行了为期一个月的古诗词教学。下文选取较为典型的古诗——杜甫的《绝句》，来进行具体的分析。

（二）观察记录表与访谈提纲维度的构建

1. 观察记录表的维度构建

表9-15　观察记录表的设计维度

知识点的掌握情况 （认知方面）	能力与技巧的掌握情况 （技能方面）	情感态度的表现 （情感态度方面）
认识古诗中"燕子""鸳鸯"的形象并了解其习性。	理解古诗内容，学习有节奏地朗诵古诗。	感受春天到来的幸福感，培养热爱大自然的情怀。

教学目标是整个教学活动的关键环节，教学目标的设计是整个教学活动有效开展的保证。因此，本节的观察重点放在教学目标上。此外，本节在布鲁姆（Bloom）"三维教学目标"的基础上进行教学目标的设计，在教学观察的过程中主要分为三个维度的内容，分别是认知方面、动作技能方面、情感方面，基于这三个方面进行观察的记录与分析。

2. 访谈提纲的维度构建

表9-16　教师访谈提纲的设计维度

整体结构	部分结构与环节
问题一：您对这样的古诗词教学模式整体感受如何？与之前的教学相比它有哪些优缺点？	问题一：您觉得这个古诗词教学模式的内容是否合理？为什么？
问题二：您如何看待这个古诗词教学模式的整体设计结构？	问题二：您认为用这样的教学方法教古诗是否有效？
问题三：您认为这样的古诗词教学模式还存在哪些问题？如何进一步完善？	问题三：您觉得这个古诗词教学模式的价值体现在哪些方面？

访谈提纲的维度设计主要是从结构的整体与部分出发，进行问题的编制。访谈提纲主要设计了三个问题，在整体与部分的框架下，每个问题的设计是基于整体与部分之下的。整体结构中的三个问题主要包括教学模式的整体感知、整体的看法与整体的模式建议，让教师对教学模式的整体方面去思考，梳理对教学模式的整体印象，能够整体去检验教学模式在逻辑结构方面是否存在问题，以此来进行补充与完善。部分结构与环节中的问题主要从教学模式的内容、教学模式的方法与教学模式的价值层面进行访谈，以此来挖掘教学模式具体细节方面是否存在问题，进行细节层面的补充与完善。

二、观察分析

(一) 观察记录表统计分析

1.知识点的掌握情况

表9-17 S幼儿园古诗词教学活动观察记录表（后期调查）

观察对象	大一班	观察时间	10:00~10:30	观察地点	H市S幼儿园
教学名称	《春天在哪里》	教学类型	教学活动	涉及领域	语言领域
观察维度	知识点的掌握情况（认知方面）					
观察记录	1.导入：结合当下的实景，让幼儿从生活实景中寻找春天的痕迹，并结合前期的经验说一说自己心中春天的样子。 动物：冬眠的熊、大雁（部分幼儿把燕子认成大雁）等——引出小燕子（幼儿具备前期经验）。 植物：柳树叶子发芽、花开了、草绿了。 幼儿描述：太阳出来了，很温暖。蓝蓝的小河像钻石、冰化了。 2.认识古诗中关键的实物。 认识鸳鸯：分辨公母（大部分幼儿不认识）。 认识燕子：燕子的尾巴像剪刀、像人字，燕子的头圆圆的像蓝莓（部分幼儿有生活经验）。 3.图谱：认识古诗中关键的词汇。 能够把图片的景物与词汇相配对。				
分析说明	1.前期经验的回顾，可以看出大部分幼儿对春天有整体的认知和感受，知道春天有哪些比较突出的特点，并可以用生活化的语言进行描述。 2.部分幼儿对燕子很熟悉，能够形容燕子的某些特征，但对于鸳鸯比较陌生，只能通过老师的提示来进行描述，可见认识鸳鸯是教学活动过程中的重点。 3.对于古诗中："江山、花草、燕子、鸳鸯"这些词汇，幼儿能够根据图片景物的提示进行配对，但并不理解。				

认知方面的目标：认识古诗中"燕子""鸳鸯"的形象并了解其习性，知道它们是春天特有的动物。通过对此目标的观察与记录，发现大部分幼儿对春天有着整体的认知和感受，知道春天有哪些比较突出的特点并可以用生活化的语言进行描述。部分幼儿对燕子很熟悉，能够形容燕子的某些特征，但对于鸳鸯比较陌生，只能通过老师的提示来进行描述，可见认识鸳鸯是教学活动过程中的重点，需要开展多种活动与运用多种方法让幼儿全方位地去认识鸳鸯，以达到对鸳鸯的熟悉。对于古诗中"江山、花草、燕子、鸳鸯"这些词汇，幼儿能够根据图片景物的提示进行配对，能够把抽象的词汇与生活中具体的景色相联系，但并不能深层次地理解词汇背后真正的含义，这个知识需要长期地内化，不是一次教学活动课能够解决的。

2.能力与技巧的掌握情况

表9-18　S幼儿园古诗词教学活动观察记录表（后期调查）

观察对象	大一班	观察时间	10:00~10:30	观察地点	H市S幼儿园
教学名称	《春天在哪里》	教学类型	教学活动	涉及领域	语言领域
观察维度	能力与技巧的掌握情况（技能方面）				
观察记录	1.带着问题观看视频。大部分幼儿都能集中注意力观看视频，能够很好地控制自己，部分幼儿无所事事，不知道自己要干什么。 问题：诗的作者是谁？诗有几句？诗的内容大概有哪些？ 2.通过讨论知道每首古诗的位置（部分幼儿的记忆能力较强）。 3."把景物送回家"游戏环节，部分幼儿能够把古诗中的关键词汇与图片景物相配对。				
分析说明	1.观看视频注意力较为集中，说明大部分幼儿能够很好控制自己并能够融入视频解说的内容中，较好地理解其中的内容，与视频内容能够产生共鸣。 2.经过老师的点拨，幼儿能够很好地记住古诗并大声诵读，说明大部分幼儿有了很好的记忆知识的经验，对陌生的知识能够较快地吸收且知道有节奏地进行古诗的朗读。 3.图片与词汇相配对，说明大部分幼儿能够把具象的事物抽象化，思维的发展进程开始由具象思维向抽象思维过渡与发展。				

技能方面的目标：理解古诗内容，学习有节奏地朗诵古诗。理解古诗内容是一个比较重要的教学任务，需要幼儿通过掌握一些方法与技巧才能较为深入地理解古诗。在整个观察的过程中，我们可以发现教师通过视频演示法、谈论法、谈话法与游戏法等多种教学的策略，让幼儿在熟知这些方法的基础上，学习新的知识。对于大班的幼儿来说，他们已经具备一些学习的能力与技巧，在记忆古诗方面大部分幼儿能够较快地掌握，但还需要借助媒介进行知识的再现，所以在这个基础上，教师言语上的提示与图片景物的直观展示能够更好地帮助幼儿记忆。掌握知识的同时，幼儿学习知识的能力也在不断地提升。

"学习有节奏地朗诵古诗"是一个纯粹的技能掌握的过程。通过观察我们可以看出教师在达到这一目标的过程中，主要是通过表情与肢体动作来传达古诗朗读的情感与韵律。古诗的韵律很复杂，对于这块内容在进行教学的过程中不要过于细化，重点应该放在对古诗情感的传达与感受方面，能够通过掌握这个节奏的朗读技巧产生对古诗的喜爱之情。

3.情感态度的表现

表9-19　S幼儿园古诗词教学活动观察记录表（后期调查）

观察对象	大一班	观察时间	10:00~10:30	观察地点	H市S幼儿园
教学名称	《春天在哪里》	教学类型	教学活动	涉及领域	语言领域
观察维度	情感态度的表现（情感态度方面）				

续 表

观察记录	1. 活动的导入环节中对春天的描述，大部分幼儿的情绪都很热情，特别是对小燕子的关注比较强烈，但对于鸳鸯相对情绪比较低。 2. 在背诵古诗的环节中，幼儿在跟读时比较乐意与老师一起有感情地朗读古诗，大部分幼儿能够有节奏、有韵律地朗读，且兴趣较为浓厚。
分析说明	活动中大部分幼儿情绪比较高涨，说明幼儿对古诗的学习内容兴趣较为浓厚。对于生活化与自然化的知识能够让幼儿有强烈的好奇心，有探索和理解古诗的求知欲望，对于自然的喜爱程度在古诗这一媒介中达到高峰。

情感态度方面的目标：感受春天到来的幸福感，培养热爱大自然的情怀。在幼儿园教古诗，掌握知识是其次，最终目的是让幼儿产生对古诗的兴趣与喜爱，在感受古诗内容的过程中达到情感上的共鸣，能够通过古诗来抒发自己的情感。《绝句》这首古诗不仅可以激发幼儿喜爱古诗的情感，也可以让幼儿对古诗中大自然的景物产生兴趣，特别是对春天有更深的了解。其实古诗词也可以作为一种教学手段，古诗词教学不要仅仅停留在内容层面上，可以通过古诗词中的一个场景，让幼儿产生积极的体验。比如《绝句》中对春天景物的描写，可以让幼儿更深入地探索、了解春天的奥秘。

（二）现场典型行为分析

从图 9-3 可以看出，幼儿在观看视频的过程中注意力高度集中，全程盯着多媒体，没有出现注意力分散的情况，幼儿兴趣被极大程度地调动。由此可以看出信息量大且幽默的视频可以集中幼儿的注意力，让幼儿在愉悦的氛围中学习古诗词。

图 9-3 幼儿典型行为图

从图 9-4 可以看出，个别幼儿在画春天时，需要观看示范画。春天在他们的心目中印象并不深，不能结合身边春天的景物，画出自己心目中春天的美景。

中国传统诗词中的幼儿诗词及教学

图 9-4　幼儿典型行为图

从图 9-5 中发现，大部分幼儿在画春天的过程中纷纷运用古诗中的燕子、鸳鸯、花草，并结合身边春天的景物，将自己想象的"春天"的画面画下来。幼儿既锻炼了想象力，又可以更深层次地理解古诗。

图 9-5　幼儿典型行为图

三、访谈分析

（一）幼儿园古诗词教学模式整体结构的分析

表9-20　S幼儿园古诗词教学模式教师访谈提纲（后期调查）

姓名	李老师	教学年龄	7年	单位	H市S幼儿园

问题一：您对这样的古诗词教学模式整体感受如何？与之前的相比它有哪些优缺点？
教师回答：整体的感受还是挺好的，教得比较轻松，幼儿学习效果也挺好。与之前相比教学方法的多样性能够让幼儿全方位地感受古诗，但教学内容的分解方面还可以进一步细化。

问题二：您如何看待这个古诗词教学模式的整体设计结构？
教师回答：模式的整体设计结构方面相对比较系统，教学活动比较多样，比如有教学活动、区域活动，还有主题活动。教学方法方面有故事法、游戏法、绘画法与吟唱法等。通过多种的活动与方法能够让幼儿更深一步的熟悉古诗与理解古诗。

问题三：您认为这样的古诗词教学模式还存在哪些问题？如何进一步完善？
教师回答：我认为这种教学模式存在的问题不是很多，整体方面比较完善和系统，唯一存在的问题是在实际教学的活动中要考虑不同幼儿的学习经验，对于我们班的幼儿来说相对比较合理，但有些小环节需要适当的调整，比如播放视频这一环节可以放在第二环节中。

在对整体结构访谈的过程中，我们可以看出教师对古诗词教学的模式整体感受良好，构建的模式不仅系统而且具体，操作性比较强。教学的形式多样，进一步减轻了教学的负担，不光光局限于教的环节，更多的是让幼儿主动地去感知、去理解。教学方法的多样，能够减缓教学内容的枯燥程度，更好地吸引幼儿的注意力，让幼儿能够产生对古诗的兴趣。任何事物都具有两面性，不可能绝对完美，这个模式下的古诗词教学也存在着一些问题，毕竟理论与实践存在着差距。比如在访谈中教师提道："在实际教学的活动中要考虑不同幼儿的学习经验，对于我们班的幼儿来说相对比较合理，但有些小环节需要适当的调整，播放视频这一环节可以放在第二环节中。"

（二）幼儿园古诗词教学模式部分结构与环节的分析

表9-21　S幼儿园古诗词教学模式教师访谈提纲（后期调查）

姓名	李老师	教学年龄	7年	单位	H市S幼儿园

问题一：您觉得这个古诗词教学模式的内容是否合理？为什么？
教师回答：内容方面是比较合理的，自然风景类的诗歌比较适合幼儿去理解，贴近自然与生活的场景能够让幼儿较好地理解古诗。五言绝句相对比较短小，适合幼儿吟唱与背诵。

问题二：您认为用这样的教学方法教古诗是否有效？
教师回答：肯定是比较有效的。通过故事法能够让幼儿提前梳理古诗的背景知识，有了前期的知识经验，在通过游戏法、谈话法、讨论法、视频演示法等就能很好地理解古诗，后期的绘画与吟唱再现幼儿课堂中学习的知识，能够加深幼儿的印象。

问题三：您觉得这个古诗词教学模式的价值体现在哪些方面？
教师回答：这里面体现的价值有很多，比如在学习古诗的过程中幼儿能够掌握与学习一些新的词汇，认识不常见的动物与植物。提前学习一些古诗能够让大班的幼儿在进入小学时可以把学习古诗的重点放在理解上，就不用再花过多的时间在古诗的背诵上，能够真正地做好幼小衔接。

在对部分结构与环节的访谈中，我们可以发现，在教学的内容层面上，教师认为内容方面是比较合理的，自然风景类的诗歌适合幼儿理解学习，一方面贴近自然与生活的场景能够让幼儿较好地理解古诗。另一方面五言绝句相对比较短小，适合幼儿吟唱与背诵。在教学方法的层面上，通过故事法能够让幼儿提前梳理古诗的背景知识，有了前期的知识经验，在通过游戏法、谈话法、讨论法、视频演示法等就能很好地理解古诗，后期的绘画与吟唱再现幼儿课堂中学习的知识，能够加深幼儿的印象。在教学的价值层面上，在学习古诗的过程中幼儿能够掌握与学习一些新的词汇，认识不常见的动物与植物。提前学习古诗可以让毕业班幼儿在进入小学时把学习古诗的重点放在理解上，不用花过多的时间背诵古诗，能够真正地做好幼小衔接。

四、实施评价

（一）形成性评价

在教学模式的整个实施过程中，笔者既是观察人员，也是模式的修改人员。在教学的进程中一边观察教师的教学内容，一边观察教师的教学方法，以及整个教学的目标达成度等。在结合实际的教学不断完善整体的模式，不断修缮整体的教学成果，在过程中不断改进。例如在绘画环节，教师一边引导幼儿回想上课的内容，再现春天的景色，一边让幼儿在白纸中呈现幼儿大脑中的画面，既加深了学习的知识，又锻炼了幼儿绘画能力的提升，不断去发展幼儿抽象性思维的发展。

（二）作品分析

通过绘画活动环节的展开，让幼儿通过手中的笔进行描绘古诗中的典型的画面和关键内容，从而再现了幼儿头脑中刚学到的古诗内容的场景，进一步深化了对古诗中景物的印象。通过作品筛选，我们可以看出有些幼儿能够形象地描绘出燕子的整体特征，脑中抽象的事物进行形象再现。另外两幅作品让人很惊讶，作为难点教学内容的鸳鸯，个别的幼儿能够描绘出来，已经超出了教师的预设目标，可见部分幼儿的学习能力是比较强的。

参考文献

[1] 曾爱霞. 乐读趣读, 带领幼儿走进古诗词 [J]. 第二课堂（D）, 2022（04）: 64-65.

[2] 马永霞. 古诗词融入幼儿教育教学方法探讨 [J]. 读写算, 2022（11）: 55-57.

[3] 朱红梅. 幼儿古诗词"情境"化教育的问题与优化策略 [J]. 当代家庭教育, 2022（04）: 176-178.

[4] 王丹. 诵读古诗词, 培养幼儿人文素养的有效途径 [J]. 学周刊, 2022（01）: 178-179.

[5] 卓玛草. 幼儿园"情境体验式"古诗词游戏化教学模式思考 [J]. 智力, 2021（35）: 193-195.

[6] 杨修珂, 王艳茹. 以艺术手段促进幼儿园古诗词诵读的实践 [J]. 第二课堂（D）, 2021(11): 95-96.

[7] 王丹. 诵读古诗词: 培养幼儿人文素养的有效途径 [J]. 甘肃教育, 2021（22）: 90-92.

[8] 伍奕翩. 幼儿审美视角下古诗词唱诵课程建构的实践与研究 [J]. 大学, 2021（27）: 48-50.

[9] 曹翠. 基于具身认知的幼儿古诗词游戏化学习研究 [J]. 长春教育学院学报, 2021, 37（06）: 74-80.

[10] 于娜, 董宇. 古诗词鉴赏对幼儿美育的价值探究 [J]. 汉江师范学院学报, 2021, 41（02）: 140-144.

[11] 刘晨. 幼儿古诗词情景体验式教与学 [J]. 当代家庭教育, 2021（06）: 62-63.

[12] 刘红侠. 试论信息技术在幼儿古诗词教学中的应用 [J]. 新课程研究, 2021（03）: 101-102.

[13] 王晨. 传统文化经典——传唱中国古诗词进课堂的研究 [J]. 基础教育论坛, 2020（29）: 75-76.

[14] 段凤飞. 浅谈幼儿古诗词教学的实践与探索 [J]. 家长, 2020（23）: 125-127.

[15] 戴月, 花莉. 试析幼儿古诗词教学的内容与方法 [J]. 成才之路, 2020（22）: 102-103.

[16] 王晨. 幼儿园古诗词吟唱教学研究 [J]. 中国民族博览, 2020（14）: 73-74.

[17] 郭婷. 古诗词融入幼儿园音乐教育活动实践探索 [D]. 天水: 天水师范学院, 2020.

[18] 贾尚宇. 浅论经典古诗词融入幼儿园教育的策略 [J]. 发明与创新（职业教育）, 2020（05）: 87.

[19] 尹丹. 以古诗词为主题活动的幼儿良好行为习惯培养的实践研究[D]. 南充：西华师范大学，2020.

[20] 商丽. 精巧施教让中华传统文化古诗词融入幼儿教学[J]. 智力，2020（03）：187-188.

[21] 朱炜. 古诗词融入幼儿教育教学的方法[J]. 散文百家，2019（12）：107.

[22] 李海英. 诗词诵读对幼儿认知传统文化的影响及应用策略[J]. 学周刊，2020（01）：178.

[23] 王荣涛. 关于古诗词融入幼儿教育教学方法讨论[J]. 学周刊，2019（17）：154.

[24] 豆丽娟. 古典诗词在幼儿教育中的价值与运用[J]. 才智，2019（14）：136.

[25] 赵燕. 中华传统文化古诗词融入幼儿教育教学方法探讨[J]. 新课程（综合版），2019（02）：73.

[26] 黎鲲，周丽妤. 中华传统文化古诗词融入幼儿教育教学方法探讨[J]. 教育教学论坛，2018（44）：188-189.

[27] 周丽妤，黎鲲. 幼儿教育中古诗词教育案例生成策略的研究与实践[J]. 佳木斯职业学院学报，2018（02）：247-249.

[28] 周丽妤，黎鲲. 中华传统文化古诗词融入幼儿教育教学研究[J]. 现代职业教育，2017（22）：96.

[29] 周丽妤. 中华传统文化古诗词融入幼儿教育的现状研究[J]. 课外语文，2016（18）：73.

[30] 吴晓燕. 大班幼儿古诗词教学方法[J]. 教育，2016（29）：92.

[31] 冉小平. 浅谈幼儿古诗词学习的积极作用[J]. 科教文汇（中旬刊），2015（08）：81-82.

[32] 王艳梅. 情境教学视阈下幼儿古诗词教学的价值意蕴[J]. 文教资料，2015（10）：52-53.

附　录

附录1：幼儿诗词欣赏活动现状调查

尊敬的老师：

您好！非常感谢您能参与本次问卷调查！

本问卷旨在了解幼儿诗词欣赏活动的开展情况以及咨询您对该问题的认识与看法。本问卷采用匿名方式进行，题目选项无对错之分，结果仅用于本人学术研究，请您放心如实填写，非常感谢您的支持与配合。

一、个人基本情况

1. 您所在幼儿园的性质是（　　）

A. 公办　　　　　　B. 民办

2. 您目前所在的班级是（　　）

A. 小班　　　　　　B. 中班　　　　　　C. 大班

3. 您的教龄已有（　　）

A. 0～1年　　　　　B. 1～5年　　　　　C. 6～10年

D. 11～15年　　　　E. 15年以上

4. 您的最高学历是（　　）

A. 初中及以下　　　B. 中专或高中　　　C. 专科

D. 本科　　　　　　E. 硕士及以上

5. 您目前的职称是（　　）

A. 高级教师　　　　B. 一级教师　　　　C. 二级教师

D. 三级教师　　　　E. 其他

二、具体情况（不定项选择可以有一个或者多个答案）

1. 您了解幼儿诗词的概念吗？（　　）

A. 非常了解　　　　B. 了解　　　　　　C. 一般

D. 不了解　　　　　E. 非常不了解

2. 您认为幼儿诗词有哪些特征？（   ）
   A. 情感纯真饱满   B. 意象生动鲜明   C. 想象丰富奇特
   D. 节奏韵律明快   E. 语言精致优美   F. 构思富有童趣
   G. 其他

3. 您了解幼儿诗词与儿歌的区别吗？（   ）
   A. 非常了解   B. 了解   C. 一般
   D. 不了解   E. 非常不了解

4. 您认为有必要在幼儿园开展幼儿诗词欣赏活动吗？（   ）
   A. 非常有必要   B. 有必要   C. 可有可无
   D. 没必要   E. 非常没有必要

5. 您认为开展幼儿诗词欣赏活动有哪方面的价值？（   ）
   A. 娱乐价值   B. 审美价值   C. 语言价值
   D. 品德价值   E. 认知价值   F. 其他

6. 您认为开展幼儿诗词欣赏活动最大的困难在于？（   ）
   A. 幼儿诗词的选择   B. 幼儿兴趣的激发   C. 活动方法的运用
   D. 活动情境的创设   E. 活动秩序的维持   F. 活动内容的组织
   G. 其他

7. 您一学期开展幼儿诗词欣赏活动的次数为？（如果您选择F，请跳转至最后一题作答）（   ）
   A. 1-3次   B. 4-6次   C. 7-9次
   D. 10-14次   E. 15次以上   F. 没开展过

8. 您制定幼儿诗词欣赏活动的目标依据是？（   ）
   A. 幼儿园文学教育目标   B. 幼儿年龄特点和身心发展水平
   C. 幼儿诗词的文体特点   D. 主题活动总目标   E. 没有依据

9. 您开展幼儿诗词欣赏活动选择幼儿诗词的依据是？（   ）
   A. 教师个人喜好   B. 幼儿园安排的任务
   C. 符合幼儿年龄特点和身心发展水平   D. 幼儿诗词的价值丰富
   E. 幼儿诗词的内容符合主题活动要求   F. 其他

10. 您开展幼儿诗词欣赏活动所选幼儿诗词的来源是？（   ）
    A. 幼儿园教材   B. 相关书籍   C. 网络
    D. 自编或自创   E. 其他

11. 您在开展幼儿诗词欣赏活动时，主要引导幼儿关注哪些内容？[限选三项]（   ）
    A. 体验幼儿诗词意境   B. 感受韵律节奏   C. 掌握语音词汇
    D. 理解幼儿诗词内容   E. 领会情感意蕴   F. 学习品德知识
    G. 其他

12. 您认为开展幼儿诗词欣赏活动环境的创设重要吗？（　　）
   A. 非常重要　　　　B. 重要　　　　　C. 一般
   D. 不重要　　　　　E. 非常不重要

13. 您在开展幼儿诗词欣赏活动时会进行环境的创设吗？（　　）
   A. 每次　　　　　　B. 经常　　　　　C. 有时
   D. 很少　　　　　　E. 从不

14. 您开展幼儿诗词欣赏活动主要采用哪些方法？（　　）
   A. 讲解法　　　　　B. 提问法　　　　C. 朗诵法
   D. 游戏法　　　　　E. 表演法　　　　F. 其他

15. 您经常采用哪些手段来辅助欣赏？（　　）
   A. 制作PPT放映　　B. 寻找相关视频、音频或图片
   C. 布置相关场景　　D. 结合游戏　　　E. 利用配套绘本
   F. 其他

16. 您在幼儿诗词欣赏活动结束后会组织相应的延伸活动吗？（　　）
   A. 每次　　　　　　B. 经常　　　　　C. 有时
   D. 很少　　　　　　E. 从不

17. 您在幼儿诗词欣赏活动结束后主要对哪些方面进行反思？（　　）
   A. 活动目标的达成情况　B. 活动内容是否符合幼儿年龄特点和身心发展水平
   C. 活动过程是否流畅　　D. 幼儿是否积极参与
   E. 幼儿是否情绪愉悦　　F. 其他

18. 您所在的幼儿园为您开展幼儿诗词欣赏活动提供过哪些帮助？（　　）
   A. 资金、物资　　　B. 园所培训　　　C. 教学科研
   D. 外出学习　　　　E. 没有帮助

19. 您对开展幼儿诗词欣赏活动有哪些期望或建议？

附问卷调查对象基本信息

项目	选项	人数	百分比（%）
园所类型	公办	107	80.45
	民办	26	19.55
所在班级	大班	51	38.35
	中班	43	32.33
	小班	39	29.32

续 表

项目	选项	人数	百分比（%）
学历	初中及以下	0	0
	高中/中专	5	3.76
	专科	38	28.57
	本科	88	66.17
	硕士	2	1.50
教龄	0~1年	16	12.03
	2~5年	45	33.83
	6~10年	39	29.32
	11~15年	18	13.53
	15年以上	15	11.28
职称	高级教师	4	3.01
	一级教师	22	16.54
	二级教师	39	29.32
	三级教师	25	18.80
	其他	43	32.33
合计		133	100

附录2：幼儿诗词欣赏活动访谈提纲

一、访谈目的：

了解幼儿诗词欣赏活动的存在问题及形成原因。

二、访谈对象：

幼儿教师

三、访谈内容：

老师，您好！非常感谢您参加本次访谈，本次访谈的目的仅限于学术研究，采用匿名的方式，会完全做好保密工作，请您放心据实回答。谢谢！

四、基本资料

年龄：　　　教龄：　　　学历：　　　职前所学专业：

1. 您如何理解幼儿诗词？它有哪些特点？
2. 您认为幼儿诗词与儿歌是否有区别？如果有，那么区别在哪？
3. 您认为在幼儿园开展幼儿诗词欣赏活动是否有价值？有哪些价值？
4. 您在幼儿园开展幼儿诗词欣赏活动吗？开展的频率怎样？
5. 您是如何制定幼儿诗词欣赏活动的目标的？依据是什么？
6. 您选择的幼儿诗词来源于哪里？是否注意作品的经典性问题？
7. 您是如何组织幼儿诗词欣赏活动的？常用的方法有哪些？
8. 您觉得开展幼儿诗词欣赏活动的困难是什么？
9. 您是如何评价幼儿诗词欣赏活动的效果的？
10. 您在幼儿诗词欣赏活动结束后，会组织相应的延伸活动吗？
11. 您是否就幼儿诗词欣赏活动进行过家园合作？
12. 您所在幼儿园为您开展幼儿诗词欣赏活动提供了哪些方面的支持？
13. 您对开展幼儿诗词欣赏活动有哪些建议？

附录3：古诗词教学中幼儿审美能力培养问卷调查（学生）

亲爱的孩子：

你好！此问卷并非试卷，没有固定答案，我们将对你的问卷进行保密，请你按照自身的实际情况选择相应的字母填入（　　　）中。

年龄：　　　　　　　　　　性别：

1. 你心里喜爱古诗词吗？（　　）

   A. 喜欢　　　　　　B. 一般喜欢　　　　　　C. 不喜欢

2. 你会多少首古诗词？（　　）

   A. 10～20首　　　　B. 20～40首　　　　　　C. 40首以上

3. 你学习古诗词的主要原因是什么？（　　）

   A. 自身喜欢　　　　B. 老师要求　　　　　　C. 考试需要

4. 你觉得古诗词的语言美吗？（　　）

   A. 非常美　　　　　B. 一般　　　　　　　　C. 完全不美

5. 在古诗词的学习中你会被古诗词的语言感染吗？（　　）

   A. 经常会　　　　　B. 偶尔会　　　　　　　C. 从来不会

6. 你会根据古诗词的语言想象画面吗？（　　）

   A. 经常会　　　　　B. 偶尔会　　　　　　　C. 从来不会

7. 在生活中见到一些事物会让你想起学过的古诗词吗？（　　）

   A. 经常会　　　　　B. 偶尔会　　　　　　　C. 从来不会

8. 在学习古诗词时你能体会作者想要表达的感情吗？（　　）

   A. 能　　　　　　　B. 偶尔能　　　　　　　C. 完全不能

9. 在课堂上或者课外，你会尝试自己写诗词或者改编诗词吗？（　　）

   A. 经常会　　　　　B. 偶尔会　　　　　　　C. 从来不会

10. 你希望老师在课堂上多拓展一些古诗词吗？（　　）

    A. 非常希望　　　　B. 不太希望，但可以接受　C. 不希望

附录4：古诗词教学中幼儿审美能力培养的访谈（教师）

访谈时间：　　　年　　月　　日

访谈对象：

访谈目的：了解两所学校当前古诗词美育的现状以及问题，了解教师对开展古诗词美育的态度与困惑，以及相关的教学建议。

访谈方式：

访谈问题：

1. 您喜欢古诗词吗？平时会阅读一些关于古诗词的书籍吗？
2. 您知道您所教年级对古诗词方面的培养目标的要求吗？有哪些要求呢？
3. 小学阶段的古诗词对儿童的发展有什么意义呢？
4. 您认为古诗词培养儿童的审美能力现实可行吗？
5. 您在备课时会反复揣摩自己的教学设计吗？
6. 在古诗词教学中您是否有意培养儿童的审美能力呢？如何做的呢？
7. 在古诗词教学中您遇到过哪些问题？怎样解决的呢？
8. 您对运用古诗词来培养儿童的审美能力有什么建议呢？